21世纪知识产权规划教材

总主审：王利明

总主编：齐爱民

21世纪知识产权规划教材编委会

主　任：

谢尚果　李昌华

副主任：

齐爱民　黄玉烨　董炳和　王太平

成员（以姓氏笔画为序）：

刁胜先　王太平　韦　铁　邓宏光　李昌华

刘斌斌　齐爱民　严永和　苏　平　李　仪

杨　巧　苟正金　陈宗波　罗　澍　周伟萌

赵文经　黄玉烨　董炳和　曾德国　谢尚果

21世纪知识产权规划教材

企业知识产权管理

Intellectual Property Management for Enterprises

曾德国 主 编
王怀祖 刘璘琳 副主编

参编者（以拼音为序）：
陈红梅　贺　斌　何培育　刘璘琳
沈娜利　王怀祖　杨黎波　曾德国

北京大学出版社
PEKING UNIVERSITY PRESS

图书在版编目(CIP)数据

企业知识产权管理/曾德国主编. —北京：北京大学出版社, 2015.8
(21世纪知识产权规划教材)
ISBN 978-7-301-25994-8

Ⅰ. ①企⋯ Ⅱ. ①曾⋯ Ⅲ. ①企业—知识产权—管理—研究 Ⅳ. ①D913.04

中国版本图书馆 CIP 数据核字(2015)第 143043 号

书　　　名	企业知识产权管理
著作责任者	曾德国　主编　王怀祖　刘璘琳　副主编
责 任 编 辑	郭栋磊
标 准 书 号	ISBN 978-7-301-25994-8
出 版 发 行	北京大学出版社
地　　　址	北京市海淀区成府路 205 号　100871
网　　　址	http://www.pup.cn
电 子 邮 箱	编辑部 law@pup.cn　总编室 zpup@pup.cn
新 浪 微 博	@北京大学出版社　@北大出版社法律图书
电　　　话	邮购部 62752015　发行部 62750672　编辑部 62752027
印 刷 者	北京虎彩文化传播有限公司
经 销 者	新华书店
	730 毫米 × 980 毫米　16 开本　15.25 印张　290 千字
	2015 年 8 月第 1 版　2024 年 1 月第 4 次印刷
定　　　价	35.00 元

未经许可，不得以任何方式复制或抄袭本书之部分或全部内容。
版权所有，侵权必究
举报电话：010-62752024　电子信箱：fd@pup.cn
图书如有印装质量问题，请与出版部联系，电话：010-62756370

"21世纪知识产权规划教材"总序

一、知识产权专业在我国的开设与发展

中国历史上近代意义的法学教育和法学专业滥觞于19世纪末的晚清时代。1895年成立的天津中西学堂(即天津大学前身)首次开设法科并招收学生,由此肇开了法学作为一个专业进入中国教育体系的先河。进入新中国之后,20世纪80年代以前,在我国高等教育中法学院系的专业设置单一,一般只设以"法学"命名的一个本科专业。改革开放以后,根据国家经济建设和法制建设的需要,高等法律院系逐渐增设了国际法学、经济法学、国际经济法学、刑事司法学等专业。在我国,知识产权专业从其诞生开始就与法学专业密不可分,知识产权专业最初是作为法学专业的第二学位专业开设的。1987年9月,中国人民大学首开先河创办第二学位"知识产权法专业",从获得理工农医专业学士学位者中招生,攻读知识产权法专业第二学士学位。尽管中国人民大学开设的第二学位专业不叫知识产权专业,而是称其为"知识产权法专业",但大家都认为这是我国知识产权专业的源头。其后,北京大学、华中科技大学、华东理工大学等高校也相继招收知识产权法第二学士学位学生。1992年,上海大学率先开始知识产权本科教育,在法学本科专业和管理学本科专业中设立知识产权方向(本科)进行招生。1998年,教育部出台改革方案,按照"宽口径、厚基础、高素质、重应用"的专业建设精神,决定将法学一级学科由"法学""国际法学""经济法学"等专业合并为一个"法学"专业。自1999年起只按一个法学专业招收本科学生(可在高年级设置若干专业方向)。教育部的"统一"分散的法学专业的举措,往往被理解为不主张法学专业"分解",这种僵化理解把刚刚起步的知识产权专业抹杀在摇篮之中,知识产权从一个专业退变为法学专业的一门核心课程,即"知识产权法"。

随着信息技术的发展,人类快步迈入知识经济时代,知识作为创造财富的手段,在社会进步和文化繁荣中发挥了空前重要的决定性作用,知识产权在国民经济中的地位也显得格外重要,有发达国家已经将知识财产纳入到国民生产总值的统计数据之中。然而,中国知识产权人才奇缺,尤其是加入WTO之后,我国知识产权专业人才极度匮乏的问题更加凸显。为适应知识经济时代对知识产权人才需求的新形势,2004年,教育部与国家知识产权局联合发布了《关于进一步加强高等学校知识产权工作的若干意见》,要求高校"从战略高度认识和开展知识产权工作","加强知识产权人才的培养"。是年,华东政法大学知识产权学院开始招收知识产权专业本科生,这是教育部批准的全国第一家知识产权本科专业。随后,国内很多高等院校相继新增知识产权本科专业,绝大部分学校(如华东政法大学、西南政法大学、重庆理工大学等)对该专业毕业生授予法学学士学位,有的学校在理工科专业(如广西大学的物理学专业)设置知识产权管理专业方向,颁发理学学士学位。为满足经济社会发展的迫切需求,知识产权本科专业在2012年被正式作为法学类的本科专业列入《全国普通高等学校本科专业目录》,该目录放弃使用"知识产权法专业"而使专业名称得到了统一,更为重要的是结束了知识产权本科专业游离在专业招生目录外的尴尬境地。

二、知识产权本科专业的主要培养目标与课程体系

自教育部批准法学学科第二个专业——知识产权本科专业开设以来,一直面临着众多的疑虑和担心,最突出的问题就是认为知识产权专业在实质上还是法学专业,充其量是"知识产权法"专业。这种疑虑和停滞不前僵化误解最终将被知识产权事业日益发展起来的实务所,知识产权本科专业从法学专业中剥离必将得到更好的发展和完善。本科专业之所以成为专业,其根本的是在于形成自身特有的培养目标和课程体系。知识产权本科专业在人才培养目标方面,培育具有扎实的知识产权基础理论和系统的知识产权专业知识,有较高的知识产权素养和知识产权专业技能,具备知识产权实践能力和创新能力,能适应经济建设和社会发展需要的厚基础、宽口径、多学科知识融合交叉的复合型高素质人才。在课程体系方面,主要有法学类课程,如法理学、宪法、行政法与行政诉讼法、民法等;知识产权基础课程,如企业知识产权管理、知识产权评估、科技史、著作权法、专利法、商标法、电子商务法等;还有知识产权实践类课程,如专利代理实务、商标代理实务和著作权代理实务、知识产权会谈、专利文献检索、知识产权审判等,再辅之以有特色的理工科课程(选修为主),课程体系可谓庞大而体统。由于知识产权是一门综合性学科专业,应用性和实践性极强,本专业特别注重知识传授中实践能力的塑造和培养,整个课程设置使学生接受创新思维和权利思维以及知识产权管理、保护等实务操作的基本训练,对知识产权创造、管理、运用与保护等方面的知识以及现代科学技术发展对知识产权的挑战有全面的了解和掌握,并能熟练运用。

三、知识产权本科专业与"21世纪知识产权规划教材"

教材建设是知识产权本科专业建设的基础,而教材建设的根基在于知识产权研究。严格意义上的知识产权研究在国外始于19世纪,以比利时著名法学家皮卡第提出知识产权与物权的区别为知识产权法诞生的标志。我国开始知识产权研究肇端于清末,由于当时社会动荡,一些卓越的研究虽然影响了立法,但囿于清王朝的寿终正寝而未能真正贡献社会。新中国成立后,随着知识产权研究新纪元的到来,知识产权研究开创了一个全新的局面:第一,知识产权研究机构

和学术团体的建立。知识产权研究机构和学术团体的建立,为知识产权研究奠定了物质和人才基础。从政府机构设立的知识产权研究所(如广西知识产权局设立广西知识产权发展研究中心)到高等院校组建的知识产权学院、知识产权中心(所)、(研究院),再到社会团体成立的知识产权研究会、学会、协会,知识产权研究蔚然成风,队伍日益扩大,蓬勃发展。第二,研究视野的拓展。随着改革开放的不断深入,知识产权研究领域的对外学术交流日趋活跃。特别从入世开始,与国外高等院校、非政府组织、知识产权研究机构、大型企业的合作与交流日渐增多,举办的国际研讨会、高峰论坛频繁而卓有成效,研究舞台更加宽广,研究视阈更加开阔,知识产权研究紧随时代和国际发展的前沿。第三,研究成果大量涌现。从基础研究到应用对策研究,从知识产权制度的传统理论问题到网络环境中凸现的新的知识产权课题,从知识财产研究上升到信息财产的研究,从各类学术刊物上发表的知识产权文章到出版社公开出版的知识产权的教材、专著和译著等成果汗牛充栋,充分彰显了知识产权研究发展的良好态势,和知识产权学者对时代的回应。

开设知识产权本科专业对于法学学科的完善和发展具有重要的意义。首先,通过知识产权本科专业的开设,结束了法学单一专业的面貌,丰富了法学学科的内涵。其次,知识产权本科专业的开设,满足了培养现代化高层次知识产权专门人才的需求,拓宽了法学专业就业选择面。再次,知识产权专业的开设,增进了与相关学学科间的交叉与融合,开辟了我国高层次人才培养的新空间。一句话,知识产权专业是法学学科创新发展的动力之翼,是我国教育体系下本科专业一个崭新而伟大的力量。我们正是以上述理论认识为指引来编纂"21世纪知识产权规划教材",以实现建立和完善知识产权本科教材体系的崇高目标。广西科技厅和广西知识产权局为了推进知识产权人才培养和培训,在广西民族大学设立了广西知识产权培训基地,通过实际的工作推进高校知识产权人才培养和对社会各界知识产权从业人员的培训工作,"21世纪知识产权规划教材"得到了广西知识产权局和广西知识产权培训(广西民族大学)基地的大力支持。"21世纪知识产权规划教材"重视实践和能力的培养,密切联系国家统一司法考试和专利代理人考试,注重培养学生的应试能力、实践能力和解决问题的综合能力。

该丛书主要包含了下述著作:

1.《知识产权法总论》。该书以知识产权法总则为研究对象,研究的是知识产权法的一般规则,是关于知识财产、知识产权和知识产权法的一般原理。首先,该书针对国内外立法和理论研究发展趋势,对大陆法系知识产权法的一般规则进行了开创性的研究,确定了知识产权法总则所必备的一系列基础概念,如完全知识产权、知识产权实施权、知识产权担保权、知识产权变动模式和知识产权请求权,并对上述概念和制度作出了明晰的学科界定,为知识产权法总则的形成奠定了概念基础。其次,该书构建了完整知识产权法总则理论体系。再次,该书构建的知识产权法一般规则操作性强,充分体现了理论对实践的高度指导价值。最后,该书对我国知识产权法研究的方法论进行了创新,选择了和民法(尤其是物权法)相一致的研究方法,为厘清知识产权法基本理论提供了科学的认识工具,该书也是运用这个科学方法论获得的一个结果。同时,该书关注知识产权法的司法实践,对于重大疑难问题进行了判例研究,尤其是针对国家统一司法考试和专利代理人考试进行了思维拓展训练,这将有助于实现理论和实践的结合。

2.《著作权法》。该书以著作权为研究对象,研究因著作权的产生、控制、利用和支配而产生的社会关系的法律规范。该书既着眼于著作权法的基本内容,又着眼于著作权与知识产权的关系,吸收了国内外著作权法教学与研究的最新成果,论述了著作权的法律理论及其实务。书中内容涉及《著作权法》的基本理论、基本原则和基本制度,同时对一些理论争议提出了自己独到的见解,阐释了本学科的重点、难点和疑点。

3.《专利法》。该书结合我国实施专利制度近30年来的实践经验,以我国最新修订的《专利法》及相关司法解释、专利审查指南和有关国际条约等为主线,系统讲解了专利申请、专利审批、专利权撤销和无效宣告、专利实施许可、专利权保护的全过程;密切关注国内外专利法教学与研究的前沿动态,概述国际专利制度的基本内容,详述我国《专利法》的基本理论、基本制度,分析和评价了在科学技术快速发展背景下专利法出现的新问题,以期使本专业学生对专利的基本理论和程序、以及发展沿革和机遇挑战有全面的掌握和了解。

4.《商标法》。该书以历史分析、比较分析的方法对《商标法》的基本概念、基本理论、基本制度和基本原则作了系统而缜密的阐述,结合当前社会经济生活中发生的热点、难点案例及全国司法考试命题对商标注册的申请、审查、核准、续展、变更、转让、转移、确权、管理、驰名商标的保护和注册商标保护等一系列问题进行深入浅出地剖析,以期加深本专业学生对商标法律条文及实务操作的理解和应用。

5.《商业秘密保护法》。该书立足于知识产权理论,同时注重培养本科生与研究生处理与商业秘密相关案例的实践能力,廓清了商业秘密的定义、要件、属性与类型,介绍了我国与商业秘密保护有关的法律规范,梳理了不同法律规范之间的关系,结合实例介绍了商业秘密纠纷处理的实务性技巧;进而以商业秘密权保护为中心线索,比较并借鉴了美国、欧洲与世贸组织关于商业秘密保护的立法经验。全书现行规范讲解与立法趋势展望结合,法条解析与案例剖析交融。该书有利于为本专业学生日后参加司法考试与从事知识产权法务工作提供指引。

6.《非物质文化遗产保护法》。该书以比较分析法、田野调查法、个案分析等方法来研究我国非物质文化遗产的法律保护问题,从法律上对非物质文化遗产进行界定,厘清与民间文艺、传统知识、民间文化遗产、民俗等概念的区别与联系,反思国内外关于非物质文化遗产的保护现状及实践,明确非物质文化遗产保护的理念、宗旨,探讨构建我国非物质文化遗产保护模式及知识产权合作框架下的利益分享机制。

7.《知识产权竞争法》。该书综合运用比较分析、实证分析、逻辑分析、经济学、社会学分析等方法来研究知识产权竞争法的问题,介绍了知识产权竞争法的产生、发展、地位和作用,竞争法的执法机构、执法程序等问题;理论联系实际,立足于国内立法、司法和执法现状,生动地运用案例教学方式全面阐述了知识产权竞争法的一般原理、基本原则、具体制度和法律责任。

8.《知识产权纠纷解决机制》。该书通过历史分析、比较分析、博弈分析和实证研究的方法,从实体与程序相结合的视角对知识产权纠纷解决机制进行深入研究,全面考察了国内外知识产权纠纷解决机制的现状及 ADR、仲裁、调解等非诉讼纠纷解决方式,充分考量知识产权与知识产权纠纷的特殊性,探讨构建具有中国特色的切实可行的知识产权纠纷解决机制。

9.《网络知识产权保护法》。该书立足于网络时代知识产权保护的新问题,紧密结合网络知识产权在理论、立法与司法等实践中具体而又急迫的现实要求,介绍了国内外关于网络知识产权保护法律的基础理论、立法规定和司法适用,阐述了必须面对、解决和掌握的相关知识,内容涉及信息网络传播权、网络数据库、网络链接与搜索引擎、网络服务提供者的法律责任、网络环境下域名与商标权的法律保护、电子商务商业模式与计算机程序的专利保护、网络中商业秘密侵权与知识产权竞争、网络知识产权犯罪与计算机取证等法律问题。

10.《知识产权国际保护》。该书既从宏观角度介绍了知识产权国际保护的产生、发展和框架,以及知识产权国际保护的基础理论和制度规范,又从微观角度对著作权及其邻接权、专利权、商标权和商业秘密等其他知识产权的国际保护进行了较为系统的阐述。密切联系实际,结合典型判例,分析当今知识产权国际保护面临的发展与挑战,提出全球化条件下知识产权国际保护法律的适用原则。

11.《企业知识产权管理》。该书站在国家知识产权战略的高度,从实践操作角度出发,系统介绍我国企业知识产权战略定位、战略步骤、实施路径与策略,细致阐释企业知识产权的创造、管理、运用和保护,辅之以经典案例,详尽剖析我国企业知识产权管理的经验、方法以及运作策略,既具有理论厚度和广度,又具有实用方法论的指导。

12.《知识产权评估》。该书理论联系实际,结合实务中大量知识产权评估的经典案例和做法,系统完整地对知识产权评估所需要的专业知识进行了阐述,介绍了知识产权评估现状、评估原则、价值基础等基本原理和基本方法,详述了专利权评估、商标权评估、著作权评估、商业秘密价值评估等,对提高知识产权专业学生的整体素质,推进本专业学生能力创新及实务操作有着积极的影响和意义。

  13.《电子商务法》。该书的研究方法和立场是从法律视野看电子商务,而不是从电子商务反观法律,厘清了基础理论,构筑了从传统法到电子商务法的桥梁。该书不仅关注国际研究的趋势和潮流,而且立足于我国立法实践,切实反映了中国电子商务法的最新发展。该书注重对电子商务法基本原理、具体制度的分析,根据具体情况,阐明了原则和制度的适用问题,内容涵盖《电子签名法》、电子商务主体、个人信息保护法、电子支付法、电子商务消费者权益保护法、电子税收法和电子商务纠纷解决法等。

  14.《信息法》。该书立足于国内外典型信息法理论和实践,从大陆法系传统出发,构建了体系完整、内容科学真实、有逻辑自治性的科学信息法体系和核心制度。该书首次科学地界定法律意义上的信息概念,系统阐述了信息法的地位、渊源、宗旨、原则与体系,深入探讨了个人信息保护法、政府信息公开法、信息财产法、信息安全法等内容。

  15.《专利代理实务》。该书既立足于基本知识,又着眼于专利代理人的基本能力要求,介绍了我国专利代理制度的基础理论和具体规定、做法,阐述了专利代理人必须掌握的基本专利知识,如主要专利程序,专利事务处理中的文件、期限与费用,专利申请文件及其撰写要求,授予专利权的实质条件,专利诉讼等,详述了专利代理中的主要业务,如专利申请文件的撰写,发明专利申请实质审查程序中的专利代理,专利授权、专利复审、专利无效宣告等程序中的代理、专利诉讼的代理等。全书贯穿典型案例分析和实务操作模拟题,不仅有助于本专业学生深入学习、研究专利法律问题及专利代理实务,为参加全国专利代理人资格考试提供切实参考,也为专利代理工作提供了实践的指导。

  16.《专利文献检索》。该书注重理论与实践的结合,不仅介绍了专利文献的类型、用途和利用等基本知识,阐述了中国专利检索的工具和方法,世界专利分类体系、国际专利分类法以及美国、欧洲、日本等国专利文献检索等,还结合实例介绍专利文献具体查阅方法,并附上最新的专利文献检索常用资料。该书有益于知识产权专业学生系统深入地了解专利文献基本知识,熟悉基本操作,为日后专利实务工作奠定基础。

  上述列举并没有穷尽丛书的内容,随着大家认识的加深和我国知识产权专业学生培养方式的变化,也可能有一些必要的课程教材加入,比如品牌管理学和发明学等。任何国家建设一个专业和在专业范畴内进行学生培养,都必须根植于本国的民族土壤,这样才能形成自己的特色,才能枝繁叶茂、桃李天下。知识产权专业建设如朝阳冉冉升起,愿有志于此项研究的学者们和以此为业的年轻学子们,把握时代脉搏,脚踏实地地去回应时代的呼唤。"21世纪知识产权规划教材"的诞生,标志知识产权人才培养和教育正走向新的发展阶段,它是知识产权专业建设的里程碑。"21世纪知识产权规划教材"的诞生是各种积极因素凝聚的结果和全国研究力量的一个集中展示。"21世纪知识产权规划教材"的编者及众多的知识产权学界同仁,应立足于知识产权本科专业建设,顺应时代的呼唤,肩负起历史使命,锲而不舍、孜孜不倦地追求培养中国知识产权专业人才,实施国家知识产权战略这一崇高而远大目标的实现。

齐爱民

2014年1月9日

目 录

第一章 企业知识产权管理概论 ... 1
- 第一节 企业知识产权管理的概念 ... 2
- 第二节 企业知识产权管理的特征 ... 4
- 第三节 企业知识产权管理的目的 ... 5
- 第四节 企业知识产权管理的作用 ... 7
- 第五节 企业知识产权管理的内容 ... 9

第二章 企业知识产权战略管理 ... 10
- 第一节 企业知识产权战略管理概述 ... 12
- 第二节 企业知识产权战略的类型 ... 16
- 第三节 企业知识产权战略的制定与实施 ... 33

第三章 企业知识产权运营管理 ... 41
- 第一节 企业知识产权运营管理概述 ... 42
- 第二节 企业知识产权许可与转让 ... 45
- 第三节 企业知识产权资本运营 ... 49
- 第四节 企业知识产权信托、托管与评估 ... 52
- 第五节 企业知识产权预警与风险防范 ... 64

第四章 企业专利管理 ... 69
- 第一节 企业专利管理的概念与意义 ... 70
- 第二节 企业专利的获取 ... 73
- 第三节 企业专利的营运 ... 78
- 第四节 企业专利的保护 ... 94
- 第五节 专利池与技术标准 ... 100

第五章 商标权管理 ... 106
- 第一节 商标权管理概述 ... 107
- 第二节 商标权获取管理 ... 115
- 第三节 商标权经营管理 ... 129
- 第四节 地理标志管理 ... 139

第六章 企业著作权管理 ... 146
- 第一节 企业著作权管理的概念与意义 ... 147
- 第二节 企业著作权的获取 ... 152

第三节　企业著作权的运用……………………………………… 156
  第四节　著作权集体管理制度…………………………………… 160
  第五节　企业著作权的保护……………………………………… 167
第七章　企业商业秘密管理……………………………………………… 174
  第一节　商业秘密基础知识……………………………………… 175
  第二节　商业秘密管理概述……………………………………… 179
  第三节　商业秘密之人事管理…………………………………… 182
  第四节　商业秘密之信息管理…………………………………… 186
  第五节　商业秘密之空间管理…………………………………… 188
  第六节　商业秘密管理专题……………………………………… 190
第八章　企业知识产权管理保障体系…………………………………… 197
  第一节　企业知识产权管理内部保障…………………………… 198
  第二节　企业知识产权管理外部保障…………………………… 202
第九章　企业知识产权的国际管理……………………………………… 207
  第一节　知识产权国际制度框架………………………………… 208
  第二节　国际知识产权竞争状态………………………………… 215
  第三节　国际知识产权竞争管理………………………………… 220
后记………………………………………………………………………… 228

第一章 企业知识产权管理概论

要点提示

本章重点掌握的概念：(1) 企业知识产权管理的定义；(2) 企业知识产权管理的特征；(3) 企业知识产权管理的目的；(4) 企业知识产权管理的作用；(5) 企业知识产权管理的内容。

本章知识结构图

企业知识产权管理概论
- 企业知识产权管理的概念
- 企业知识产权管理的特征
- 企业知识产权管理的目的
  - 知识产权创新
  - 知识产权运用
  - 知识产权保护
- 企业知识产权管理的作用
- 企业知识产权管理的内容
  - 横向分为专利、商标、著作权、商业秘密等
  - 纵向分为知识产权的获取、运营及保护等

引导案例

2010年3月，重庆市华厦门窗公司投资近2000万元自主研发的"节能彩钢门窗"科技项目通过了建设部组织的专家组验收，该成果获得了国家发明专利。门窗作为建筑围护结构的重要组成部分之一，其能耗损失占到整个建筑能耗损失的30%以上，节能门窗技术的研发和产业的发展，是建筑节能工作的重要组成部分。该成果的运用推广，提高了企业的市场竞争力，为企业赢得了巨大利润。

由此可见，我们许多中小型企业也在逐步重视知识产权，加强知识产权的管理和运用。为此，加强知识产权管理知识的学习，对企业的发展显得越来越重要。

世界上的财产可分为三类，即动产、不动产和知识产权，前两类是有形财产权，而知识产权是一种无形财产权。因此，对企业而言，加强知识产权管理就显

得尤其重要。

第一节　企业知识产权管理的概念

一、知识产权定义

"知识产权"是一个外来词,来源于英文"intellectual property",一般译为"智慧财产/所有权"或者"知识财产/所有权"。① 我国曾长期使用"智力成果权"的概念,直到 1986 年我国颁布的《民法通则》中正式确定为"知识产权"。

知识产权的定义主要采取列举式和概括式两种方法。国际公约通常采用列举式,而我国学者大多采用概括式。

《世界知识产权组织公约》第 2 条第 8 款规定,"知识产权"应包括下列权利:(1) 与文学、艺术及科学作品有关的权利;(2) 与表演艺术家的表演活动、与录音制品及广播有关的权利;(3) 与人类创造性活动的一切领域内的发明有关的权利;(4) 与科学发现有关的权利;(5) 与工业品外观设计有关的权利;(6) 与商品商标、服务商标、商号及其他商业标记有关的权利;(7) 与防止不正当竞争有关的权利;(8) 一切其他来自工业、科学及文学艺术领域的创作活动所产生的权利。《与贸易有关的知识产权协议》(简称 TRIPs)第 1 部分第 1 条规定知识产权包括:(1) 版权与邻接权;(2) 商标权;(3) 地理标志权;(4) 工业品外观设计权;(5) 专利权;(6) 集成电路布图设计权;(7) 未披露过的信息专有权。

我国学者对知识产权定义,目前没有达成共识。归纳起来,主要有以下几种看法[②]:(1) 从科学技术或者文化艺术的视角考察,知识产权是一种智力成果,是指人们通过智力劳动创造的精神财富或精神产品,依靠智力成果依法享有的一种权利。(2) 从法学的视角考察,知识产权是一种权利,是指自然人、法人或其他组织就其在科学技术和文学艺术等领域的智力劳动创造成果和工商业领域的识别性标记与成果在一定的时间和区域内所享有的法定的专有权利。(3) 从经济学的视角考察,知识产权是一种财产,是指智力成果的完成人或者其他人因为其活动而获得的一种具有价值和使用价值的财产。(4) 从信息的视角考察,知识产权是一种信息,是指记录人类智力活动以及基于该活动所发生的相关权利并可供传播的信息。(5) 从管理学的视角考察,知识产权是一种资源,是指一种在现代管理活动中可供支配、使用和增值的资本性资源。

在当代,知识产权制度不仅是一种法律制度,也是一种管理制度。根据我国《民法通则》和有关法律的规定,我们对知识产权可作如下广义的理解,它包括

---

① 张玉敏:《知识产权法》,法律出版社 2011 年版,第 3 页。
② 蒋坡:《知识产权管理》,知识产权出版社 2007 年版,第 4 页。

著作权(版权)和工业产权两大类,可细分为文学、艺术和科学作品,演出、录音、录像、广播作品,制图、技术绘图,计算机软件,专利,商标,标记名称,制止不正当竞争,技术秘密等。知识产权是智力创造性劳动取得的成果,并且是由智力劳动者对其成果依法享有的一种权利。

二、企业管理定义

企业管理(Business Management),是对企业的生产经营活动进行计划、组织、指挥、协调和控制等一系列职能的一个总称。

企业管理包括的主要内容:(1) 计划管理。通过预测、规划、预算、决策等手段,把企业的经济活动有效地围绕总目标的要求组织起来。计划管理体现了目标管理。(2) 生产管理。即通过生产组织、生产计划、生产控制等手段,对生产系统的设置和运行进行管理。(3) 物资管理。对企业所需的各种生产资料进行有计划地组织采购、供应、保管、节约使用和综合利用等。(4) 质量管理。对企业的生产成果进行监督、考查和检验。(5) 成本管理。围绕企业所有费用的发生和产品成本的形成进行成本预测、成本计划、成本控制、成本核算、成本分析、成本考核等。(6) 财务管理。对企业的财务活动包括固定资金、流动资金、专用基金、盈利等的形成、分配和使用进行管理。(7) 劳动人事管理。对企业经济活动中各个环节和各个方面的劳动和人事进行全面计划、统一组织、系统控制、灵活调节。

从管理对象来分,可以将管理分成业务管理和行为管理。业务管理更侧重于对组织的各种资源的管理,比如财务、材料、产品等相关的管理。而行为管理则更侧重于对组织成员行为的管理,由此而产生了组织的设计、机制的变革、激励、工作计划、个人与团队的协作、文化等等的管理。

随着市场竞争的日益激烈,企业要想在激励的市场竞争中立于不败之地,必须不断地提高企业管理水平,企业管理水平的高低决定着企业发展的方向与持续经营的时间。企业管理的目的就是提高企业管理水平,增强企业市场竞争力,扩大企业的社会影响,获得经济效益。

三、企业知识产权管理定义

企业知识产权管理是指为规范企业的知识产权工作,在现有法律法规的框架之下,最大限度地发挥知识产权在企业发展中的作用,促进企业技术创新,加强企业自主知识产权,提升企业市场竞争能力,从而使企业能够更加有效地进行知识产权创造、运用、保护和管理,而围绕企业知识产权所开展的计划、组织、协调和控制的系列活动。

企业知识产权管理是一项综合性和系统性的工程,它通过动态管理、法制管理、市场管理和国际化管理等四个方面来对知识产权进行管理,从而不断强化企业的知识产权保护力度,提升企业的知识产权运营水平,达到提高企业核心竞争力的目的。企业作为市场的主体,既要进行技术创新,获取知识产权,同时也要密切关注市场的变化,了解顾客的需求,及时调整产品结构和市场营销策略,并积极开拓国际市场,增强企业的市场竞争。因此,企业知识产权管理必须围绕市场需求,实现顾客价值,才能使企业在激烈的市场竞争中取得竞争优势,获得更大利益。

第二节 企业知识产权管理的特征

企业知识产权管理是企业管理和知识产权管理的一个重要组成部分,除了具有企业管理和知识产权管理的一般特征外,企业知识产权管理还具有自己的特征,主要归纳为以下几点[①]:

一、战略性

企业知识产权管理是企业发展战略的有机组成部分,与企业的生产经营管理密切相关,其主要目的是通过有效获取和运用企业知识产权,将其转化为产品或者内化为企业的核心竞争力,从而帮助企业实现战略目标。所以,企业的知识产权管理活动要从全局的、长远的战略高度出发,对企业的知识产权进行有效地计划、组织、领导和控制,从而最大限度地发挥企业知识产权的作用,提高企业的市场竞争力并获得最佳的经济效益。

二、法律性

企业知识产权管理是在国家知识产权法律和政策指导下的管理活动,其具体运作需要以企业内部的关于知识产权的各种规章制度加以约束和保障,很大程度上体现在知识产权确权、知识产权保护和各类知识产权风险预防,妥善解决知识产权法律问题。例如,为避免侵犯他人专利,企业在推出新产品之前要事先调查是否侵害他人的专利,在技术研发之前也要进行详细的专利调查。如果发现问题,要及时采取应对措施,如交叉许可、对他人专利提起无效请求等。

三、市场性

企业知识产权管理必须面向市场,遵循市场发展规律,密切注视消费者的需求,并根据消费者需求和市场环境的变化,及时调整。企业知识产权管理一方面

---

① 宋伟:《知识产权管理》,中国科学技术大学出版社2010年版,第100页。

是为了实现客户价值,另一方面应该是维护市场的公平竞争。企业知识产权管理的目标就是为了占据市场和获得市场竞争优势。市场性还体现于市场是不断变化的,因此,企业知识产权管理模式和方法也随着市场和环境的变化而有所改变。

四、系统性

企业知识产权管理是一项复杂的系统工程,包括技术创新、产品设计和开发、生产与质量管理、市场营销、拓展国际市场以及权利保护等内容,贯穿于知识产权的创造、运用、保护和管理各个环节,涉及技术、经济、管理、法律、信息、网络等众多领域。企业知识产权管理是一个知识集成的过程,需要将这些相关的知识和活动系统化,实现知识产权管理的价值。

五、动态性

企业知识产权管理包括知识产权的创造、运用、保护和管理,是一个动态的过程,具有动态性。企业进行知识产权管理时,应该根据企业的战略目标和知识产权状况变化以及市场需求的变化对管理措施进行适时调整,如需要针对竞争对手和技术发展趋势制定和调整技术研发策略,以及品牌发展战略;需要根据企业知识产权的价值和法律状态,对相关的知识产权采取维护、放弃、保密、公开等不同的管理策略。如在推出新产品之前,应该对市场的需求进行详细调查,确定采取相应的品牌战略,并根据竞争对手的变化采取相应的营销策略。

第三节 企业知识产权管理的目的

企业知识产权管理的目的就是实施知识产权管理所要达到的目标。关于知识产权管理目标,许多学者都有不同的观点。我国台湾地区学者袁建中认为,知识产权管理目标是促进组织创新活动,掌握知识产权,创造知识产权的价值,即"促进创新、掌握知识产权、创造价值"[1]。朱雪忠教授指出,知识产权管理可分为总体目标和具体目标,前者涉及运用知识产权制度优化知识产权资源配置,提高知识产权的制造、运用和保护能力,提升自主知识产权水平和拥有量,促进创新型国家建设;后者涉及提高创新主体知识产权意识和知识产权产出水平和质量,提升其知识产权运用能力和管理水平,完善知识产权组织与制度,培养知识产权人才,夯实知识产权文化基础。[2] 冯晓青教授则认为,企业知识产权管理的

---

[1] 袁建中:《企业知识产权管理理论与实务》,知识产权出版社2011年版,第10页。
[2] 朱雪忠:《知识产权管理》,高等教育出版社2010版,第16页。

目标就在于激励和促进知识产权创造、利用知识产权制度的功能和特点,将企业知识产权与有形资源有效结合,提升企业知识产权能力,形成企业知识产权优势,为企业创造最佳的社会经济效益。[①]

企业知识产权管理的目的,就是企业进行知识产权管理所要追求的效果。知识产权管理属于跨管理学、法学的交叉学科。根据企业知识产权管理的概念,现代企业知识产权管理的目的应该包括以下几方面的内容:

一、知识产权创新

知识产权具有一定的时效性,即知识产权的财产权有一定的保护期限[②],期限届满后,知识产权将进入公共领域,公众可以无偿自由使用,因此企业的知识产权不可能长期存在。企业为了保持在市场中的竞争优势,就必须不断地扩展、更新知识产权,拥有自己的核心竞争力。

二、知识产权运用

知识产权作为一种法定权利,如果不将其转化为企业的商业利润,不仅这些知识产权将毫无经济价值,甚至企业为创造知识产权所投入的成本也将无法收回。只有将知识产权的价值渗透到企业的市场经营中,并能真正给消费者带来利益,知识产权才具有经济价值。而实现知识产权经济价值的途径就是知识产权的产业化、商业化。企业知识产权管理最终是要获取利润,企业只有通过知识产权的产业化、商业化才能为企业赢得利益。(1)从本质上来看,知识产权实际上也是商品,企业可以通过许可或者转让,获取利益;(2)企业在生产过程中,同样可以利用知识产权,将其内化为更有竞争力的商品,开疆拓土,为企业创造更大的利益。

三、知识产权保护

知识产权保护是传统知识产权管理的核心。对内管理和对外保护知识产权是整个企业的共同利益。企业内部管理,包括制定企业知识产权管理制度和员工的激励机制,加强员工知识产权保护教育等,鼓励企业不断创新。对外保护过程中,涉及到两个方面的内容:(1)针对其他企业的非法侵权行为,采取法律或其他措施,维护企业利益。保护企业自身知识产权不受侵害,并通过不断创新,才能使企业在激烈的市场竞争中,保持竞争优势;(2)企业也要随时把握市场环

[①] 冯晓青:《企业知识产权管理》,中国政法大学出版社2012年版,第20页。
[②] 对于保护期限而言,专利和著作权等保护期限都有一个明确的规定;商标权由于可以续展,比较特殊。

境变化,在技术创新、产品开发和市场拓展中,防止自己侵犯别人的知识产权。这就意味着企业一定要随时关注知识产权的发展。

第四节 企业知识产权管理的作用

企业知识产权作为企业的重要无形资产,离不开企业开发、保护、利用和运营,这就需要对企业知识产权进行科学管理。企业知识产权管理是企业知识产权工作开展的基本保障,特别是在新的竞争环境中,它已成为我国企业参与国际竞争的战略选择。可以认为:在现代企业管理模式中,缺乏知识产权管理的企业,不能被视为建立了现代企业管理模式。企业知识产权管理在企业管理中具有重要作用,它贯穿于企业的产品开发、市场营销、市场竞争的全过程,主要体现在以下几个方面。[①]

一、提高知识产权创造数量和质量

首先,企业知识产权管理的主要任务之一就是确立以专利战略为主的企业知识产权战略,并在战略框架内,依据企业的总体经营和创新策略,对知识产权的创造形成一个总的目标和方针。从而使知识产权的布局形成由点到线、由线到面、由面到网的总体战略。其次,企业知识产权管理可以提高创造研发的起点,避免低水平重复研究。通过加强知识产权信息管理,充分运用专利文献信息,及时了解与本单位相关的国内外技术动态,节约人力和资金资源。最后,建立企业知识产权内部奖励机制,充分发挥职务发明人的聪明才智,调动科技人员的创造热情,为企业服务。

二、提升知识产权运营能力

知识产权的运用是企业实施知识产权战略的核心,加强知识产权的创造、管理和保护的目的是提升企业知识产权的运营能力,全面提高企业的市场竞争力。企业知识产权管理水平的高低制约着知识产权运营能力的充分发挥。企业通过知识产权管理能够提高知识产权的经济效益。知识产权获利的主要手段是知识产权的实施、转让和许可。近年来,有的企业还通过知识产权的市场化,如采取融资、抵押等资本运作获取更多利益。

三、提高知识产权保护水平

企业知识产权保护相对于企业知识产权管理,一个重于事后的救济,一个重

---

① 罗国轩:《知识产权管理概论》,知识产权出版社2007年版,第44页。

于事前的预防,一个是治标之策,一个是治本大计。(1)企业对知识产权的科学管理奠定了知识产权保护的基础。在知识产权维权方面,权利的稳定与否常常是问题的关键。如果企业平时的知识产权管理到位,对其知识产权的数量、内容、法律状态已经与他人权利的界限十分清楚,就可以从容地应对他人提出的行政撤销、宣告无效、司法否定等纠纷。(2)企业知识产权管理可以积累维权的可靠证据。企业通过知识产权管理,将知识产权取得和实施等过程中的重要资料分类管理,并完整保存,可以为维权提供可靠的证据支持。对商业秘密而言,这一点尤其重要。(3)企业知识产权管理本身就是对知识产权的保护。通过对知识产权人员和技术成果的管理,明确知识产权发明人的权利义务,明确技术成果的权利归属,从而可以有效地避免因资产流转和人员流动而引发的知识产权纠纷。此外,企业知识产权管理在衡量和降低维权成本、选择维权途径、确定维权方案等方面起到重要作用。

四、形成创新体系良性循环

企业知识产权管理的内容包含了知识产权的创造、运用、保护和管理。企业在通过技术创新和其他方式获得知识产权后,首先企业可以实施知识产权的商品化和产业化,从出售的商品中获取利润;其次可以通过对自主知识产权的运营和利用,如专利转让、收取专利许可费、建立衍生公司、以技术入股或者技术标准的制定等方式获取利润;再次还可以采取抵押、融资等方式,实施资本运作,为企业新的技术创新活动提供资金和技术支持,从而为企业知识产权发展形成良性循环体系,如图1-1所示。[①]

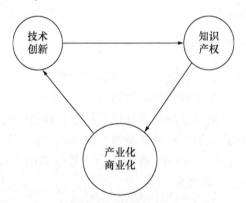

图 1-1　知识产权良性循环体系示意图

[①] 宋伟:《知识产权管理》,中国科学技术大学出版社 2010 年版,第 115 页。

第五节　企业知识产权管理的内容

对于知识产权管理的内容,有多种观点。蒋坡教授认为,知识产权管理的内容包括知识产权的获取管理、维护管理、应用管理、日常管理及国际化管理。①其中知识产权的获取管理主要是针对知识产权研发创造过程、以知识产权为目标的管理活动,包括知识产权的自主创新管理、技术类知识产权的获取管理、标识类知识产权的获取管理、传播类知识产权的获取管理等;知识产权的维护管理是在获取知识产权后,针对已获取的知识产权进行的管理,包括知识产权的维持、放弃、保护、侵权救济等;知识产权的应用管理是指对企业拥有的知识产权的应用,以将其转化为现实生产力为目标的管理活动,包括知识产权的市场管理、转化管理、许可管理、特许经营管理、质押管理,以及对失效知识产权的应用管理;知识产权的日常管理是指企业在日常经营活动中,针对知识产权的日常活动所实施的管理,包括知识产权的人力资源管理、知识产权工作机构管理、知识产权信息管理、保密管理、资产管理、海关管理等;知识产权的国际化管理是指企业在参与国际化经营过程中,针对知识产权的保护与利用所实施的管理活动,包括知识产权的国际组织和国际公约以及知识产权的国际竞争管理等。马海群等人认为,知识产权管理应该面向企业法律实践,涵盖知识产权经营管理、知识产权战略管理、知识产权风险管理以及知识产权管理机制等内容。②

上述对知识产权管理内容的概括也基本上适合于企业知识产权管理的内容。冯晓青教授认为,企业知识产权管理,从知识产权变动状况来说,涉及企业知识产权的产生、运营、保护等形式;从管理过程来看,涵盖了决策、计划、组织、执行、控制等整个过程的系列活动;从管理层次来看,除了日常的管理活动,还涵盖了战略管理内容,即用战略手段管理知识产权。③

简单来讲,企业知识产权管理的内容可以分为横向和纵向两个方面:(1)从横向来看,企业知识产权管理的内容可以分为专利管理、商标管理、著作权管理、商业秘密管理等内容;(2)从纵向来看,企业知识产权管理的内容可以分为知识产权的获取管理、知识产权的运营和知识产权的保护等内容。本书的撰写正是基于这两个方面的内容展开的。

推荐阅读

1. 姚旭:《知识产权法新解读》,中国法制出版社2010年版。
2. 邓焱:《企业管理概论》,科学出版社2011年版。

---

① 蒋坡:《知识产权管理》,知识产权出版社2007年版,第46—48页。
② 马海群、文丽等:《现代知识产权管理》,科学技术出版社2009年版,第6页。
③ 冯晓青:《企业知识产权管理》,中国政法大学出版社2012年版,第25页。

第二章 企业知识产权战略管理

要点提示

本章重点掌握的概念:(1)企业知识产权战略的内涵与特点;(2)企业知识产权战略的体系结构;(3)企业专利战略的管理体系;(4)企业商标战略的管理体系;(5)企业著作权获得与经营战略;(6)企业知识产权战略的制定与实施步骤。

本章知识结构图

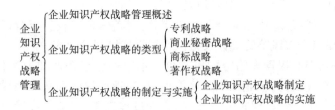

引导案例

上海复星医药(集团)股份有限公司从创立至今,通过布局知识产权战略并不断贯彻实施,得到了快速的发展壮大。

在创业初期,复星医药针对一种刚获得诺贝尔奖,但尚未在中国申请专利的产品进行了应用领域的改进,并申请了专利。由于这种产品在当时市场上的特点是投入小、产出快,并且技术在国际上处于领先水平。因此,复星公司一举打开了市场,奠定了发展的基础。

从2004年开始,复星医药每年按照销售额的5%—7.5%进行研发投入,并且投入额每年都在上升。2006年复星医药专利申请量达到了100项,欧美发达国家的制药企业,每年申请的专利大概在300—500项之间。在发展中国家,例如印度,现在领先的企业每年申请的专利数在200—300项之间。复星医药如果要与这些企业缩短差距,首先在专利数量上要接近或超过这些国家的水平。

复星公司为了提升知识产权管理水平,进一步对知识产权战略进行了调整转型,创新和知识产权战略成为企业的核心。例如,复星医药自主研发的"花红片"在推入市场时,其在专利保护方面也做了精心的准备。公司申请了大量国内和国际的专利,并且对品牌进行了注册,申请了国家中药保护品种,以及对广告著作权进行了登记,尽可能地保护了产品在市场上的进一步做大,延长了产品的生命周期。又如,复星医药凭借自主研发的青蒿类抗疟药物,成为中国医药企业迄今为止唯一的国际卫生组织(WHO)直接供应商,并在2006年的市场上获得了1亿的销售额。复星公司还采取合作、许可的方式进行知识产权战略管理。例如,复星医药与美国一家公司进行了专利合作,这家公司将26项专利许可给复星开发用于临床,在应用过程中,复星医药又发展了16项专利,可以用于全球市场,为公司带来了良好的收益。

复星医药的专利工作,过去是由技术专家负责。转型后,公司在总部和分支机构专门成立了专利部门,并且使这些专利部门与技术部门保持合作又相对独立。同时,公司在专利的申请、产业化及保护等方面制定了系统的考核制度,以形成激励和约束机制。

复星公司目前拥有知识产权的产品为公司带来的利润贡献度达到了40%左右,但据公司估测这个数值并不算高,还可以通过知识产权战略管理进一步提升。

通过上述案例可见,企业知识产权战略管理对企业,尤其是创新型企业的重要意义,因此,本章将对企业知识产权战略及其管理进行系统阐述。

战略起源于军事,我国《辞海》对"战略"一词的定义是:战略是重大的、带有全局性的或决定全局的谋划。随着社会的发展进步,西方学者首先将"战略"一词引入现代企业管理领域而形成企业战略,其涵义也随之演变为企业为应对复杂的经营环境和越来越激烈的竞争而制定的统领性的、全局性的、左右胜败的谋略、方案和对策。著名战略管理大师麦克·波特认为,战略是一种方向,清楚你在市场上的定位,然后在这个范围内不断改善提高价值的方式。如果选择了一种战略,公司即在不同的竞争方式中作出了选择。从这个意义上来说,战略选择表明了这家公司打算做什么,以及不做什么。企业的战略就是设计用来开发核心竞争力、获取竞争优势的一系列综合的、协调的约定和行动。当一个公司成功地制定和执行创造的战略时,能够获得战略竞争力。基于上述分析,企业战略具有以下特征:

(1)企业战略涉及的是带有全局性的、影响企业经营发展全局的重大问题。

(2)企业战略是一个系统,包括企业的战略思想、战略目标、战略方案、企业规章制度及相关法律约束条款和动态调节机制几个相互联系的方面。其中企业的战略思想属于观念范畴,是形成企业战略的前提,也是决定企业战略的总方针。战略目标是指沿着战略思想所指引的方向应实现的要求,它应建立在对客观形势的分析判断上,应符合历史发展趋势。战略方案是实现战略目标而采取的方案、手段,包括实施战略的策略、战略步骤、战略重点等。企业规章制度及相关法律约束条款既是保证战略符合当前社会需要的条件,也是保证战略目标能够实施的基础。以推行知识产权战略为例,离开这方面的企业规章制度及相关法律约束条款调整,则战略的实施是不可想象的。动态调节机制体现的是战略实施的灵活性,即战略各要素应针对不同情况的变异表现出一定的可调节性。

(3) 战略本身的层次性。宏观方面的战略和微观方面的战略都应该从更小的角度进行细分。

第一节 企业知识产权战略管理概述

一、知识产权战略在企业战略中的重要性

21世纪,知识经济的迅猛发展已经从根本上改变了竞争的性质,国家与国家、地区与地区、企业与企业之间的竞争实质已悄然演变为科技的竞争,相互之间对科技知识资源的争夺也越来越激烈,而科技知识资源的争夺焦点表现对关键领域内知识产权的争夺。知识产权具有排他性,是一种难以仿效的核心竞争力,是决定和制约一个企业生存、发展和获得持续竞争优势的关键。发达国家及其跨国公司主要依赖于知识产权这一工具在全球获取财富,阻止或限制竞争对手。因此,企业一定要有关于知识产权创造、运用、保护和管理的一系列长远规划,才能在激烈的知识产权竞争中获胜。一个企业是否具有良好的知识产权战略及其管理对企业的竞争优势的获得与保持具有至关重要的作用。例如,引导案例中,复星医药公司就是凭借知识产权战略立足于医药市场,进而通过不断调整知识产权战略并贯彻实施来保持其竞争优势,从而不断发展壮大。

(一) 企业知识产权战略的内涵

企业知识产权战略属于企业战略与知识产权的交叉领域,国内外学者从不同视角对企业知识产权战略的内涵进行了阐述。

希特(Hitt)、罗伯特(Robert)[1]认为,企业知识产权战略通常指依据知识产权法和企业战略的有关规定,通过单独使用知识产权或将知识产权看做一种资源与企业的其他资源交叉组合使用,从而达到企业的战略目标。吴汉东教授认为,企业知识产权战略是指企业运用知识产权及其制度的特点去寻求市场竞争

---

[1] 〔美〕迈克尔·A.希特、R.杜安·爱尔兰、罗伯特·E.霍斯基森:《战略管理:概念与案例(第8版)》,吕巍译,中国人民大学出版社2009年版,第6—7页。

有利地位的战略①;冯晓青教授给出的企业知识产权战略定义为:企业为获取与保持市场竞争优势,运用知识产权保护手段谋取最佳经济效益的策略与手段。②

结合国内外学者对企业知识产权战略内涵的研究及企业战略与知识产权本身的特点,本书认为,企业知识产权战略是为了获取和保持竞争优势,企业基于知识产权相关法律规定,对知识产权的创造、运用、保护和管理的总体安排和统一谋划,以达到优化资源配置,谋取最佳经济效益的目的。

(二)企业知识产权战略的特点

根据上述分析,企业知识产权战略具有以下特点:

1. 法律性

企业知识产权战略是依托于知识产权法律而设定的。离开知识产权法的企业知识产权战略是不可想象的。这一特点可从以下几方面认识:

(1)知识产权与智力成果不能等同,它具有依法确认的特点。不仅如此,确权后的知识产权的利用、管理和保护都受到法律规范,企业知识产权战略的每一步利用都必须置于法律规范特别是知识产权法律规范的制约之下,法律规范是制定企业知识产权战略的标准。

(2)法律规范特别是知识产权法律规范对实现企业知识产权战略目标具有可靠的保障作用。可以说,企业知识产权资源的开发利用与优化配置,是有效的知识产权法律保护和知识产权战略性运用的共同结果,两者缺一不可。

2. 保密性

企业知识产权战略与企业经营战略直接相关,实际上也是企业整体发展战略的组成部分。企业知识产权战略的实施涉及企业经济和科技情报分析、市场预测、新产品动向、以及经营者在某一阶段的经营战略意图,如果被企业竞争对手掌握,将对自己造成极为不利的影响。因此,企业知识产权战略这类涉及带有商业秘密性质的内容宜加以保密,企业知识产权战略因之具有保密性的特点。

3. 时间性和地域性

这一特点是由知识产权的时间性和地域性特点所决定的。以时间性而论,某一知识产权战略相应的某个知识产权期限届满或因故提前终止,相关的知识产权战略就应及时调整。就地域性而论,企业在制定和实施知识产权战略时应考虑知识产权的权利产生地,这一点对于企业实施国际知识产权战略,开拓国际市场是极为重要的。近些年来我国许多著名品牌在国外屡遭"抢注",蒙受巨大损失,就是一个很好的反例。

---

① 吴汉东:《中国企业知识产权的战略框架》,载《法人》2008年第2期。
② 冯晓青:《企业知识产权战略》,知识产权出版社2001年版,第156页。

4. 整体上的非独立性

企业知识产权战略属于企业经营发展战略的一部分,其目标往往与企业其他战略是相互包含,相互交错的。以企业知识产权战略中的商标战略为例,它与企业市场营销战略、广告宣传战略、市场竞争战略和企业形象战略紧密相关。整体上的非独立性并不排斥企业知识产权战略的相对相关。相对相关性和相对独立性。企业知识产权战略有其自身的发展规律。

二、企业知识产权战略的体系结构

企业知识产权战略作为企业的一种具有全局性和长远性的战略,具有一定的体系结构。从企业知识产权战略自身内在的系统角度看,也可以对企业知识产权战略构成要素或者说体系结构加以认识。这一体系结构涉及企业知识产权战略的思想、战略目标、战略定位、战略重点、战略原则、战略实施策略、战略实施环境与支撑条件等内容。①

企业知识产权战略思想是企业制定和实施知识产权战略的指导方针和理念,关系到企业知识产权战略的全局。它是企业规划和实施知识产权战略的指导性观念和意识,表现为企业成员对知识产权战略的文化认同,使实施知识产权战略成为从核心决策者、管理者到普通员工的共同意识和自觉行动。

企业知识产权战略思想的形成既可以来自于企业长期的生产经营实践,也可以来自于企业领导和员工对知识产权的学习和研究,或在两者基础上形成。无论来源如何,企业知识产权战略思想都是企业知识产权战略的灵魂,对于企业开展知识产权战略具有极其重要的意义。很难想象缺乏企业知识产权战略思想的企业能够卓有成效地实施知识产权战略。

企业知识产权战略目标是企业知识产权战略需要实现的目的。一般而言,占领市场与获得市场竞争力是企业知识产权战略的主要目标。但是,战略目标本身也是一个体系,它可以具体量化为一些具体的分目标,如阶段目标、行动目标、功能目标、数量目标等。还有学者指出,在企业知识产权战略目标层次上,可以分为宏观目标、中观目标和微观目标。其中宏观目标旨在实现企业根本使命,即促进国家经济社会发展和科技文化进步;中观目标旨在实现知识产权基本立法宗旨;微观目标则是实现企业的经济效益和社会效益。对于具体的企业来说,可以根据自己的经营战略需要确定其知识产权战略目标。如中兴通讯公司制定了企业知识产权战略的短期目标和长期目标,其中短期目标是每年制定年度知识产权战略规划,将知识产权战略贯彻到当年的具体行动中去;其长期目标则是

---

① 冯晓青:《论企业知识产权战略的体系结构》,载《黑龙江社会科学》2010年第5期。

通过有效的知识产权管理,在公司形成强大的知识产权保护网,有效地防范和规避知识产权风险,使知识产权有效增值。

企业根据自身情况确定与其经营发展战略相适应的知识产权战略目标,具有十分重要的意义。因为企业知识产权战略目标是企业知识产权战略的核心,反映了企业知识产权战略实施努力的方向。企业知识产权战略目标在企业知识产权战略中的地位和作用还可以作如下理解:企业知识产权战略目标为企业知识产权战略的实施、评估和控制提供了具体的评价和考核依据,有利于促进企业知识产权战略的开展;企业知识产权战略目标为企业知识产权工作描述了远景,有利于调动企业员工的积极性;企业知识产权战略目标能够使企业内部条件、外部环境以及企业目标之间形成一种动态平衡,使企业稳健发展。

鉴于企业知识产权战略目标的重要性,知识产权战略实施具有成效的企业都重视在制定和实施知识产权战略时明确企业知识产权战略目标。例如,作为一个国际化的公司,华为公司的知识产权战略目标是:在积累并形成自主知识产权的基础上,以国际化公司的知识产权为基线,充分保障公司知识产权的安全和取得参与国际市场竞争的资格;在积累知识产权竞争力的基础之上,主导或者加入跨国公司知识产权集合体(专利池);形成与公司经营战略相配套的从公司层面到公司业务层面的关于知识产权的创立、运用、保护和防御的战略。该公司确立的知识产权战略目标值得其他企业借鉴。

企业知识产权战略定位是企业知识产权战略选取的某种特定模式,如追随型与创新型就是不同的专利技术创新战略定位,而单一品牌战略与品牌延伸战略则是不同的品牌定位战略。企业知识产权战略定位关系到企业知识产权战略的选择,对于企业知识产权战略的实施具有基础性保障作用。

如果企业知识产权战略定位错误,将会对战略实施的全局产生灾难性后果。因此,企业知识产权战略定位是企业知识产权战略结构体系中不可忽视的重要因素。

企业知识产权的战略重点是实现战略目标中具有关键性意义方面、环节以及为实现该战略目标所采取的重要措施和手段。企业知识产权战略的重点,需要在调查研究、文献检索、科学论证的基础之上确定。在企业知识产权战略的实施过程中,企业知识产权战略重点也需要随着形势的变化而及时调整,保持一定的灵活性。企业知识产权战略重点的确定,需要根据其自身情况考虑。例如,德国企业根据其所在行业特点,确定了其知识产权战略的重点。德国奔驰公司的专利战略注重汽车制动系统的研究及申请专利,而汉高公司则将知识产权战略的重点置于商标注册和保护方面。

企业知识产权战略实施的环境与支撑条件是指企业实施知识产权战略的内外部环境与条件,如涉及企业内部的人员配备与素质、硬件建设、信息网络、组织机构与企业文化建设等,涉及企业外部的如国家知识产权法律状况、国际知识产权立法走向、知识产权执法环境、国内外企业的竞争环境、国家知识产权战略意识与知识产权战略启动状况等。

企业知识产权战略原则是企业为实现知识产权战略目标而应当遵守的若干准则,其中法律原则、获取竞争优势原则、利益原则等是其中的重要内容。以获取竞争优势原则而论,企业知识产权战略的一切活动都是围绕获取竞争优势这一核心进行的。为获取竞争优势,企业知识产权战略需要遵循竞争战略的一般原则和规律,着重于创立企业自身的知识产权优势,形成核心竞争力,而不在于一时的得失。

企业知识产权战略实施策略是企业知识产权战略在不同阶段和时间内为实现特定知识产权战略目标而采取的技巧、方法、步骤,它是保障企业知识产权战略长远目标实现的一系列战术。战略实施策略也是在企业知识产权战略的方针指导下针对企业经营管理的具体情况所采取的策略,是依据企业知识产权战略所确定的原则和重点,用以实现企业知识产权战略目标所采用的策略。从一定的意义上说,企业知识产权实施战略就是由各种各样的知识产权实施策略构成的。企业知识产权战略的实施策略也可以简称为企业知识产权策略或企业知识产权战略实施对策。该策略或对策需要讲究战略的预见性、灵活性和针对性,并随着战略模式或格局的变化而调整。① 有学者指出,从企业知识产权战略运用的角度看,知识产权作为设计企业运作模式的一个中心,必须建立一个系统来保护并管理知识产权,包括知识产权的引入战略、管理战略和释放战略。②

总的来说,企业知识产权战略体系结构中的各因素是相互联系和相互影响的,这一特点决定了企业知识产权战略的实施要注重系统性,而不能顾此失彼。

第二节 企业知识产权战略的类型

知识产权战略本身虽然具有一定的抽象性,但其具体运作却十分具体。因此,我们可以从知识产权战略的运作管理、实施阶段、主要管理对象等方面来对知识产权战略进行分类。

从知识产权战略的运作管理来看,知识产权战略可以划分为知识产权创造

---

① 陈昌柏:《知识产权战略》,科学出版社1999年版,第181页。
② 冯晓青:《论企业知识产权战略的体系结构》,载《黑龙江社会科学》2010年第5期。

(包括研发与开发)战略、知识产权资本运营管理战略、预防和控制知识产权流失战略及知识产权保护战略等。从知识产权战略的实施阶段来看,知识产权战略可以划分为导入阶段、管理阶段与释放阶段。

从知识产权战略的主要管理对象来看,知识产权战略可以划分为专利战略、商标战略、商业秘密战略、版权战略、域名战略等。

在知识产权战略管理领域,人们主要从不同管理对象的角度对知识产权战略进行深入的研究。

为此,本节主要对专利战略、商业秘密战略、商标战略、版权战略以及国际化战略进行具体阐述。

一、专利战略

(一) 专利战略的涵义

专利战略,是指企业为获得和保持竞争优势,主动利用专利制度提供的法律保护及其种种便利条件有效地保护自己,并充分利用专利情报信息,研究分析竞争对手状况,推进专利技术开发、控制独占市场,从而指导企业在科技、经济领域的竞争,获得最大的利益的总体性谋划。企业专利战略规划是企业根据专利战略制定在企业重要的竞争领域和职能领域实现企业专利战略的战略重点和战略步骤。

在现有的法律保护和激励手段中,专利权的取得、维持和保护是企业技术竞争力得到最为安全持久、可靠有效保护的基础性措施。"一流的企业做标准,二流的企业做品牌,三流的企业做产品",这句俗语对于企业专利战略的重要性是一个有力的佐证。建立和健全专利战略,是企业在国内与国际市场中提升核心竞争力的必要手段。

(二) 企业专利战略分类及管理体系

按照企业应对市场竞争的方式划分企业专利战略按应对市场竞争方式可分为企业进攻型专利战略、防御型专利战略和混合专利战略。这些战略可能被运用于企业创新过程的任一阶段,这根据企业创新的需要而定。

鉴于企业实际工作的需要,本书重点阐述在专利战略制定和运营过程中的企业专利战略,包括专利调查战略、专利申请战略、专利实施战略和专利保护战略,以及各战略有机结合而构成的企业专利战略管理体系,如图2-1所示。

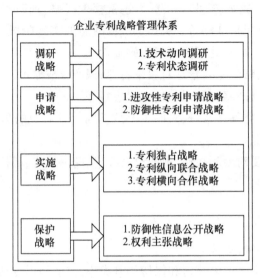

图 2-1　企业专利战略管理体系

1. 专利调研战略

专利调研战略又称专利情报战略,是指企业在创新的整个过程中根据需要利用大量的专利文献等资料,对本行业或领域内的技术、产品创新状况、发展趋势、竞争对手以及竞争对手的创新分布、创新成果等进行系统的分析和预测,并基于专利调研制定自己的创新方向和专利战略。这一阶段的战略制定为整个企业的专利战略奠定基础,为后期的创新指引正确的方向,以避免盲目开发和重复投资。具体的专利调研战略根据在创新过程中的不同需要分为技术动向调研、专利状态调研。通过这些调研,企业掌握大量的专利情报信息,有助于制定出适合本企业创新发展的专利战略。

专利调研战略主要包括技术动向调研和专利状态调研。

（1）技术动向调研。技术动向调研包括对技术生命周期的调查、对技术专利的检索、以及对竞争对手技术状态的调查,从而了解是否存在剩余市场,是否存在技术替代风险。

要做好专利战略的管理,企业首先要"知己知彼",这就要求搞好技术动向调研。企业要广泛搜集与企业相关的专利信息,这些信息包括相关专利的过去的状况、目前的状况,并在掌握这些信息的基础上进一步分析当代技术水平并预测今后技术发展动向,以供研究、开发新产品新技术作参考。例如,通过对一项技术专利申请量逐年变化的情况的分析,便可以对该项技术是"朝阳技术"还是"夕阳技术"作出初步判断,并用于指导制定研究开发策略,选择研究开发课题。例如,人类的照明在原始状态只能是月光,后来发明了蜡烛。在发明电灯之后,人类逐渐进入电器时代。而照明用电灯也逐渐由钨灯到钠灯、荧光灯和真空灯等。随着照明灯功率的增大,灯泡的亮度也增大。在电灯以后的技术均在专利文献中有相关的记录。通过对这些专利文献的分析,可以预测出更新的照明措施可能是功率更大,照明效率更高,更适应当今社会环保节能要求的新产品[①]。

（2）专利状态调研。专利状态调研包括专利性调查、公知性情况调查、法律状态调查、监视性调查等。

第一,专利性调查。专利性调查是在专利申请前进行的判断该项发明创造是否具备专利性的一种调查。其中,专利性是指该项发明创造有没有区别于以往和现有专利的差异化的特性。例如,对发明和实用新型而言,是指有无新颖性、创造性、实用性;对外观设计而言,是指有无新颖性和工业实用性。需要注意的是不同的国家的专利制度不完全相同,我国的实用新型和外观设计专利的审查是初步审查制,即不对实用新型和外观设计的授权实质性条件进行审查,只要满足格式审查条件和明显缺陷审查,即可授权。因此,企业在做好专利性调查后便可实施相应战略。例如根据相关的专利法律要求,判断该项专利是否满足专利授权性条件,如果不满足,企业可通过无效程序请求专利复审委员会宣告该专利无效;如果满足,但发现该专利即将到期且该产品在市场上还有大量的需求,那么,企业就可以在该专利无效后将可通过合法利用该技术生产相关产品并投放市场。

第二,公知性情况调查。企业在判断某项技术具有专利性后,决定执行该项技术的产品研发方案,这时,要对方案的可行性进行分析论证,即进行公知性情况调查。具体调查方法:首先,检索、查阅已公开或公告的发明创造相关专利申请,并对其专利性进行审查;其次,通过对相关文献和企业将要执行的研发方案进行比较分析,从而确认研发方案是否可行。这种调查,对新产品新技术的研究开发、回避侵权行为和专利权无效宣告请求等,是必不可少的。

第三,法律状态调查。所谓法律状态,是指某项特定技术是否是专利技术、是何种专利技术、是否是有效专利、专利权的期限还有多长以及特定技术和特定专利之间的关系等情况。还要注意调查该项专利是否在其他国家取得专利。这种调查,对于技术和新产品进出口、技术价值评估十分重要。

第四,监视性调查。企业在从决定执行研发方案到专利申请完毕的整个过程中要对竞争对手专利申请动向、专利发展过程和取得专利权的情况进行监视,以在专利申请过程中保持主动地位。

由此可见,专利调研主要通过对科技刊物、著作、指南等专利相关的文献进行调查研究而获取专利信息。企业在专利调研阶段需要研究需要创新的技术动

[①] 何敏主编:《企业专利战略》,知识产权出版社2011年版,第15—38页。

态、取得专利的可行性以及相关联盟企业或竞争对手的专利情况，把握本企业在技术上所处的地位、优点和缺点，并进行前瞻性的预测与分析，从而制定适合本企业发展的创新计划与专利战略。

2. 专利申请战略

专利申请战略按战略属性的强弱可以分为进攻性申请战略与防御性申请战略，下面分别从这两个角度来介绍企业可以采用的专利申请战略。

（1）进攻性专利申请战略。进攻性的申请战略强调企业在专利申请中占据主导权，以保障企业在关键领域内的技术优势和产品优势。它主要可分为核心专利战略和抢先申请战略。

第一，核心专利战略，也称为基本专利战略，是将企业的关键领域的核心技术或者基础技术研究作为核心专利来保护，以取得该领域技术发展专有控制权的战略方案。企业取得了核心技术专利权，就可以主导该技术的发展方向，掌握主动权。核心专利除了向本国提出外，还应具备国际视野，选择若干市场前景看好的外国提出专利申请。

第二，抢先申请战略。世界上绝大多数国家，除了美国、菲律宾等少数国家以外，在专利确权上都实行申请在先原则。因此，把握好专利申请的时机也是十分重要的，否则可能会让竞争对手捷足先登，使自己反而受他人约束。但需要注意的是，抢"先"要注意时机的选择，不宜过早或过晚。过早申请会导致过早地向竞争对手暴露目标，容易遭到攻击，过晚申请一方面易使创新成果因失去新颖性而不能获得专利，另一方面可能被竞争对手抢先申请，导致企业蒙受巨大损失。因此，专利申请要在前期调研的基础上，视企业面临的市场竞争、企业自身的经营状况等具体情况作出具体的时机选择，申请时间不宜过早或过晚。

（2）防御性专利申请战略。防御是为了抗击竞争对手的进攻，保存自己和辅助进攻或准备直接转入进攻的一种手段。积极防御也是专利申请的一项重要战略思想。专利申请中的防御战略主要包括外围战略、迷惑战略和绕开权项战略。

第一，外围专利申请战略。外围专利战略是指围绕核心专利技术所作出的改进发明创造专利的战略。外围专利战略具有两方面的内容：其一，在自己的核心专利周围设置许多原理相同的小专利组成专利网，防御他人对该核心专利的进攻。例如，美国菲利普石油公司在取得耐热性能极好的热塑性树脂聚苯硫醚的核心专利之后，又不断改进，陆续取得了从制造、应用到加工等外围技术专利300余件，从而有效地防止了他人对该项专利的进攻。并且这些外围专利还在核心专利到期后，起到了继续保护核心专利的作用。美国菲利普石油公司的该项核心专利于1984年11月到期，但大量的外围专利在那之后仍在有效期内，使得核心专利可以继续得到有效地保护。其二，对他人的核心专利进行研究，发现缺陷,作出改进,然后提出专利申请,利用外围专利技术同核心专利权人进行对抗。例如,20世纪60、70年代,日本运用这一战略获得巨大成功。当时,日本缺乏核心技术,日本企业就迅速围绕竞争对手的核心专利研发外围专利,使每个外围专利都有不同程度改进,从而使得这些外围专利覆盖了该项核心技术专利投入商业应用时可能采用的全部产品结构,给竞争对手的核心专利有效实施制造了障碍,从而迫使对方同意对核心技术的交叉许可,获得了核心技术的使用权,获得了与竞争对手进行对抗的能力。

第二,迷惑专利申请战略。迷惑专利申请战略是指为了迷惑竞争对手而申请专利技术,该部分专利并非企业研发方向和实际投入项目,而是为了防止对手根据专利分布对自己的发展进行跟踪预测。该专利战略通常应用在行业内竞争非常激烈、竞争对手相对集中的情况下,是为了对抗竞争对手而对自己的专利情报分析战略而实施的。

第三,绕开权项专利申请战略。绕开权项专利申请战略指避开竞争对手的专利项目,发掘对方的"空隙"技术,开发与之不相抵触的替代性技术的专利申请战略。该专利战略通常是某方面技术实力较弱的企业应用的迂回战术,避免与强敌正面交锋。例如三星公司针对苹果公司"智能手机翻看图片和网页出现临界点回弹原位置"的专利技术研发出"出现蓝色亮光"替代"临界点返回原位置"的技术,从而绕开了对方的专利限制,赢得市场。

3. 专利实施战略

专利实施战略也称专利利用战略,是指对专利权的利用方式。既包括对企业自己申请的专利权的利用也包括对其他企业专利权的利用。专利实施战略主要包括专利独占战略、专利纵向联合战略及专利横向联合战略。

(1) 专利独占战略。专利独占战略指专利独占、垄断,具有强排他性,即企业享有某项专利的独占权,对于任何企业都不授予许可使用权,谋求企业独家利益的战略。该战略是进攻型专利实施战略的方式之一。这种战略的运用常见于技术力量强大的跨国公司。例如,爱普生在自己的打印机墨盒中设置多项专利保护,试图达到买其打印机后、必须买其提供的原装耗材的目的,从而使自己能够长期获取高额利润。

(2) 专利纵向联合战略。专利纵向联合战略是指企业通过采用纵向思路联合供应者或销售者从而获取相关专利的战略,主要包括专利购买、引进战略和专利投资、协作战略。

第一,专利购买、引进战略,是指企业不通过自身开发,而通过市场买卖或引进的方式获得专利技术的战略,该战略可节约自身研发资源,提高研发效率,以较短的时间扩大技术优势。专利购买引进需要企业付出较大的成本,首先,需要进行专利价值评估,购买专利的价值是否能够为企业带来预期的收益;其次,企业需要有足够的技术力量和资源对专利进行消化、利用,达到专利应用目的。

第二,专利投资、协作战略,是以专利技术入股,或与其他企业或者机构合作,合作使用专利,协同作战。可以在他国设立合资公司或合营公司,进而掌握该公司支配权,扩大企业影响力;也可以以生产合作的形式出现,以防止出现专利纠纷,实现共赢。

(3)专利横向合作战略。专利横向合作战略是指企业与同行、同类企业或产品关联性较大的企业之间进行的相关专利合作的一种战略,主要包括专利普通许可和交叉许可。

第一,专利普通许可,也称非独占性许可,是指在不影响企业自身市场竞争需要的情况下,许可其他企业使用本企业专利,收取一定使用费用的战略。它是最常见的专利许可方式,即许可人在允许被许可人使用其专利的同时,本人仍保留着该地域内使用其专利的权利,同时也可以将使用权在授予被许可人以外的第三人。例如,微软公司的专利许可,从"冰冷专利"到"温和许可"。2003年,微软公司成立了专门的知识产权许可团队,对其拥有的技术进行许可交易[①]。

第二,专利交叉许可。交叉许可也称互惠许可、互换许可,是指双方当事人以价值大体相当的专利进行互换性许可,允许对方实施相关专利。交叉许可多发生于同行、同类或产品关联性较大的企业之间,各企业之间以及各项技术之间紧密联系,企业之间通过交叉许可可以共享知识产权,获得双赢的效果。例如,2011年微软公司与三星公司达成Android专利交叉许可协议,协议规定:在三星售出的每部Android智能手机和平板电脑中,需要向微软支付授权费,而三星还将继续与微软公司Windows Phone领域展开合作。

4. 专利保护战略

专利保护战略主要包括防御性信息公开战略与权利主张战略。

(1)防御性信息公开战略。防御性信息公开战略是指采取适时的信息公开战略让企业保证自己的优势,限制竞争对手取得相关发明创造的专利。

信息公开战略主要依靠文献公开。文献公开通过科技文献、数据库等将技术成果以公开的形式发表,以阻止技术成果被抢注专利。典型的如印度政府通过非专利的"防御性公开数据库",帮助全球各国专利局审查员驳回抢注印度技术的专利申请;积极挖掘大量可能被抢注专利的印度技术,抢先实施专利"防御性公开"。从2000年开始,印度政府开始启动TKDL数据库(传统知识数字图书馆)项目,先后组织了1000多名专家,负责搜集、整理印地文、梵文、阿拉伯语、波斯语、乌尔都语、泰米尔语等各种语言记载的印度现有技术,以及印度公开使用

---

① 裴宏、张海志:《微软知识产权许可:"冰冷专利"到"温和许可"》,载《知识产权报》2011年6月15日。

而未有文字记载的一些现有技术,还负责把上述技术翻译成 5 种国际语言:英语、日语、法语、德语和西班牙语,以此来阻击外国企业申请与印度民间传统技术相冲突的专利,争夺印度的知识产业利益。[①]

(2) 权利主张战略。权利主张战略强调企业在保护专利时在专利权利方面的主张,包括专利无效抗辩、权项落空和先使用权战略。

第一,专利无效抗辩战略,是指在其他企业申请专利权的过程中,可以采取一系列妨碍活动,向专利复审委员会提出异议,以请求其宣告他人专利权无效。实践发现,在涉外专利纠纷案件中,半数以上的专利有可能被国外的专利、期刊论文漏检,也有可能被其他规则推翻,因此该战略是企业遇到被诉专利侵权情况时常用的有效战略之一。

第二,权项落空战略,是指企业当遭受专利侵权的起诉时,可努力寻找可能使对方起诉失败的空间,如仔细研究对方的专利权利要求书,寻找本企业产品不在其权利要求保护范围内的证据,使对方无法主张权利。

第三,先使用权战略,是指如果发现企业的产品或服务处于其他专利权人的权利保护范围之内,存在侵权情况时,可以举证本企业在其之前已先行使用,以此对抗其侵权起诉。当本企业专利技术受到侵犯时,应充分利用专利法律的保护,请求专利管理机关处理或向人民法院提出诉讼,要求对方支付使用费或转让费,以及经济赔偿等。

二、商业秘密战略

(一) 商业秘密战略的涵义

商业秘密是知识产权的一种特殊形式,包括企业的关键性技术信息和经营信息,具有秘密性、高价值、高实用性特点,是企业保持竞争优势、占有财富的重要手段。

在实践中,企业拥有繁多的信息,但其中能够申请专利、注册商标或享有版权的相对占少数,而大部分信息是靠企业以自行保密的方式进行保护的。因此,企业在制定自己的知识产权战略时,必须高度重视商业秘密战略的制定。

企业商业秘密战略的核心在于对商业秘密的保护。因此,商业秘密战略是为了保证企业的正常生存和发展,从制度、法律、管理等方面作出的一系列保护企业商业秘密的安排与谋划。

(二) 商业秘密战略管理

1. 企业要积极培养商业秘密意识

作为企业的投资者、经营者、管理者乃至每一个职员都应意识到商业秘密对

---

① 罗博、张舵:《阻击专利海盗向印度学几招》,载《经济参考报》2011 年 06 月 21 日。

企业而言是重要的无形资产,应像重视资金、设备、厂房、产品等有形财产那样充分认识商业秘密的价值。

2. 要从技术、制度和法律三大方面做好保密措施

(1) 技术性保密措施,即采取一定的技术和物质手段,使商业秘密隔离于权利人和其他社会主体之间。如可采用设立保密区、使用保险柜、在计算机程序中加密、禁止无关人员参观等措施。

(2) 制度性保密措施,即建立和健全企业商业秘密保护的规章制度,确保秘密信息不致泄露。可采用定期进行商业秘密的宣传教育、技术档案的集中管理、信息交流和参观访问的管理等保密措施。

(3) 法律性保密,即在商业秘密的具体运作中,利用合同中的保密条款规定的保密义务和对侵犯商业秘密的行为提起诉讼等法律手段保守秘密或挽回损失。凡是在涉及商业秘密的合同订立中,都要有清楚、完整、详细的保密条款,如劳动合同、买卖合同、承揽合同、技术合同中有关保密义务、范围、程度、违约责任的规定。对他人侵犯商业秘密的行为,企业应善于运用诉讼方式对自己的权利进行救济。在对商业秘密进行管理时,应注意充分地利用该秘密为企业营利服务;否则,闲置不用的秘密就没有管理和保护的价值了。

3. 重视商业秘密的研究开发工作

在研究开发的过程中,要及时跟踪本行业、本领域内的最新技术和经营动态,广泛搜集信息资料,选择适合本企业的课题,尤为重要的是吸引和稳定专业人才队伍。要对研发人员的权利、义务和责任作明确、合理的确定。

企业还可将商业秘密与专利保护两者结合起来,采取交叉保护的策略。

三、企业商标战略

(一) 企业商标战略的涵义

商标是识别商品和服务的标志,是关系到企业生产和发展的重要知识产权。[①] 企业商标战略是企业战略的重要组成部分,是以创立并保持驰名商标,塑造企业优良形象为目标,针对企业的商标工作制定的企业分战略。商标可以作为企业的一种非技术性竞争资源,商标战略也是企业运用商标制度提供的法律保护,在非技术性因素竞争和市场竞争中谋求最大经济利益,并保持自己非技术性竞争能力优势的整体性战略观念与谋略战术的集成综合体。由此可见,企业商标战略的目的是为了使企业获得、保持市场竞争优势,树立企业形象,促成产品或服务占领市场,最终获得最佳收益。同时,企业的商标战略是一个集经济、管理、法律等多学科为一体的综合性系统。

---

① 张玉敏:《商标保护法律实务》,中国检察出版社2004年版,第1—30页。

企业商标战略作为企业知识产权战略的重要组成部分,具有法律性、市场性的特点。企业商标战略的运用依靠国家知识产权法特别是商标法律制度为保障。在当今国际化环境下,企业的商标战略要立足全球视野,将本企业的商标战略纳入国际商标法律制度的保护框架。企业的商标战略具有很强的市场性。商标的市场功能决定了商标的市场性。商标可以作为开拓市场的有力手段,如国内企业走向国际市场,外国企业进入我国市场,均在一定程度上使用了商标战略。商标被消费者接受的程度也需要通过市场媒介来实现。商标信誉的高低也由商品在市场上的占有率决定。

(二) 企业商标战略的管理

企业商标战略将企业的商标权作为企业的资源进行优化配置,是建立在法律、经济和管理基础上的一项系统工程。企业的商标战略在实际运用过程中细分成各种具体的战略,这些具体战略共同作用构成企业的商标战略管理体系,如图2-2所示。

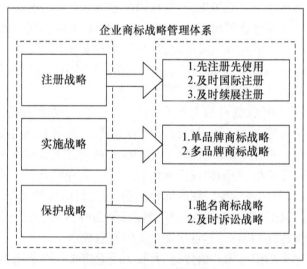

图 2-2 企业商标战略管理体系

1. 企业商标注册战略

(1) 先注册先使用。商标是意图通过使用发挥商标的作用,从而建立市场信誉,提高商标知名度,创立驰名商标。我国保护商标专用权采取的法律制度是:不注册使用和注册使用并行,但只有注册商标才能取得商标专用权,受法律保护。因此,注册商标是企业取得商标专用权的前提,如果企业不遵循注册后使用的原则,可能会对企业产生危害。原因在于没有注册的商标其专用权不受法律保护,不能有效参与市场竞争,而一旦企业辛苦树立起来的商标形象被他人抢注,则导致企业可能侵犯了他人的注册商标专用权,不能继续使用该商标,或花费巨大代价购回该商标使用权,或更换商标。例如,索尼爱立信是有索尼公司与爱立信公司出资组成的合资公司,于 2001 年成立,其推出的音乐功能手机销量一度占据全球第三。2003 年 3 月,刘先生向商标局提出对"索爱"商标进行注册申请,2004 年获得商标局核准注册,2005 年刘某在广州注册成立了广州市索爱数码科技有限公司,并投入大量索爱广告,向市场销售索爱牌 MP3、MP4 产品。2005 年 6 月,索尼爱立信向国家工商行政管理总局商标评审委员会递交了申请,要求撤销刘先生对"索爱"商标的注册,但被裁定未获支持。2006 年,索尼爱立信提出希望索爱数码以两三千万的价格转让索爱商标,没有成功。此后,该公司诉至法院,要求法院撤销商评委的裁定,并再次要求商评委做出撤销裁定。从 2005 年索尼爱立信公司提起诉讼开始直至 2010 年,索爱商标之争才有了结果:索爱商标归索爱数码所有,索尼爱立信公司败诉。

由此可见,企业应了解商标注册法律,培养良好的商标注册意识,养成良好的商标注册习惯。

(2) 适时国际注册。近年来,随着我国企业国际竞争力的不断增强,我国商标被国外公司抢注事件也层出不穷。如大宝在美国、英国、荷兰、比利时、卢森堡被抢注,全聚德、三鞭酒在韩国被抢注,红星在英国被抢注,大白兔在日本、美国被抢注,英雄和同仁堂在日本被抢注。此外,诸如红塔山、安踏、海尔、长虹、女儿红、杏花村、王致和等著名品牌都遭遇国外抢注。

一般来讲,商标抢注的目的无外乎两种:其一是为了阻碍被抢注商标的企业的产品进入某个市场。由于知识产权保护的地域性,商标权的注册和保护也具有地域性。商标一旦在某国或某区域注册成功,被抢注商标的企业就不得在该国或该区域使用此商标,否则构成商标侵权。其二是单纯地为了牟利。通过商标抢注,一些人和公司或索要巨额商标转让费,或进行商标倒卖等。商标被抢注后,无论被抢注商标的国内企业放弃原商标另创品牌,还是高价回购,或者通过法律途径撤销被抢注的商标,都将增加企业的经营成本。

面对日益增多的商标国外抢注行为,我国企业应重视企业商标的国际注册,树立全球商标战略意识。国内企业要有长远眼光,做到未雨绸缪。已经注册的商标随着产品出口范围的扩大,要及时扩大保护范围;有发展潜力的商标,即使相关产品尚未出口也要先行注册,以防患于未然。"商标先行"是世界知名企业发展的成功经验。

企业在国外要取得商标保护,一个非常重要的渠道就是进行商标国际注册。商标国际注册一般有两种途径:一是马德里商标国际注册。我国已于 1989 年加入《商标国际注册马德里协定》,并于 1995 年加入《商标国际注册马德里协定有关议定书》。目前加入马德里联盟的成员国已经达 80 多个,基本覆盖了我国主要的贸易伙伴。根据协定,任何马德里联盟成员国的申请人,在本国注册商标后,都可以通过本国商标主管机关向世界知识产权组织(WIPO)国际局申请该商标的国际注册,以在所有成员国或者部分成员国中受到保护。二是进行逐一国家注册,即申请人依各被申请国法律,分别向被申请国商标主管机关提出商标注册申请。

(3) 及时续展注册。根据我国2013《商标法》第39条及第40条明确规定:"注册商标的有效期为10年,自核准注册之日起计算。""注册商标有效期满,需要继续使用的,商标注册人应当在期满前12个月内按照规定办理续展手续;在此期间未能办理的,可以给予六个月的宽展期。宽展期满仍未提出申请的,注销其注册商标。"每件商标续展的有效期为10年。这就要求商标权利人在商标专有权期满后,须如期办理商标续展手续。到期后如不及时办理续展注册,该商标将被依法注销。如果他人借机抢注,商标所有权即会易主;若原权利人继续使用,则属商标侵权。如,2013年5月,杭州百年老店知味观一个类别的"知味观"商标使用权已满10年,但知味观公司没有提出续展,结果被一家贸易公司"抢注"了该类别的"知味观"商标。商标未续展被他人"抢注"后,知味观今后很可能无法使用"知味观"商标售卖涉及该商品类别的豆腐皮、素烧鹅等食品。如果知味观想拿回商标,只能向该贸易公司购买。因此,企业在定制商标战略时,不能忽视商标的续展注册。

2. 企业商标实施战略

企业将商标作为无形资产需将企业的经营发展战略与市场实际情况结合起来进行管理和运营。

商标和品牌存在着紧密联系,品牌的法律保护由商标权利来保障,商标是品牌在法律上的形式体现。因此,本书将企业商标的实施战略分为单品牌商标实施战略和多品牌商标实施战略。

(1) 单品牌商标实施战略。单品牌商标实施战略是指企业对它所拥有的所有产品,包括许可授权生产或经营的产品均采用相同的单一商标。从营销角度看,这实质是商标的延伸,无论企业生产或经营多少品类,拓展到多少个市场,均采用统一的商标。采用统一商标有利于企业集中资源和精力建立和提高知名度、信誉度,乃至市场份额、经济效益等。例如,许多百年老店便采用了这一商标战略。拥有了一定知名度的企业采用单品牌商标战略也有利于推出新产品,开拓新市场。例如,海尔从洗衣机延伸到冰箱、空调、彩电等产品品类。

但采用单品牌商标战略也有弊端,一旦单品牌商标出现问题,如遇到危机事件,则会导致竞争对手的致命打压,或致使消费者对其所有产品丧失信心。如2013年8月出现的多美滋奶粉肉毒杆菌事件,虽然多美滋公司一再声明仅有两个批次的产品受到污染,但消费者信心严重受挫。

（2）多品牌商标实施战略。企业在实施多元化、差异化经营管理战略的时候往往采用多品牌商标战略。企业采用多元化战略，可以更多地占领市场和开拓新市场，也可以避免单一经营的风险，同理，也可避免单品牌商标战略的风险。由此可见，多品牌商标战略能够分散风险，提高经营的安全性，有利于企业向前景好的新兴行业转移。如，我们熟知的洗发水飘柔、海飞丝等清洁护理产品是宝洁公司生产的，然而，大多数人并不知道宝洁公司拥有超过300个品牌，行业涉及美容、健康、家具、彩妆、香水等。宝洁公司旗下OLAY、SK-II、伊奈美、潘婷、飘柔、海飞丝、沙宣、吉列、护舒宝、佳洁士、帮宝适、汰渍、碧浪、登喜路、古驰等都是世界知名品牌，其中销售额超过10亿美元的品牌达到24个。正是采用了多品牌商标的战略，宝洁公司不仅获得了经营的安全性，而且在上述多个行业获得了巨大成功。宝洁在全球雇佣人数达到14万人，分公司遍布全球80个国家和地区，产品销售超过160个国家。宝洁公司的市值和品牌价值更是惊人。2008年宝洁公司是全球第6大市值公司。世界品牌实验室独家编制的2008年度（第五届）"世界品牌500强"排行榜中，宝洁公司高居第53名。

但采用多品牌商标战略也有弊端，维持多个品牌的运营需要投入大量的广告费用，投入大量的资源和精力。因而，企业采用多品牌的商标战略需要根据企业和市场的实际情况来决定，资金雄厚、规模较大的企业适合采用。

3. 企业商标保护战略

商标保护战略一方面保护商标给企业带来的经济效益，另一方面能够阻止假冒、不正当竞争的商标使用行为。企业商标保护战略主要包括驰名商标认定战略和及时诉讼战略。

（1）驰名商标认定战略

2013年新修正的《商标法》对驰名商标的认定从批量认定修改为个案认定，要求更为严格。驰名商标，在市场上意味着高质量的产品和服务，能为公众广为知晓并享有较高声誉。商标持有人认为，自己的商标为相关公众所熟知，其权利受到侵害时，可以依照商标法规定请求驰名商标保护。

驰名商标的认定方式主要有两种：一种为行政认定，另一种为法院认定。

第一，行政认定。在商标注册审查、工商行政管理部门查处商标违法案件的过程中，当事人依照《商标法》第13条规定主张权利的，商标局根据审查、处理案件的需要，可以对商标驰名情况作出认定。在商标争议处理过程中，当事人依照《商标法》第13条规定主张权利的，商标评审委员会根据处理案件的需要，可以对商标驰名情况作出认定。

第二，法院认定。在商标民事、行政案件审理过程中，当事人依照《商标法》第13条规定主张权利的，最高人民法院指定的人民法院根据审理案件的需要，可以对商标驰名情况作出认定。

新修正《商标法》规定:生产、经营者不得将"驰名商标"字样用于商品、商品包装或者容器上,或者用于广告宣传、展览以及其他商业活动中。这在一定程度上会抑制那些通过投机的方式,获得"驰名商标"的企业。

(2) 及时诉讼战略

企业商标的及时诉讼战略实质是一种事后补救措施,是"亡羊补牢"。针对他人未经许可使用企业的注册商标,要及时用法律手段来保护企业的商标,避免不必要的企业商标经济价值流失。如,2010 年 5 月,深圳创维-RGB 电子有限公司诉重庆凌进电子有限公司未经其授权许可,生产、销售印有"Skyworth 创维"的笔记本电脑。重庆凌进电子有限公司于 2009 年 11 月 17 日起,开始购进笔记本电脑的零部件,生产组装标有"Skyworth 创维"商标标志的笔记本电脑。截至 2010 年 5 月 19 日,重庆凌进电子有限公司一共生产出笔记本电脑成品 531 台、半成品 99 台,其中销售了 282 台。在半年多的销售中,该厂一共非法获利 949,576.22 元。其行为严重侵犯了"Skyworth 创维"的注册商标专用权。法院最终审判重庆凌进电子有限公司未经商标权利人许可,擅自使用注册驰名商标,属商标侵权行为。对此,重庆市工商局依法对其作出行政处罚,责令其停止侵权行为,扣留尚未销售的带有"Skyworth 创维"商标笔记本电脑产品、半成品,并罚款 142.4364 万元。[①]

四、著作权战略

(一) 企业著作权战略的涵义

著作权,即版权,是知识产权的一种类型,是作者对其创作的文学、艺术、科学作品依法享有的专有权利。著作权是与人们经济生产、日常生活、文化学习、娱乐休闲密切相关的一类知识产权,也是人们接触最多最为广泛的知识产权。随着知识经济时代的到来,知识和信息成为社会财富创造的主要来源,著作权的重要性也由传统意义上的文化科教领域扩展至社会多个层面,对经济发展影响重大。

著作权战略是企业知识产权战略的重要组成部分,企业要根据外部宏观经济环境、市场环境和内部企业经营发展规划对著作权这一无形资产进行优化配置,获取最佳经济效益。

(二) 企业著作权战略管理

1. 企业著作权的获得与经营战略

著作权作为企业的重要无形资产,是企业经济收益的重要来源之一。高价值的著作权必然与市场需求紧密联系。只有符合市场需求,顺应时代潮流的著

---

① 参见:(2010)渝一中法民初字第 00342 号民事判决书。

作权才能够在市场上赢得成功。因此,在著作权的获得和经营战略制定时,企业应从市场需求出发,根据自身的实际情况,在著作权获得方面选择自己创造,还是从外部获取,并从获得著作权之时将著作权与企业的营销战略密切结合,达到一举获得市场成功的效果。

(1) 著作权获得战略。著作权获得分为自己创造和从外部获取两种形式,相应的战略也分为自创战略和"拿来"战略。

第一,自创战略,是指著作权作品主要依靠企业自己创造,包括原创、改编、合作创作。这三种创作都要求为以市场需求为导向,贴近潮流文化,这样才能受到消费者的欢迎、喜爱,从而赢得市场成功。以原创作品为例,如,广东原创动力公司推出的《喜洋洋与灰太狼》属于该公司的原创作品,作品紧跟时代潮流,准确了把握住了现实社会的人性特点、人际关系。《喜洋洋与灰太狼》中的角色个个性格鲜明,比如机智勇敢的喜洋洋、美丽乖巧的美羊羊、鲁莽健壮的沸羊羊、贪吃懒惰的懒洋洋,许多观众都能从这些小羊身上发觉他们认同的品质。与以往动画片如《葫芦兄弟》刻画的忠奸分明形象相比,这些正面人物身上也加入了许多"人性化"的小缺点,比如懒惰、脾气暴躁、胆小等。而负面人物灰太狼也是《喜羊羊与灰太狼》获得更多年龄层观众喜爱和关注的关键。如果说 Q 版的喜洋洋形象更加增强了小羊们的可爱,那么同样作为 Q 版出现的灰太狼、红太狼无疑是削减了传统恶狼的凶横形象。在灰太狼的身上,我们除了看到狼和羊互为宿敌的传统模式外,更多的是灰太狼爱妻护子的模范形象。和以往动画片相比,《喜洋洋与灰太狼》第一次把负面人物的生活细节刻画得丝丝入扣,令人倍感亲切。如灰太狼每天去抓羊的动机来自对老婆红太郎的疼爱。而具有"野蛮"悍妇形象的红太狼其实有颗无比温柔专一的心,同样出于对丈夫的爱。在网络上,甚至网友列出了十大"嫁人就要嫁灰太狼"理由,如爱老婆胜过爱自己、吃苦受累爱劳动、聪明能干有毅力、不花心从一而终、想尽方法哄老婆。这些品质使得传统恶狼形象得到了彻底颠覆。而当时流行的影片如《我的野蛮女友》《河东狮吼》等也都刮起一阵"野蛮""怕老婆"之风,受到女性观众的欢迎。

值得注意的是,改编与合编作品的著作权除了上述符合市场需求、时代潮流的要求外,还需明确权利、权属问题。企业在改编作品时,不得侵犯原创人的著作权,要获得原创人员的授权,而合编作品则需明确合作者之间的著作权归属,以避免不必要的法律、经济利益纠纷。

第二,"拿来"战略,是指以著作权引进、委托创作等方式获得著作权的战略。企业著作权的引进是指企业通过交易引进他人创作的作品,进行经营销售。如出版社引进外国的书籍,电影公司引进外国电影,电视台引进外国电视剧、数字出版公司购买其他企业的数字作品使用权等均属于利用著作权引进战略。企业还可以直接收购其他创造原创作品的企业,如盛大文学收购"起点中文网"

(以下简称"起点网")"晋江原创网""红袖添香""榕树下""小说阅读网""言情小说吧"和"潇湘书院"7家国内领先的原创文学网站,获得这些网站上网络原创作品的著作权。委托创作则是指企业以委托合同的形式请专业人士创作作品,并在合同中约定著作权归属。

(2)著作权经营战略。著作权作为一种有价值的智力成果和无形资产,具有财产权的特性,能够进入市场进行交易,给企业带来可观的经济效益。著作权进入市场需要企业精心运营才能实现其潜在的巨大价值。为实现著作权的潜在价值,企业需要制定适应市场与符合著作权特性的经营战略。

著作权进入市场的渠道主要分为两种:一种是以交易的方式进入;另一种是以资源协同的方式进入。因此,著作权的经营战略也可分为两种:著作权交易战略和著作权资源协同战略。

第一,著作权交易战略,是指将著作权作为一种可以交易的资源将其投入市场通过权利转移而获得收益的总体谋划。著作权交易可以采取以下两种形式:著作权有偿许可、著作权有偿转让。我国《著作权法》第10条规定,著作权人可以许可他人行使著作财产权,并可依照约定或者法律规定获得报酬。著作权有偿许可一方面为著作权拥有者实现了著作权的潜在经济价值,另一方面也为使用者提供了使用作品的渠道,推动了作品的传播,从而促进了科技文化的发展。著作权有偿转让与著作权许可不同,实质是原著作权人将自己的权利部分或全部转移给受让人,原著作权人不再拥有相关著作权,而受让人成为新的著作权人。我国著作权交易有专门的机构和网站,如中国产权交易中心、中国产权交易网,还有地区性的产权交易中心和网站,权利人可以通过这些机构和网站进行交易。

第二,著作权资源协同战略。在市场竞争日益激烈的今天,企业对资源的争夺也更加激烈。著作权是企业的宝贵资源,掌握了更多的著作权资源也意味着拥有了著作权方面的相对竞争优势。著作权的合理配置成为著作权企业的重要战略目标,资源协同是其实现著作权优化配置的有效途径。

资源协同是企业将自己拥有的资源与他人拥有的资源进行合理协调、协同运用,从而产生更大的经济效益。在实际运用中,企业将自身的著作权资源向上下游及相关企业进行协同。如,在动漫产业发达的日本,一部动画片在设计阶段就是动漫影视企业、出版企业、服装企业、玩具企业等协同合作策划、开发,直至动漫完成投入市场运作。我国最近几年风靡一时的动漫《喜洋洋与灰太狼》也采用了这一模式,在动画片开发的过程中就联合上下游企业开发衍生品及大力开展营销与推广。由甄子丹、周润发等众多巨星主演的3D魔幻巨制《西游记之大闹天宫》与各大媒体平台企业包含门户网站、视频网站、户外媒体运营商、娱乐杂志、时尚电影杂志等十大平台进行资源协同,实行新的"著作权合作"模式,双方放弃已有大平台高价购买著作权的合作,而用电影著作权的免费使用权来换取各个媒体平台巨大的广告资源。

2. 著作权保护战略

企业著作权保护战略主要包括著作权登记战略、著作权与商标、专利权的混合保护战略。

(1) 企业著作权登记战略,是指根据法律规定实行著作权登记以防止著作权侵权,从而防止企业利益受损的一种战略。我国著作权法规定,著作权登记实行自愿原则,可以登记的作品包括:文字作品;口述作品;音乐、戏剧、曲艺、舞蹈、杂技艺术作品;美术、建筑作品;摄影作品;电影作品和以类似摄制电影的方法创作的作品;工程设计图、产品设计图、地图、示意图等图形作品和模型作品;计算机软件;法律、行政法规规定的其他作品。此外,还受理其他与著作权有关事项的登记;各类作品(计算机软件除外)授权事项登记;录音、录像制品登记;其他与著作权有关的受国家著作权局的指定中心进行的登记等。

我国著作权虽然实行作品自愿登记原则,一切作品不论是否登记,其依法受到保护。但在实际中往往存在一旦发生著作权纠纷,作者举证存在一定难度的现象,这要求作者自作品创作完成之日起,保留著作权权属相关的所有证据,如底稿、展览证、收藏证等尽快完成著作权登记。从这个意义上说,著作权登记有利于为维护作者或其他著作权人和作品使用者的合法权益,有助于解决因著作权归属造成的著作权纠纷,并为解决著作权纠纷提供初步证据。而著作权登记后,便明确了著作权主体,具有明确的著作权主体是著作权保护、交易、转让和融资等活动的有力保障。

(2) 著作权与商标权的混合保护战略。商标强调的是商品辨识标志,反映企业的商品质量、信誉、知名度等;著作权保护的是在文学、艺术和科学领域内具有独创性并能以某种有形形式复制的智力成果。因此,具有创意的商标与该商标图案的著作权登记是有本质区别的。而且,根据相关法律规定,享有注册商标权并不一定等同于商标注册者对该商标的图形文字等享有著作权。因此,企业依法对自己的注册商标进行著作权登记,这使得商标的图案文字拥有了专有权,这也是对商标的进一步加强保护。如,广西的桂林仔家味饮业公司于2003年9月花20万元买下了桂林漓江鹿公司的"漓江人"42类注册商标。2004年底,他们注册成立了漓江人饮业有限公司,并在桂林、南宁、来宾、防城港等地开办了连锁餐馆后,因家喻户晓而顾客盈门。2007年4月,该公司又将"漓江人"商标图案进行了著作权登记,为桂林首例商标图案著作权登记。一个餐饮企业将其经营理念、餐饮质量和自身风格积淀到商标上,便形成了与同类的品牌区别的、独具特色的品牌,是企业开拓并占有市场最有力、最宝贵的无形资产。这时,将其集信誉、烹饪技法和质量于一身的商标图案进行著作权登记,这个商标就不再是普通的商标,而是唯一的、不可仿用、有较强竞争力的餐饮品牌了。

(3) 著作权与专利权的混合保护战略。著作权与专利权的混合保护战略中的专利权主要是外观设计的专利权。外观设计中包含图案、文字,外观设计获得申请后受专利保护;而创作者的作品中的图案、文字也是著作权保护中的重要元素。因此,一件既具有外观设计特性又具有著作权特性的产品可以采取著作权与专利权混合保护的战略,以加强对产品或作品的保护力度,获得进一步的权利证明,规避侵权风险。采取著作权与专利权混合保护战略的好处包括:① 从法律程序上来看,著作权保护比外观设计保护的程序更加便捷。著作权法规定作品一旦产生就作为智力成果受到著作权法的保护;而外观设计专利必须通过申请并获得批准后才受到专利法的保护;② 从保护门槛的高低来看,著作权保护的门槛相对较低。外观设计投入市场后被公开,失去新颖性,无法获得专利保护,而它在诞生之时作为具有独创特性的智力成果可以通过著作权来保护。较低水平的外观设计只要具备独创性都可以获得著作权保护;而获得专利保护必须与已经公开的设计不同或不近似,不与他人权利相冲突,要求较高;③ 从保护期限来看,著作权保护的期限是50年,而外观设计专利保护期限为10年,对企业而言,同时申请著作权保护可延长外观设计的保护期限。

第三节 企业知识产权战略的制定与实施

一、企业知识产权战略的制定

企业知识产权战略制定,是战略计划的形成过程,是指确定企业知识产权任务,认定企业知识产权的外部机会与威胁,内部优势与弱点,建立长期目标,制定供选战略,以及选择特定的知识产权实施战略的过程。只有制定了健全的知识产权战略才能在激烈的竞争环境中获得和保持企业的竞争优势。一般来说,企业制定知识产权战略,首先要分析企业的内外部环境,包括战略制定前期的企业面临的机会、威胁、优势、弱点;接下来则需制定知识产权战略的具体实施步骤和计划。

(一) 企业知识产权战略制定的前期分析

企业知识产权战略作为企业,特别是创新型企业的一项重要战略,在战略制定前首先要对企业的内外部环境进行分析。

1. 企业外部环境分析

企业外部环境①的分析主要包括宏观环境的分析和微观环境的分析。

---

① 邹昭晞:《企业战略分析》,经济管理出版社2002年版,第20—22页。

（1）宏观环境分析。一般认为企业的宏观环境因素有四类，即政治法律环境、经济环境、社会文化与自然环境以及技术环境。

第一，政治和法律环境，是指那些制约和影响企业的政治要素和法律系统。政治环境包括国家的政治制度、权力机构、颁布的方针政策、政治团体和政治形势等因素。法律环境包括国家制定的法律、法规、法令以及国家的执法机构等因素。政治和法律因素是保障企业生产经营活动的基本条件。

第二，经济环境，是指构成企业生存和发展的社会经济状况及国家的经济政策，包括社会经济结构、经济体制、发展状况、宏观经济政策等要素。通常衡量经济环境的指标有国内生产总值、就业水平、物价水平、消费支出分配规模、国际收支状况，以及利率、通货供应量、政府支出、汇率等国家货币和财政政策等。经济环境对企业生产经营的影响更为直接具体。

第三，社会文化环境，是指企业所处的社会结构，包括社会风俗和习惯、信仰和价值观念、行为规范、生活方式、文化传统、人口规模与地理分布等因素。

第四，自然环境，是指企业所处的自然资源与生态环境，包括土地、森林、河流、海洋、生物、矿产、能源、水源、环境保护、生态平衡等方面。这些因素关系到企业确定投资方向、产品改进与革新等重大经营决策问题。

第五，技术环境，是指企业所处的环境中的科技要素及与该要素直接相关的各种社会现象的集合，包括国家科技体制、科技政策、科技水平和科技发展趋势等。技术环境影响到企业能否及时调整战略决策，以获得新的竞争优势。

（2）微观环境分析。企业的微观环境主要包括产业环境和市场环境两个方面。产业环境包括，产业的生命周期、产业结构、产业内的战略群体是影响企业知识产权战略的主要因素；市场环境方面包括，市场结构与竞争、市场需求状况是影响企业知识产权战略的主要因素。以下对产业的生命周期、产业结构分析、产业内的战略群体、市场结构与竞争和市场需求状况的分析进行简要介绍。

第一，产业的生命周期。在一个产业中，企业的经营状况取决于其所在产业的整体发展状况以及该企业在产业中所处的竞争地位。分析产业发展状况的常用方法是认识产业所处的生命周期的阶段。产业的生命周期阶段可以用产品的周期阶段来表示，分为开发期、成长期、成熟期和衰退期四个阶段。只有了解产业目前所处的生命周期阶段，才能决定企业在某一产业中应采取进入、维持或撤退，投资决策，才能对企业在多个产业领域的业务进行合理整合，提高整体盈利水平。

第二，产业结构分析。根据波特提出的五种竞争力分析，可以从潜在进入者、替代品、购买者、供应者与现有竞争者间的抗衡来分析产业竞争的强度以及产业利润率。潜在进入者的进入威胁在降低了市场集中程度，激发了现有企业间的竞争，并且瓜分了原有的市场份额。替代品作为新技术与社会新需求的产物,对现有产业的"替代"威胁十分明显,但几种替代品长期共存的情况也很常见,替代品之间的竞争规律仍然是价值高的产品获得竞争优势。购买者、供应者讨价还价的能力取决于各自的实力,包括卖(买)方的集中程度、产品差异化程度与资产专用性程度、纵向一体化程度以及信息掌握程度等。产业内现有企业的竞争,即一个产业内的企业为市场占有率而进行的竞争,通常表现为价格竞争、广告战、新产品引进以及增进对消费者的服务等形式。

第三,产业内的战略群体。一个战略群体是指某一个产业中在某一战略方面采用相同或相似战略的各企业组成的集团。通过分析产业内不同战略群体之间的关系有助于企业了解自己的相对战略地位和企业战略变化可能产生的竞争性影响。企业能够更好地了解战略群体间的竞争状况、发现竞争者,了解各战略群体之间的"移动障碍",了解战略群体内企业竞争的主要着眼点,预测市场变化和发现战略机会等。

第四,市场结构与竞争。市场结构是指在某类产品市场中,占有不同市场份额的竞争者的组成情况。它由市场领导者、市场挑战者、市场追随者、市场弥缺者四类竞争者组成。市场领导者占有最大市场份额,它在价格变动、产品更新、渠道拓展和促销活动等各个方面起带头作用;市场挑战者占有的市场份额仅次于市场领导者,它是积极试图扩大市场份额,向市场领导者挑战的竞争者;市场追随者所占市场份额较小,是一个不敢与市场领导者抗衡,企图维持或略为扩大其市场份额的竞争者;市场弥缺者都是一些资力薄弱的小公司,它们只占有很小的细分市场,在竞争的夹缝中求生存。企业通过分析市场结构与竞争,明确自身的市场地位,有利于制定合理的知识产权竞争战略。

第五,市场需求状况。市场需求状况一般可以从市场需求的决定因素和需求价格弹性两个角度进行分析。市场需求的决定因素主要包括市场规模、消费者购买欲望与偏好、产品价格、消费者的收入。市场规模则主要由人口、购买力和购买欲望决定;购买欲望主要受到产品价格、差异化程度、促销手段、消费者偏好等影响。影响产品需求价格弹性的主要因素有产品的可替代程度、产品对消费者的重要程度、购买者在该产品上支出在总支出中所占的比重、购买者转换到替代品的转换成本、购买者对商品的认知程度以及对产品互补品的使用状况等。

2. 企业内部环境分析

内部战略环境是企业内部与战略有重要关联的因素,是企业经营的基础,是制定战略的出发点、依据和条件,是竞争取胜的根本。在《孙子兵法·谋攻篇》中,孙子曰:"知己知彼,百战不殆"。因此,企业战略目标的制定及战略选择既要知彼又要知己,其中"知己"便是要分析企业的内部环境或条件,认清企业内部的优势和劣势。

企业内部环境或条件分析目的在于掌握企业历史和目前的状况,明确企业所具有的优势和劣势。它有助于企业制定有针对性的战略,有效地利用自身资源,发挥企业的优势;同时避免企业的劣势,或采取积极的态度改进企业劣势。扬长避短,更有助于百战不殆。

企业内部环境分析中,SWOT 分析方法是被广泛使用的一种企业战略分析方法,其中,S 代表 strength(优势),W 代表 weakness(弱势);O 代表 opportunity(机会),T 代表 threat(威胁)。SWOT 分析方法根据企业自身的既定内在条件进行分析,找出企业的优势、劣势及核心竞争力之所在。通过 SWOT 分析,可以帮助企业把资源和行动聚集在自己的强项和有最多机会的地方,并让企业的战略变得明朗。如图 2-3 所示。

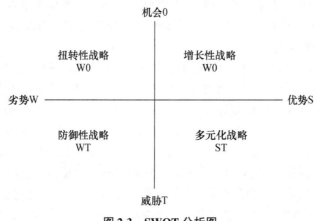

图 2-3　SWOT 分析图

通过 SWOT 分析,企业可以明确自身的地位,从而制定可行的知识产权战略。

显然,公司不可能纠正它所有劣势,也不可能对其优势不加利用。主要的问题是公司应不能只局限于已拥有优势的机会中,而是应该发展和获取一些优势以寻求更好的发展机会。

(二) 制定知识产权战略的计划和具体实施步骤

在前期对企业内外部环境分析的基础上,进一步对内外部分析进行整合,明晰企业的愿景、使命和价值观,然后结合企业知识产权的相关分析制定企业的知识产权战略。

1. 内外部分析整合

企业内外部环境分析完毕,企业的商业环境就清晰明确了,我们要对外部的变化影响、内部的资源能力整体评估,进行综合比较,从而确定企业的战略规划。

首先,对企业外部环境中的关键影响因素、内部资源中的关键驱动因素和内部能力中的关键成功因素进行评分比对,并同行业中优秀企业进行对比,参照行业成功关键因素和竞争成功要素,选择出企业的战略方向。

其次,对企业的发展要作出必要的战略假设,对企业所有的可能发展路径进行剖析,并同企业现有的资源和能力进行匹配对比,评估战略假设的可行性,进行效果预测和发展探讨,从而确定企业的发展方向及路径。

2. 明晰企业愿景、使命、价值观

企业为什么会存在,为什么而发展?这些基础的问题其实就是企业存在的意义,或许是为了获取利润,或许是为了实现企业家价值,或许是为了其他,但做企业战略规划前,首先要明确企业存在的意义,这样我们才能更好地实现企业存在的价值。

(1) 明确企业未来的愿景。其实就是回答企业"现在是什么、未来是什么"的问题,让企业真正明白自己所需的所求,看清现实状况和发展前景,目标明确了,发展也会更加有动力。需要注意的是,企业愿景要是具体的,明确的,经过努力进取可以实现的。

(2) 明确企业使命。企业使命是企业自己在商业环境中所选择的定位,企业终究是从事商业活动的,企业使命是企业明确其商业价值的重要一步,也是企业需要明晰的,其直接关系到企业战略规划的目标设定。

(3) 明确企业价值观。企业价值观是企业做事的根本,是企业从事商业活动的准则,是企业商业经营的一贯方针,其决定了企业战略规划的可行性和保障性,也是企业发展的根基。

我们在制定企业战略规划时要挖掘并遵循这些既定的规则,以保证战略的正确制定,当然,随着商业环境的变化,上述方面也会进行必要的调整,战略规划随之也要发生相应变化。

3. 企业知识产权战略制定步骤

在对内外部分析进行整合,明晰了企业的愿景、使命和价值观后,企业将知识产权战略融入其中,具体的企业知识产权战略就可以通过以下步骤来制定:

第一步,在分析企业内外部环境的基础上明确企业的知识产权状态。企业的整体战略是否清晰,是否包含了知识产权战略?企业是否有知识产权相关的战略?如果有,该战略是否和整体战略一致,在整体战略中处于何种地位?企业的各部门是否了解企业的知识产权战略,是否在执行?如果没有,就要根据企业实际情况建立知识产权战略。

第二步,系统回顾和整理现有的知识产权。对企业内的现有知识资产进行系统回顾和盘点,包括已经注册或登记的专利、商标、著作权,以及没有注册的商业秘密、商业方法、商誉、客户名单和其他具有价值的知识资产。对这些企业拥有的知识资产进行价值评估,检查这些知识资产是否与企业现阶段和未来的整体发展方向相融合,应如何调整和管理。考虑可能存在的风险,包括技术更新、市场竞争、泄密流失等。

第三步,在前面工作的基础上制定企业知识产权战略管理计划。通过前面两步企业能够制定出一个战略,但光有战略还不够,还需要对战略进行管理,达到有效管理的目标的一个重要前提是制定良好的管理计划。制订知识产权战略管理计划要求企业决策层通过制定企业的知识产权管理任务、目标、项目组合计划和新业务计划。

(1) 规定企业知识产权管理任务

企业的知识产权任务主要是规定企业的知识产权活动内容,为谁服务,并向企业相关部门及工作人员通报本企业的知识产权任务,要求企业员工了解这一任务,并配合知识产权部门的工作。

(2) 确定企业知识产权目标

企业的知识产权任务必须转化为各个管理层次的具体目标,如专利的数量和质量,专利驱动的利润额、商誉评价、产品创新等。企业的知识产权目标具有层次化、数量化、现实性和协调一致性等条件。

(3) 安排知识产权项目组合

企业明确了知识产权任务、目标后,下一步就是要检查目前知识产权具体项目和确定每个项目的具体内容,即确定建立、维持、收缩和淘汰哪些知识产权项目。

(4) 制订新增知识产权计划

将企业现有各知识产权项目组合计划汇总,分析这些知识产权的价值区间会发现一部分知识产权价值下降,甚至消失,这时,就需要制订一个获得新增知识产权的计划。企业可以通过三条途径制订新计划:① 在企业现有的知识产权领域内寻找未来发展机会;② 建立或收买与目前企业知识产权有关的新知识产权;③ 增加与企业目前业务无关的但富有吸引力的知识产权研发、收购、购买等,实现多样化增长。

二、企业知识产权战略的实施

企业知识产权战略的实施就是将企业知识产权战略付诸实施的过程。企业知识产权战略的实施是企业知识产权战略管理过程的行动阶段,因此它比企业知识产权战略的制订更加重要。企业知识产权战略实施是一个自上而下的动态管理过程。所谓"自上而下"主要是指,企业知识产权战略目标在公司高层达成一致后,再向中下层传达,并在各项工作中得以分解、落实。所谓"动态"主要是指在企业知识产权战略实施的过程中,常常需要在"分析—决策—执行—反馈—再分析—再决策—再执行"的不断循环中达成战略目标。

企业知识产权战略实施包含以下四个相互联系的阶段。

（一）企业知识产权战略启动阶段

在这一阶段，企业高层要将知识产权管理的新思想、新观念向下级逐层传递，以使大多数人逐步接受知识产权战略。具体的方法可采取对企业管理人员和员工进行知识产权知识的普及与培训，提出新的口号和新的概念。通过这些方法让广大员工明确企业内外环境的变化给企业带来的机遇和挑战、缺乏知识产权管理的旧战略存在的各种弊病，新战略的优点以及存在的风险等，使大多数员工能够认清形势，认识到实施战略的必要性和迫切性，树立信心，打消疑虑，为实现新战略的美好前途而努力奋斗。在发动员工的过程中，要注意努力争取战略的关键执行人员的理解和支持，从而调动起大多数员工实现知识产权战略的积极性和主动性，将企业的知识产权战略的理想变为企业大多数员工的实际行动。

（二）企业知识产权战略实施计划阶段

企业知识产权战略的实施要细化成分阶段的目标，这要求做好实施计划。实施计划阶段：首先，要将战略分解为几个战略实施阶段，每个战略实施阶段都有分阶段的目标，相应的有每个阶段的政策措施、部门策略以及相应的方针等；其次，要定出分阶段目标的时间表，要对各分阶段目标进行统筹规划、全面安排，并注意各个阶段之间的衔接，对于远期阶段的目标方针可以概括一些，但是对于近期阶段的目标方针则应该尽量详细一些；再次，要注意在战略实施的第一阶段应将新战略与旧战略做一个有很好的衔接，以减少阻力和摩擦；最后，将第一阶段的分目标及计划更加具体化，制定年度目标、部门策略、方针与沟通等措施，使战略最大限度地具体化，变成企业各个部门可以具体操作的业务。

（三）企业知识产权战略运作阶段

在运作阶段，企业知识产权战略的实施运作可从观念、机构、文化、资源结构与分配、信息沟通、控制与激励等6个方面进行运作管理。在观念方面，各级领导人员必须树立正确的知识产权价值观念，并带领自己的员工树立相应的价值观；在机构方面，要设立或规定企业的知识产权实施机构；在企业知识产权相关文化方面，在企业内部营造有利于知识产权管理实施的企业文化；在企业知识产权相关的资源结构与分配方面，要做到合理分配企业相关资源；知识产权信息沟通方面，要保证知识产权信息沟通的顺畅；在知识产权控制及激励制度方面，要做好知识产权的控制，并制定合理的激励制度。通过这六个方面的努力使战略真正进入到企业的日常生产经营活动中去，成为制度化的工作内容。

（四）企业知识产权战略的控制与评估阶段

在战略实施的过程中，要对战略执行过程进行控制与评价。这一阶段主要任务是对知识产权战略实施效果的评估、反馈与校正。企业对知识产权战略实施效果的评估往往将企业知识产权战略实施的情况与预期进行比较，并通过信息的反馈系统反映到知识产权战略管理系统,从而采取有效的补救措施。这要求企业建立一套内部审核程序,对知识产权战略实施的效益进行内部评审,评估的内容包括技术创新效率、竞争力、市场占有率,以及具体的专利指标,如专利申请、获得指标、知识产权流失指标、知识产权融资收益指标、知识产权法务指标等。经过评估后,将结果通过知识产权管理系统进行反馈。企业决策层根据反馈结果对战略进行综合诊断,审视企业知识产权战略本身、实施环节、执行等方面是否存在问题,而后进一步总结并制定、落实改进措施。

推荐阅读

1.《国家知识产权战略纲要》(国发〔2008〕18号)。《纲要》展示了我国发展知识产权的总体思路与规划,国家知识产权战略是企业知识产权战略的重要指导思想,了解国家知识产权战略有利于把握企业知识产权战略的制定、实施与评价的方向与标准。

2. 对于企业知识产权战略管理的内容,可以参考王黎萤:《知识产权战略管理》,电子工业出版社2011年版,第20—48页。

第三章 企业知识产权运营管理

要点提示

本章重点掌握的概念：(1) 企业知识产权运营管理的内容；(2) 企业知识产权许可类型；(3) 企业知识产权转让方式；(4) 企业知识产权资本运营；(5) 企业知识产权信托、托管与评估；(6) 企业知识产权预警与风险防范。

本章知识结构图

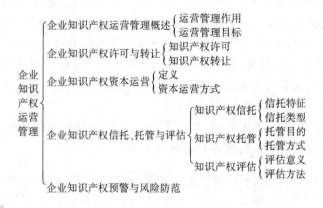

引导案例

"好酒还要会吆喝"

多年来，当别人手握专利证书感叹"推广应用难"时，河南中包科技有限公司总工程师陈宝元却依靠持续不断地为包装企业进行技术服务，将自己10多项专利技术全部"卖"了出去，有的甚至被全国大小5000多家纸箱厂所使用。

陈宝元先后成功研制了用于纸箱包装用的"高强快干复合性粘合剂""多功能系列商标胶""高粘耐水金属箔标签胶""高粘耐水系列白乳胶""冷制高强快干系列粘合剂""低醛环保型聚乙烯醇缩甲醛"等粘合剂系列技术与产品，申请国家专利10多项。看着日益增高的一摞专利证书和一张张催交专利年费的单子，陈宝元心急如焚。这些专利技术都是包装企业生产实践中急需的，如果不能得到推广应用,自己的心血岂不白费?数额不菲的专利年费负担也将使自己难以承受。于是,原来供职于开封市科技情报所的陈宝元毅然"下海",到省会郑州与人合伙创建了河南中包科技有限公司,并凭着自己过硬的技术实力,当选为河南省包装技术协会胶粘剂专业委员会主任。

专利技术一般都是新事物,受让方往往难以掌握相关技术,因此需要专利发明人为他们提供周到的技术服务,引导他们应用专利新技术。

他首先以强有力的技术实践,取得了中国包装技术协会对他的专利技术充分肯定。并通过中国包装技术协会发文向全国各省、市、自治区介绍推广他的专利技术和产品。

为了给全国的包装企业提供专业信息,给包装企业搭建一个技术服务、供求信息、行业政策的交流平台,陈宝元从公司赢利中自费创办了"中国包装粘合剂网",同时,借助网络来发布推广自己的专利技术。目前全国已有5000多家企业使用该系列技术,年可降低成本节约开支5亿多元,该系列技术已为全国纸箱企业节约开支约30多亿元。

专利技术许可使用和转让中,受让方往往担心专利技术达不到专利权人的技术承诺,直接影响专利技术的推广。为此,陈宝元与河南省科技厅联系,在全国率先设立了专利技术"信誉账号",受让方如果对他的专利技术不放心,可以先将专利技术转让费付给"信誉账号",如果采用陈宝元的专利技术在规定的时间,生产出了达到专利技术承诺的技术指标,就出具证明给"信誉账号",将先前付给"信誉账号"上的转让费付给陈宝元。

专利是个宝,卖出去才算好,让人家产生效益、为社会做出贡献、自己才能赚到钱,从而实现发明创造的经济和社会价值。[①]

知识产权和企业的固定资产、现金、银行存款等一样,都可以拿来进行投资,也可以用来购买股票、债券,也可以作为财产进行抵押贷款。可见,知识产权是企业的一项重要资产,加强知识产权运营管理是企业保护自身资产的重要任务之一。

第一节 企业知识产权运营管理概述

关于知识产权运营管理的定义,各国学者有不同的见解,西方国家的一些学者认为,知识产权运营和企业价值之间有着密切联系,知识产权虽是看不见的资产,却蕴含了很大的价值潜力,企业可以通过加强知识产权运营管理来获得价值

---

① 郭民生:《知识产权经济案例研究》,全球品牌网,http://www.globrand.com/2009/129484.shtml,访问日期:2013年12月30日。

增值。反过来说,如果企业不采取有效的手段进行知识产权运营管理,可能会造成知识产权本身价值的流失。可见,运营管理的重要性。传统的运营管理主要是制订生产计划、进行生产组织、控制和反馈。现代化的运营管理有了不同的特点,即看不见的知识、服务也被包括在运营的范畴内。所以,企业要与时俱进,转变观念,充分认识到知识产权运营管理的重要性。

一、知识产权运营的定义

企业知识产权运营是一个系统工程。知识产权的产生是创新(如专利、作品)或营销活动的结果(如商标)。知识产权法律赋予技术创新活动中的创造性发明垄断性权利,技术创新中所产生的创造发明只有纳入知识产权的保护范围,才能形成"垄断性"的经营权。知识产权运营的业绩不仅与企业本身的管理有关,也与知识产权保护和技术创新有关。

企业是技术创新的主体,从而也决定了企业是知识产权保护和经营的主体。企业强调将技术创新成果知识产权化,权利的保护只是手段,而经营处于"垄断"权利下的知识资产,实现权利的价值才是目的。[①]

因此,我们定义的知识产权运营是指以实现企业知识产权价值最大化为目的,在知识产权创造、知识产权保护和知识产权经营等阶段完成知识产权的价值创造、价值提取和价值实现的过程,配合企业知识产权运营策略,提高企业的经济效益。知识产权运营的盈利模式与传统的研发盈利模式有很大的区别。以专利为例传统的知识产权多为占有专利的企业通过自行研发,自行实施专利,销售商品获得利润。新的研发营利模式省却了生产/销售商品的环节,专利本身就是利润的源泉。因此,可以直接通过知识产权许可、转让或者合资等模式来赚取收益。有的企业甚至只从事研发,获取专利,并不直接生产或很少直接生产产品,专门依靠知识产权许可获得丰厚的利润,成为"知识产权专卖店"。美国高通公司就是直接通过出售专利许可和技术标准来创造商业利润的标杆式企业。尽管知识产权运营并不限于专利,但鉴于专利运营较其他类型的知识产权运营更难以掌握,同时囿于篇幅限制,本章谈及知识产权运营时多以专利运营为例。实际上每种知识产权在企业运营中均可为企业带来丰厚的利润或帮助企业实现其目标。

二、知识产权运营管理的作用

现代社会,以专利为核心的知识产权是企业的生命线,甚至是商业竞争的经济手段。企业从卖劳力,到卖产品、卖服务,上升至卖专利,就是知识产权在现代

---

① 冯晓青:《企业知识产权运营管理研究》,载《当代经济管理》2012 年第 10 期。

商业竞争中之重要性的生动演绎。法律防御层面的知识产权资产是消极的、静止的,本身并不是知识产权保护的目的。只有当知识产权能够为企业创造利润的时候,才是有用的资源。知识产权释放出商业资产的活力,不再固守防御企业侵权风险的使命,而是培植企业获取利润的根基。[①]

知识产权运营管理是许多跨国公司的生命线,知识产权收入占据了企业经营收入的大部分。如 IBM 在 1993 年的专利收入是 2 亿美元。经过多年的努力,2001 年 IBM 拥有 3411 件专利,权利金收入高达 15 亿美元,占 IBM 年度税前收益的 1/5。如果通过产品销售则需要售出 160 亿美元的产品才能达到这个数目。20 世纪,施乐公司通过攻击惠普公司专利侵权后,每件专利的对外许可收入由原来的每年 1000 美元涨到每年 7500 美元。惠普成立了专门的知识产权特许经营部,该部门在 2003 年使惠普公司的技术授权费收入增长了 50%。专利许可还可以帮助公司降低成本和获得商品,从而增加盈利。戴尔计算机公司 1999 年在一宗与 IBM 签订的数额为 160 亿美元的交叉许可协议中,以专利组合作为抵押担保,获得了低成本的计算机元件。这些例子都说明了知识产权不是一纸证书而已,它是可以为企业带来经济利益的资产。

在 IT 行业,客户(通常是品牌厂商,如戴尔、惠普等)多会要求代工厂商签署"共同履行诉讼保证责任"的条款,负担日后专利侵权诉讼所衍生的巨额法律赔偿费用,或尽到及时告知及协助防卫的义务,这给代工厂商带来了极大的负担。而相比之下,我国台湾地区的鸿海公司拥有众多的专利及庞大的知识产权法务团队,在对客户的担保上可以承诺做到比一般厂商更完善的风险承担,这就是许多国外一线公司找鸿海代工的主要原因之一。反过来讲,如果不重视知识产权问题,则可能会给企业带来毁灭性的打击。例如,1990 年 10 月 12 日,美国法院判决伊斯曼·柯达公司在一起长达 14 年之久的专利纠纷中败诉,导致柯达公司必须支付 9.095 亿美元的巨额赔偿,价值 2 亿美元的设备被迫闲置。由于瞬时相机和胶卷的停产,造成 4 千多名员工失去工作。分析柯达公司失败的原因,主要就是在产品研发时,没有做好专利的回避设计,导致侵犯了竞争对手的专利权。

三、知识产权运营管理的目标

知识产权运营管理目标解决的是知识产权管理的定位问题,是由企业发展战略与盈利模式来确定的。知识产权运营的目标大致分为以下几个方面:保护性目标、经济性目标和战略性目标。

---

① 袁真富:《企业知识产权的发展模式——从保护到经营之知识产权观念的改造》,载《知识产权》2006 年第 4 期。

（1）保护性目标。知识产权首先是一种借以排除他人侵权行为、保护自己合法权益的工具。简单地说，就是保障自己利用、防止他人利用，避免侵权利用。这样可以防止技术流失，收回研发成本，避免自己的技术成果变成公共技术资源，保持技术领先优势。

（2）经济性目标。企业实施技术创新、申请专利，塑造品牌，其目的是为企业赢得更多的市场机会，获得更多的经济利益。知识运营就是利用知识资产创造价值，包括利用知识产权创造价值、塑造和经营品牌，利用商标、技术许可证和经销网络实现商业扩展。

（3）战略性目标。目前，国际上有眼光的企业管理层已经将竞争的重心从增加销售量、建立先进的生产线、寻求兼并和收购转向运营知识产权。由此可见，在运营知识产权的过程中，最有效的是专利，有效地利用和运营专利，可以建立在知识产权市场的优势、保护核心技术和商业模式、积极参与甚至引导市场和技术的转变。

第二节　企业知识产权许可与转让

一、知识产权许可

（一）知识产权许可的定义

企业知识产权许可，是指拥有知识产权的企业，通过合同方式，依法允许被许可企业依据约定的条件、期限和地域范围内，使用知识产权的一种法律行为。其中，所签订的合同通常被称为"许可合同"，拥有知识产权的企业被称为"许可人"，被许可使用知识产权的企业被称为"被许可人"。本质上而言，企业知识产权的许可是企业的一种"授权"行为，是知识产权使用的授权，即许可人授权被许可人使用知识产权的行为。在此种知识产权的"授权"中，知识产权的主体和内容并未发生变化，许可人进行知识产权许可后并不丧失其知识产权，类似于房屋的出租。

（二）企业知识产权许可的注意事项

企业通过知识产权的许可，往往能够带来比较丰厚的许可费用和报酬。企业应当加强知识产权许可的管理，不应将企业知识产权许可行为视为纯粹的一种获得经济利益的行为，而应从许可战略的高度加以把握。在有些情况下，知识产权许可面临树立和培养强劲的竞争对手，自身失去市场的风险。美国彩色电视机市场被日本企业占领就是一例：当初美国在彩色电视机专利技术开发上占先，但由于美国本土企业缺乏开拓全球市场的战略构想，而是向日本企业发放专利许可，结果反而使美国企业失去了彩色电视机市场。为了增加知识产权许可的科学性,企业无论是作为许可方还是被许可方,都要进行仔细的论证,以便使许可行为成为增进企业经济效益的行为,同时避免可能出现的法律风险和技术风险。一般来讲,作为许可方的企业在进行知识产权许可时,应考虑以下因素:(1)能否扩大本企业在相关产业中的技术优势和市场优势;(2)该许可对本企业自身是否具有不利的竞争影响;(3)该许可能否给本企业带来经济效益;(4)该许可是否存在法律风险,如本企业只是共有知识产权人之一,在许可时需要遵循共有知识产权许可的法律规范。从企业有关实践看,科学合理的知识产权许可确实能够为企业发展和市场拓展带来多方面的效益。以河南宇通公司为例,公司在实施国际化战略时重视输出技术和品牌。例如,公司在2005年进入古巴市场时,技术和品牌许可同时进行,要求古巴厂商进口的运通客车使用宇通商标,并支付技术和知识产权费用,既扩大了国际市场份额,也通过技术和品牌许可时实现了经济效益,提高了企业竞争实力。

(三) 企业知识产权许可的类型

1. 普通许可

企业知识产权的普通许可,是指在许可合同约定的期限和地域范围内使用合同约定的知识产权内容,同时保留权利可在该期限和地域范围内自己使用该项知识产权以及再与第三方就该项知识产权签订许可合同的一种法律行为。知识产权的普通许可中,同一地域内被许可人同时可能有若干家,许可人自己也可以使用知识产权客体。普通许可是最典型、最常见的许可形式。一般来说,如许可合同中没有特别指明是独占许可、排他许可或其他特殊的许可形式,就推定此许可合同属于普通许可。在普通许可中,由于许可方保留了较多的权利,因此其使用费也比排他许可和独占许可要低。

2. 独占许可

企业知识产权的独占许可,是指许可方授予被许可方在许可合同所规定的期限、地区或领域内,对所许可的知识产权拥有独占使用权,任何第三方包括许可方自己在内,均无权使用该项知识产权的一种法律行为。在独占许可中,许可方不再将该项知识产权的同一实施内容许可给第三方,许可方本人也不能在上述的期限、地区或领域内实施该项专利技术。由于相较于普通而言,在独占许可中,被许可人在合同规定的期限与地域范围内拥有更多权利,他们对许可的知识产权客体有事实上的垄断权,因而被许可人通常要向许可人支付的许可使用费要比普通许可高得多。根据国际许可证贸易工作协会(LES)公布的资料表明,独占许可合同的特许权使用费一般要比普通许可合同高66%—100%,日本许可证贸易工作者分会也对独占许可合同和普遍许可合同的提成率进行了专门研究,认为独占许可合同的提成率一般要比普遍许可合同高20%—50%。目前,独占许可合同的形式在日本、美国和西欧地区使用较为普遍,这些国家实行的是自由市场经济,产品可以自由竞争,受让方愿意出高价以独占许可合同的形式获得先进技术,以便垄断合同产品的销售市场,独霸一方,获得高额利润。

3. 排他许可

排他许可又称独家许可、部分独占性许可,是指在一定地域内,被许可方在许可合同有效期间,对被许可使用的知识产权享有排他的使用权,许可方不得把该知识产权客体再许可第三方使用,但许可方自己有权在该地域内使用该项知识产权的一种法律行为。排他许可有以下特征:(1) 是在指定地区内,被许可方在协议有效期间对许可协议项下的知识产权享有排他使用权;(2) 是许可人不得把同一许可授予协议地区内的任何第三方;(3) 是许可方保留自己在协议地区内使用该知识产权的权利。在企业知识产权的排他许可中,在一定的期间和地区,市场内存在两个合法使用知识产权的主体,他们均共享知识产权的使用利益,任何对该知识产权的侵犯均会对许可人和被许可人造成损害。因此,市场中一旦出现第三人侵权的事实,许可人和被许可人均有理论上的诉权寻求司法救济。

4. 交叉许可

企业知识产权的交叉许可,是指交易的企业各方将各自拥有的知识产权的使用权相互许可使用,互为知识产权许可方和被许可方的一种法律行为。在合同期限和地域内,合同双方对对方的许可权利享有使用权、产品生产和销售权。各方的许可权利可以是独占的,也可以是非独占的。双方权利对等,一般不需支付使用费。在国际技术贸易中,采用交叉许可方式转让技术的合同,通常称为交叉许可合同或交叉许可协议。交叉许可是一种基于谈判的、在产品或产品生产过程中需要对方拥有的专利技术的时候而相互有条件或无条件容许对方使用本企业专利技术的协定。其中,交叉许可协定的内容并没有统一的标准,除了容许双方使用各自的、已被授权的专利技术外,还可以包括固定或可变动的许可费,同时还可以包括双方拥有的所有专利或部分专利以及未开发的专利等。

交叉许可在实践中运用得越来越广泛,通过交叉许可,企业可以实现知识产权的等价交换,并可以节省研究开发经费、避免市场风险。知识产权交叉许可具有互利互惠性,因此企业需要有一定数量和质量的知识产权才能实施。发达国家企业高度重视交叉许可的利用,特别是专利技术交叉许可。[①] 以美国思科公司为例,其与微软、因特尔、通信国际、IBM、罗克韦尔等公司进行了双边交叉许可,相互许可实施对方的专利技术。如在 2004 年,思科公司与罗克韦尔公司签订 VOIP 技术创新专利交叉许可协议。思科公司持有大量专利的目的之一就是

[①] 朱国军、杨晨:《企业专利运营能力的演化轨迹研究》,载《科学学与科学技术管理》2008 年第 7 期。

实行交叉许可,提高谈判的筹码。公司通常以双方或者多方技术联盟的形式实现交叉许可,这样可以保持在技术领域的领先地位,同时也控制着新型市场的发展。由此可见,交叉许可不是一种简单的知识产权许可形式,其本身具有很强的战略性,特别是发达国家企业之间的知识产权交叉许可在很大程度上体现为共同对技术与相关市场的垄断。以 LED 产业为例,2011 年 4 月欧司朗与克里签署了专利交叉许可协议后,标志着全球五大 LED 产业完成了新一轮专利交叉许可,垄断了该产业上游关键技术,包括该产业链的衬底、外延、芯片等。

二、企业知识产权转让

(一) 知识产权转让的定义

企业知识产权转让,是指知识产权出让主体与知识产权受让主体,根据与知识产权转让有关的法律法规和双方签定的转让合同,将知识产权权利享有者由出让方转移给受让方的法律行为。在无特别说明的情况下,知识产权转让仅指合同转让,不包括因继承、继受等方式的转让。在企业知识产权转让关系中,拥有原来知识产权权利的一方为转让人,接受知识产权权利的另一方为受让人或者被转让人。知识产权转让是指直接发生知识产权主体变更的法律行为,知识产权转让之后,转让人丧失知识产权,受让人取得相应的权利。受让人有权使用知识产权,有权再向第三人转让知识产权,有权许可第三人使用知识产权。对侵犯知识产权的行为,受让人有权追究侵权人的法律责任。

(二) 知识产权转让的意义和风险

在知识产权市场交易实践中,知识产权转让行为也越来越活跃,从而使知识产权利用率大大提高,也给知识产权权利人带来了转让收益。就企业知识产权管理来说,通过知识产权转让,可以为企业创造利润,从而增强企业经营效益。知识产权转让对知识产权人和受让人而言均具有独特的价值:就转让人而言,可以从转让行为中获得一次性收益,收回知识产权开发的投资,并获取预期利润。对受让人而言,则可以在不付出开发知识产权的投资和承担开发风险的情况下直接获取他人的知识产权,并且可以利用受让的知识产权占领市场。[①] 例如,美国贝尔公司发明半导体技术后,索尼公司创始人盛田昭夫最早在报纸上获得了这一信息。当时美国人认为半导体的工业化应用为时尚早。盛田昭夫则认为该项技术具有巨大的市场,遂购买该专利。在现有技术基础上,公司率先推出了晶体管收音机,带来了巨大的市场效益。

在短时期内增加专利储备的最直接的方法。据统计,日本企业在 20 世纪 70、80 年代大批购买美国专利,并通过这些购买掌握了一批核心专利技术,形成

---

① 于雪霞:《现代企业专利管理模式的要素与结构分析》,载《现代管理科学》2010 年第 5 期。

了初步的专利发展基础。韩国的企业在 20 世纪 90 年代也收购了不少美国的专利。例如 1997 年,曾经名列世界个人电脑销售量第三位的美国公司 AST 被韩国的三星公司收购时,就给三星公司带去了一大批有价值的专利;LG 购买美国王安计算机公司的专利后,也从一家生产型企业转变为拥有很多核心专利的真正高科技公司。

不过,知识产权转让对双方而言都存在一定的风险。转让人的风险在于可能为自己树立了一个强劲的竞争对手,丢掉了可以垄断的市场。受让人的风险则在于通过受让获得的技术存在法律瑕疵或者失去应用价值。因此,无论就知识产权人还是受让人而言,知识产权转让活动均需从战略角度进行通盘考虑,综合评估转让的方式、对象、价值、风险等问题。事实上,知识产权转让已成为当前跨国公司的一种知识产权战略形式。跨国公司通常以知识产权保护战略为先锋,在技术和产品的产生和发展初期自己生产产品,以获取技术成长阶段的垄断利润。待该技术发展到一定时期被其他很多企业掌握后,即实施专利转让战略,向他人转让其专利技术,而在转让行为本身中,跨国公司也高度重视转让的策略性,如将技术分成不同类型,而对于关键技术、核心技术绝不转让,以保持技术领先。

三、知识产权转让与知识产权许可的区别

知识产权的许可不改变权利主体,知识产权的转让则发生权利主体的变更;知识产权被许可人必须依赖于许可人权利的存在才能对抗第三人,而知识产权的受让人则可以依据自身拥有的权利独立的对抗第三人。

知识产权转让不影响转让前知识产权许可的法律效力,许可合同另有规定除外。例如《最高人民法院关于审理商标民事纠纷案件适用法律若干问题的解释》第 20 条规定:"注册商标的转让不影响转让前已经生效的商标使用许可合同的效力,但商标许可合同另有约定的除外。"此规定,一方面类似于物权中买卖不破租赁的原则,确定许可合同的优先效力;另一方面,也体现了约定优先的原则。如果原来许可合同约定,因为转让终止许可合同的,应当按照约定处理。

第三节 企业知识产权资本运营

一、知识产权资本运营定义

知识产权本来是一个法律的概念,按照传统的解释和定义。知识产权,又称为"智力成果权""无形财产权"是一种财产权,具体指在科学、技术、文化、艺术、工商业等领域,民事主体依法享有的,支配特定的蕴含人的创造力并具有一定价

值的信息,享受其利益并排斥他人干涉的权利。如果从一个更宽泛的角度看,知识产权实际上是现代的社会经济制度下,通过法律的手段所形成的能带来预期收益的一种权利。而在经济学概念里面,"资本"泛指一切投入再生产过程的有形资本、无形资本、金融资本和人力资本,凡是能够为人所控制运用而带来收益的都是可以用作资本。而在市场经济条件下,资本是企业内部一切可以增值的资产的总称,企业对资本的拥有表现为强大的资源支配权。无形资本是企业在过去长期的生产经营过程中所积累起来的重要财富,包括企业商誉、商标标识、专利权、经营权、土地使用权、某些资源的租赁权等,从这个角度出发,知识产权应当属于无形资本的范畴,其也算是资本的一种。在此也可以将其称之为知识产权资本。如果知识产权是一种资本,而资本的本质就是要经营获得收益,就是这特殊的具有财产性质的权利能够实现经济意义上的价值。也就是说可以把知识产权当做一项资本,实现其价值。实现其资本价值的过程也就是一个运营的过程。① 这就涉及了资本的运营。所谓资本运营,就是指以追求最大利润或资本最大增值为目的,把企业所拥有的一切有形的和无形的社会资源和生产要素都视为可以经营的价值资本,通过流通、收购、兼并、重组、参股、控股、交易、转让、租赁等各种调整和优化配置手段,对企业资本进行有效运作,实现增值的一种经营管理模式。因此,对知识产权这种特殊资本进行运用,实现其价值也就是资本运营,在此可以称之为知识产权资本运营。也就是对知识产权这种资本,在现有的制度框架下,在现有的条件下,通过各种合法的方式进行运营,实现其保值和增值。

二、企业知识产权资本运营的方式

(一) 企业知识产权质押融资

知识产权质押融资是指企业或个人以合法拥有的专利权、商标权、著作权中的财产权经评估后作为质押物,向银行申请融资的一种方式。由于专利权等知识产权实施与变现的特殊性,目前只有极少数银行对部分中小企业提供此项融资便利,而且一般需由企业法定代表人加保。尽管如此,那些拥有自主知识产权的优秀中小企业仍可一试。

企业知识产权质押融资管理在较大程度上依赖于相关的政策环境和外部支持条件。因此,加强企业知识产权质押融资管理需要政府、金融机构和企业协同建设,完善政策,规范创新。为加强企业知识产权质押融资管理,规范和引导企业知识产权质押融资行为,我国有关部门近些年来出台了一些相关政策性规范。例如,2010 年 8 月 26 日,国家知识产权局颁发《专利权质押登记办法》,对专利

---

① 张涛:《企业知识产权资本价值及其管理研究》,载《科技管理研究》2008 年第 10 期。

权质押登记作了完善。国家版权局则发布了《著作权质押合同登记管理暂行办法》，而且 2010 年第二次修改的《著作权法》专门新增第 26 条，明确了著作权质押制度。商标权质押方面则有《商标专用权质押登记程序》等规范。2009 年 5 月，科技部和银监会联合发布《关于进一步加大对科技型中小企业信贷支持的指导意见》，鼓励金融机构积极开发与科技型中小企业相适应的金融服务产品，积极开发知识产权质押贷款业务。《全国专利事业发展战略（2011—2020）》则指出，要"进一步加强专利质押贷款工作，推动一批知识产权优势企业通过资本市场上市融资，促进专利产业化的股权、债券交易市场的形成，推动建立质押贷款、风险投资、上市、证券化等多层次的专利技术融资体系"。

（二）企业知识产权证券化

知识产权证券化的通常定义为：发起机构（通常为创新型企业）将其拥有的知识产权或其衍生债权（如授权的权利金），移转到特设载体，再由此特设载体以该等资产作担保，经过重新包装、信用评等，以及信用增强后发行在市场上可流通的证券，借以为发起机构进行融资的金融操作。作为一种重要的金融创新，知识产权证券化对于建设多层次金融市场、发展自主知识产权具有重要意义。

发展知识产权证券化对融资者、投资人和发展都带来新的机遇。对融资者而言，知识产权证券化的最大特点，是其能够在取得融资的同时，保留对知识产权的自主性。在证券化过程中，被转移到特设载体进行证券化的资产，通常是知识产权的权利人授权他人实施知识产权所取得的现有回报或将来的提成（应收账款），而非知识产权本身。因此，在证券化交易后，发起人仍可保有、并且管理知识产权。这种特点对创新型企业别具意义，因其在取得资金融通的同时，发起人还能对知识产权进行进一步改良或应用，持续提升其价值。此外，证券化融资还可以提供融资者较高的融资杠杆，取得相对便宜的资金。

从投资人的角度来看，知识产权证券化的产品具有较佳的流动性。而其风险与报酬在股票和债券之间，因此可作为丰富资产组合的良好投资标的。而证券化所产生的破产隔离效果，可以使投资人直接投资看好企业拥有的技术或著作，而不必过于担心发起人的经营状况。对于宏观经济的发展而言，知识产权证券化产品的存在，可使不同风险偏好者通过市场进行交易，从而提升整体经济的效用水平。从经济学分工理论的视角来看，创新型企业可以将风险资产透过证券化转移出去，更专注于知识创新与管理的工作；而专业投资人则通过资产组合来分散所承接到的风险。

（三）企业知识产权投资

企业知识产权投资是指知识产权人依法将专利权、商标权或著作权等知识产权资产评估作价，作为对企业的非货币、非实物出资，以获得所对应的企业股权的行为。知识产权投资属于非货币、非实物出资。因此，必须比照实物投资，依法将知识产权资产评估作价后出资。知识产权投资的前提:应具有投资理念与思路、风险意识、依法评估、签订合同、交易登记等。企业知识产权投资,在理论上属于知识产权资本化范畴。它是企业将知识产权作为资本投入,与其他有形和无形资本结合,共负盈亏,共担风险,建立新的经济实体的经济行为运作方式。知识产权投资是将知识产权转化为产业资本的经营形式。如,由陈肇雄博士主持开发,"863"重点项目智能型——英汉翻译技术成果。由原国家科委投资的桑夏公司,1993年利用这一技术与香港权智公司合资建立了"深圳科智语言信息处理有限公司",公司注册资金740万美元,双方各占50%股份。桑夏公司以技术入股,用知识产权作价370万美元,没有出一分钱,办成了合资公司。这在当时在国内是很少见的。合资公司技术人员把这一"机器翻译"技术加载到权智公司原来只能翻译单词的产品上,生产了世界上第一台人工智能全句翻译电子词典——快译通EC863A。该产品畅销全国各地,并远销我国香港、台湾地区以及日本、新加坡、美国等国家。仅两年多时间就销售了20余万台,销售额达4亿元,其中80%销往国际市场,创外汇3亿多港元,港方每年付合资公司技术使用费200万美元,相当于1700万元人民币,这一项一年纯利1000多万元,使"科智"公司成为深圳软件出口的大户之一。

第四节　企业知识产权信托、托管与评估

一、企业知识产权信托

(一) 企业知识产权信托的定义

企业知识产权信托是以知识产权为标的的信托,知识产权权利人为了使自己所拥有的知识产权产业化、商品化,将其拥有的知识产权转移给信托投资公司,由其代为管理或处分,知识产权权利人获取收益的一种法律行为。知识产权信托能实现权利人利益最大化。由于知识产权创造人的管理时间、精力、经验等方面的限制,需要委托他人管理,发挥科学理财、专家理财的作用,使之集中化、制度化、专业化,以实现知识产权利益最大化;反过来,这种利益促进权利人再创造。因此,信托是知识产权实现其经济价值和创造价值的重要方式。知识产权信托能促进知识产权转化。知识产权信托是一种重要金融手段,能有效地解决知识产权转化过程中资金不足的难题。信托公司通过信托资金的运用,融通资金,可以将信托资金投资于知识产权的经济价值转化。总之,将信托引入知识产权领域,不仅可以发挥其保值、增值功能,更能有效地拓宽知识产权商品化和产业化的渠道,解决我国知识产权转化难的难题。

在传统的信托制度中,没有知识产权信托的空间。但是,随着信托业务的发

展和知识产权价值的扩大,知识产权信托制度应运而生。知识产权信托可谓信托业务拓展和知识产权社会功能在当代的急剧扩大和两者互动的产物。知识产权信托显然属于信托的范畴,信托制度最初由英国建立,当今则以美国最为发达。从英美知识产权信托制度运行情况看,主要适用于知识产权许可、知识产权证券化和著作权集体管理。日本则比较重视在专利领域运用信托制度,特别是针对企业集团的专利资产管理运用信托制度。为促进信托制度引入专利领域,日本还通过修改法律的形式提供制度保障。例如,修改后的《信托业法》将信托财产的范围扩展到专利,从而使专利信托具有明确的法律依据;将受托人扩张到企业集团,即允许企业集团设立管理型信托公司,这使得企业集团开展信托业务也具备了合法性。日本《知识产权基本法》也强调要利用信托制度促进知识产权的管理和流通,便于知识产权筹集资金的多元化。

(二)企业知识产权信托的特征

(1)信托的目的和财产的特定性。知识产权信托经营的目的不在于保持权利的延续性,而是通过权利的及时利用给权利人带来巨大的经济利益,因而,信托是一种理财制度,这种理财制度是以信任为基础的,有信任才有委托。信托的内容是受托人为委托人的利益而管理处分知识产权,因而信托经营对象的不是一般的财产,而是专利权、商标权等知识产权业务。信托知识产权中财产权包括知识产权的许可使用权、获取知识产权收益的收益权、实施知识产权管理的权利以及对知识产权的处分权。

(2)受托人的特定性。知识产权信托对受托人的要求很高,不仅要求具有娴熟的市场操作能力、金融能力,更要具备知识产权专业基础及法律基础。根据法律规定,受托人必须是有资格经营金融信托的银行、信托公司等经核准设立的金融机构。当然在知识产权信托法律关系中,为了更好地实现维护委托人利益的目的,受托人是以自己的名义管理、处分知识产权,这与知识产权代理有着显著的区别。

(3)高风险性。知识产权是一种无形财产权,其价值的实现受到市场环境、技术成熟、权利法律状态的影响,这些因素是不确定的。即使受托人履行了谨慎管理义务也未必能实现管理目标。因而在企业知识产权信托中,受托人能否能否实现盈利具有很大的不确定,知识产权信托具有高风险性的特征。

当然,知识产权是生产力进化的产物,其无形性的特征使其管理更加复杂化、专业化。与有形财产信托相比,知识产权信托对传统的信托管理提出了挑战。也正因为如此,目前知识产权信托还处于起步阶段。

(三)企业知识产权信托的类型

知识产权信托可以依据信托目的分为民事信托、营业信托、公益信托。

1. 民事信托

相对于营业信托而言,民事信托可称为非营业信托,是以完成一般的民事法律行为为内容的信托。著作权集体管理属于民事信托,因为它是指著作权集体管理组织经权利人授权,集中行使权利人的著作权或者与著作权有关的权利并以自己的名义进行的下列活动:与使用者订立著作权或者与著作权有关的权利许可使用合同;向使用者收取使用费;向权利人转付使用费;进行涉及著作权或者与著作权有关的权利的诉讼、仲裁等。如果著作权集体管理组织从事营利性经营活动的,工商行政管理部门可以依法予以取缔,没收违法所得。

2. 营业信托

又称商事信托,是以营利为目的,委托营业性的信托机构实施有关知识产权的商事行为的信托。2007年3月开始实施的《信托公司管理办法》第2条规定,信托公司是指依照《公司法》和《信托公司管理办法》设立的主要经营信托业务的金融机构。信托业务是指信托公司以营业和收取报酬为目的,以受托人身份承诺信托和处理信托事务的经营行为。显然,信托公司的信托行为具有营利性,此种信托是典型的营业信托。

3. 公益信托

公益信托,是指以公益事业为目的的有关知识产权的信托。尽管知识产权是私权,但是,这种财产权可以为社会公众谋求利益,而不是为特定的个人谋私利,因此,知识产权可以是公益信托的对象。

(四) 企业知识产权信托的设立条件

1. 必须有合法的信托目的

设立知识产权信托,必须有合法的信托目的。例如,著作权集体管理的目的是为了著作权人和与著作权有关的权利人的利益,而且这种利益是著作权法和其他法律所保护的合法经济利益。

2. 必须有确定的信托知识产权

设立知识产权信托,必须有确定的知识产权,并且该知识产权必须是委托人合法所有的财产。例如,在著作权集体管理中,集中管理是一种以著作权或者与著作权有关的权利为中心建立起来的法律关系。如果缺少了信托的著作权或者与著作权有关的权利,也就无所谓集中管理。如果独创性作品真实存在,而且在保护期内也符合著作权法律的其他规定,该著作权就是确定的。只有集中管理的是委托人合法的著作权或者与著作权有关的权利,信托著作权才可能是确定的。

3. 应当采用书面形式

设立信托应当采取书面形式。例如,《著作权集体管理条例》规定,权利人可以与著作权集体管理组织以书面形式订立著作权集体管理合同,授权该组织对其依法享有的著作权或者与著作权有关的权利进行管理。知识产权具有无形性的特点,采取书面形式设立信托,有利于确定信托目的和信托当事人的权利与义务,增强信托确定性,可以减少纠纷或者有利于纠纷的解决。

一般地,知识产权信托合同的主要内容包括:(1)信托目的;(2)委托人、受托人的姓名或者名称、住所;(3)受益人或者受益人范围;(4)信托知识产权的范围、种类及状况;(5)信托的期限;(6)受益人取得信托利益的形式、方法;(7)其他当事人约定的事项。

4. 应当依法办理信托登记

对于信托知识产权,尤其是专利权、商标权、集成电路布图设计权、植物新品种权,应当办理登记手续。作为无形的信托知识产权尤其需要进行信托登记,有利于对其已设立信托的事实予以确认,保护第三人的利益。但是,《信托法》对信托登记只是作出了基本规定,而对知识产权信托登记具体操作规则则是空白。

二、企业知识产权托管

(一) 企业知识产权托管的定义

托管即委托管理,知识产权托管是指由企业委托专业知识产权服务机构管理其全部或部分知识产权及知识产权相关事务的运营模式。

知识产权托管是一种服务模式,是基于知识产权的法律界定性和长期持有、非货币性、创造经济效益不稳定的无形资产特性,提出的一种新的服务模式。企业根据管理需求与托管服务商,在签订严格保守企业商业秘密的授权托管协议下,托管服务商在授权范围内,代为管理知识产权相关的业务。其业务包括:对知识产权战略与发展进行研究,提供专业方案;协助实施知识产权战略,逐步实现知识产权资本运营;协助企业开发自主知识产权,培训企业人员;对知识产权注册的各项事宜提供建议及注册,协助完成日常法律事务;完善、监督、落实知识产权的各项管理制度;监测及侵权预警,调整创新方向和内容,对侵权及时进行调查、取证,有效保护企业知识产权;帮助企业实施品牌战略,协助企业实现名牌的经济价值等等。

(二) 企业知识产权托管制度的目的和意义

建立知识产权托管制度的目的在于激发企业的知识产权意识、创新意识,引导越来越多的企业把生存发展和参与竞争的长远目光投向掌握核心知识产权,实现多方共赢:政府有效推动企业特别是中小企业知识产权工作,促进中小企业发展;企业得到免费的知识产权方面咨询、培训服务,促进知识产权意识增强和申请量增长;中介机构拓展了业务范围,培育潜在客户。知识产权托管制度具有如下特征:(1)预防性:托管制度能有效地防止知识产权纠纷的发生,起到防患于未然的目的;(2)便捷性:实行统一管理和全方位服务,克服了传统知识产权保护的诸多弊病,起到方便快捷的作用;(3)经济性:托管制度能有效地实现资源共享,节省大量人力、物力资源,极具经济性;(4)保护力度大:托管系统把行政管理、档案管理和司法管理三方面结合起来,进行宏观管理,克服了单一司法保护的局限性,加强了知识产权保护的力度;(5)优化知识产权法律服务环境:托管系统的建立将能有效地强化知识产权保护意识,提高市民的司法保护素质,对知识产权法律服务环境起到优化的作用;(6)理论创新:托管概念超越了传统知识产权保护的理论,因此具有重要的理论创新的意义。

实施知识产权托管制度,引入专利代理机构和专业人才,可以突破中小企业专利管理人才短缺的瓶颈,使企业获得专业服务,并通过更有效地挖掘专利、进行专利布局促进企业发展。企业还可以获取大量的产权和研发信息,并通过专利交易、维权等活动获得更多经济利益。同时,行业内稀缺的高水平专利代理人才一人服务多家企业,不仅使企业节省了人力成本,也提高了人才的利用效率。

(三) 企业知识产权托管的方式

企业的规模和性质、知识产权事务工作量、知识产权工作水平等差异很大,服务机构的规模和水平也参差不齐,因而知识产权托管的方式也可以多式多样。广义的知识产权托管方式包括以下三种:

1. 完全式托管

企业将其全部知识产权事务整包给服务机构,服务机构充当企业知识产权部的角色之运营模式。这种方式适用于完全没有或者仅有少量知识产权工作人员的企业。由于知识产权工作思路由专业机构确定并实施,更有利于获得全面专业的服务和更快地取得工作成效。采用这种方式时,双方依据工作内容和工作量确定每年或每几年的托管费用。除托管费用外,服务机构不再向企业收取任何费用。按这种方式,服务机构集企业知识产权部和各种中介机构(知识产权代理机构、律师事务所、专利数据公司等)之职能于一身,企业在操作上十分简单。虽然这种方式的托管费用相对较高,但企业不需另行配备知识产权工作人员,而且对需要支付在知识产权上的费用十分确定。不过这种方式工作量一旦确定,增加和减少工作量便不太灵活。狭义的知识产权托管即指完全式托管,这种托管方式是最典型的托管方式。除非特别指明,本文其他部分所说的托管指这种托管。

2. 顾问式托管

企业将其咨询性知识产权事务委托给服务机构,服务机构充当企业顾问的角色之运营模式。这种方式适用于只有少量知识产权工作人员的企业。由于知识产权工作思路的确定和实施往往受到两个主体的影响,要获得更多的专业服务和更快的成效,需要服务机构企业知识产权保护战略和企业相关人员经常性地充分沟通和更密切地配合。采用这种方式时,双方依据工作内容和工作量确定每年或每几年的托管费用。对具体申请案、纠纷案和咨询项目等具体事项服务,服务机构另行折扣收费。这种方式的托管费用相对较低,但企业需要另行配备知识产权工作人员和另行支付具体事项服务费用,操作上较为繁琐,企业对需要支付在知识产权上的费用不太确定。当然这种方式在工作量确定后,增加和减少工作量时较为灵活。

3. 单项式托管

企业将单项或几项知识产权事务(比如知识产权经营)委托给服务机构,服务机构作为企业单项事务的全权代表之运营模式。这种方式适用于有较多知识产权工作人员,并且企业知识产权工作水平达到较高程度的企业。由于知识产权工作思路由企业独立确定和实施,专业机构只是作为企业知识产权力量的补充,因此企业只是在单项或多项业务上获取专业服务,通过专业人员取得单项或多项业务的工作成效。采用这种方式时,双方依据工作内容和工作量确定单项或几项事务的托管费用。对其他服务(包括顾问服务和具体事项服务),服务机构会另行折扣收费。这种方式的托管费用相对较低,但企业需要另行配备知识产权工作人员和另行支付其他服务费用,操作上较为繁琐,企业对需要支付在单项或多项知识产权事务上的费用十分确定。这种方式在工作量确定后,增加和减少工作量时十分灵活。

三、企业知识产权评估

(一) 企业知识产权评估的定义

所谓评估,是指用适用的技术程序和行为规范,对某项资产的货币价值所作的界定。企业资产评估则是对企业拥有资产依其资产业务的目的,如产权变动、资产保全、股份制改造、清算等估算出特定评估基准日的公平市价。根据不同的评估目的可以采取不同的评估方法。企业知识产权评估属于企业资产评估的范畴,是指由资产评估专业机构和人员,根据特定的评估目的,遵循适用的原则,选择适当的价值类型,按照法定的程序,考虑影响知识产权价值的各种因素,运用科学评估方法,对知识产权某一时点的价值评定和估算的过程。它是用来确定知识产权现在的价值和通过未来的效应所得到的价值。知识产权价值强调未来利益,随着知识产权价值越来越被企业所认识,知识产权收益能力现已成为企业利用所有资源寻求收益最大化的途径。因此,对知识产权进行评估时,懂得与知识产权相联系的各种权利及其利用的方式是十分重要的。对企业知识产权的评估应是基于其最具潜力的使用,而不是评估时它被企业实际使用的方式。

(二) 企业知识产权评估的特征

1. 时效性

时效性是知识产权的特征之一,在知识产权的有效期届满或因其他原因权利失效时,其价值会从有价降到"无价",即知识产权的评估价值为"零"。而且在知识产权的有效期内,也有上市期、认识接受期、畅销期和饱和期。不同阶段知识产权的价值也会有所波动。

2. 不确定性和模糊性

知识产权的价值,是人类将已有的知识运用到智力劳动成果的创造中所消耗的脑力和体力,加上其他诸多市场因素的总和。知识产权的这一特殊性决定,用来确定普通商品价值量的社会必要劳动时间,不能作为其价值量的确定依据。知识产权评估时,除了脑力、体力消耗外,还要对有关市场因素作出综合评价,这些因素使评估结果具有不确定性和模糊性。

3. 参考性

企业知识产权评估是对企业知识产权价值的估算,只是为企业知识产权交易各方提供参考,评估结果只是交易定价的基础。企业知识产权评估表现出参考性的特点。

(三) 企业知识产权评估的意义

企业知识产权是企业建立竞争优势的重要手段,也是保证企业获得物质利益乃至超额利润的必要源泉。只有经过评估,其价值才能直观的表现出来。企业知识产权评估是维持企业知识产权资产再生产的需要,也是企业研究和实施知识产权战略发展壮大的前提和重要手段。其重要性表现表现在:(1) 通过知识产权评估,有利于提高企业及全社会对知识产权重要性的认识,加强知识产权的保护和管理;(2) 知识产权评估有利于确保企业资产的保值增值,防止企业资产尤其是无形资产的流失;(3) 企业知识产权评估有利于企业正确地进行经济核算;(4) 企业知识产权评估是企业进行投资决策的重要前提条件;(5) 通过知识产权评估,有利于提高企业知名度,使企业获得更高的市场效益;(6) 知识产权评估的价值,可以在解决有关纠纷时,作为被侵权企业索赔的重要参考依据。

(四) 企业知识产权评估的程序

1. 明确知识产权评估的目的

我国目前知识产权评估目的主要有:知识资产的转让、知识产权作为知识资产的投资、用于股份制改造和资产清算、知识产权法律诉讼中作为诉讼标的、纳税需要以及保险的需要及其他目的。

2. 鉴定知识产权的权属及类型

通过知识产权的鉴定,可以解决以下几个问题:

(1) 证明知识产权存在。可以从以下几个方面进行:

第一,判断知识产权的先进性,是否能通过它获得超额收益,相应地查询其技术的内容、国家有关规定、技术专家评价情况、法律文书(如专利证书、技术成果鉴定书、商标注册证书等),核实有关资料的真实性、可靠性和权威性。

第二,知识产权的适用性。分析知识产权运用所要求的与之相适应的特定技术条件和经济环境以及市场前景,鉴定其应用能力和可实施性。

第三,确定知识产权的归属是否为评估委托者所拥有,要考虑其存在的条件和要求,(如是职务发明专利还是非职务发明专利;是职务作品还是非职务作品;是一般注册商标还是驰名商标等)。

(2)确定知识产权种类。知识产权包含类型十分广泛,必须首先弄清,评估的知识产权名称和类型,有些需评估的知识产权是由若干项类型的知识产权综合而成,评估时应加以确认和分离。

(3)确认知识产权有效期限。知识产权只有在法律确认的有效期内才受到保护。有效期对知识产权评估值有很大的影响。在评估时我们不仅要关注法律确认的有效期间,同时我们还应注意确定知识产权的经济寿命(尚可使用年限)。确定知识产权的经济寿命一般通过如下途径加以确定:

第一,根据相关的知识产权法律法规来确定。

第二,按照合同或协议的约定期限来确定。

第三,根据有关的资料和相关的技术经济指标分析研究来确定。

3. 确定评估方法,搜集相关资料

应根据所评估知识产权的具体类型、特点、评估的目的以及外部的经济环境等具体情况,适时地选用重置成本法、收益现值法和现行市价法等评估方法。

4. 确定评估值撰写评估报告书

知识产权的评估价值主要是由知识产权的成本、机会成本、收益能力、使用期限、技术成熟程度、转让、许可使用权利类型、知识产权技术发展的趋势、市场供求状况、转让与许可使用费支付方式、同类知识产权市场交易的价格决定的,在综合考虑上述各因素后,选用适当的评估方法求出评估值,然后编写评估报告书。

(五)企业知识产权评估的方法

1. 以成本法评估企业知识产权

成本法的产生,是基于替代经济原则,即一个投资者在购置一项资产时,在投资后获得效益的情况下,愿意支付能够获得这一收益的最小支出,这一支出不会超过构建一个与该项资产具有相同用途的替代品所需要的成本。成本法可以定义为:以购置相同资产的现时完全成本减其各项损耗来确定被评估资产的评估值。通常适用的"重置成本法",即是在现时条件下,被评估资产全新状态的重置成本减去该项资产的实体性贬值(自然损耗)、功能性贬值(新技术出现造成的无形损耗)和经济性贬值(由于外部环境变化造成的贬值)估算价值的方法。在运用成本法评估一项资产时,有一个基本的假设前提——此项资产能够产生经济收益,且产生收益的期间和数量能足以证明为购置或开发所进行的投资,在经济上是合理的。这是因为资产价值与其产生的未来收益有直接的关系。当企业购置或开发一项资产后若不能增殖,那么该项资产的价值就会小于购置或开发它所需要的成本。在一般情况下,资产卖方不愿意低于该资产的成本要价,而资产买方的出价不愿意高于使用该资产所获得的收益。成交的条件则是资产使用的收益大于或等于资产的成本。

根据成本法评估企业知识产权价值。首先需要确定该项知识产权的成本,再扣减各种损耗和贬值。确定企业开发知识产权时所耗费的成本主要有以下两种方式:

一是历史成本法。历史成本是企业开发中实际支出的成本。有些企业对开发某一项知识产权的费用有比较详细的记录,就可以把这些历史成本换成现值,然后得出现时开发这项知识产权的总成本。这种换算要考虑通货膨胀因素。历史成本法可以满足客观性、一致性的要求。但在实际运用时也有一些实际困难,如要确定研究、开发时间,要区分为维持知识产权价值而耗费的成本及为增加它的价值而投资的成本,经分离与开发该项知识产权相关的研究、开发费用,而且可能缺乏过去关于该知识产权的成本记录,并且要对历史成本进行调整以反映现价。另外,开发知识产权耗费的成本与它可能带来的收益没有直接的关系,有时开发成本高而应用前景小;有时开发成本低而应用前景十分广阔。如果出现这种情况,成本就不能作为企业知识产权估价的基础。

二是重置成本法。重置成本是重新购置知识产权或创造同样的知识产权所耗费的成本,也可以理解为假定再构建一个完全相同功能和效用(待评估参照)的知识产权所耗费的成本。重置成本适用于企业对开发知识产权成本没有详细记录的情况。重置成本法与历史成本法相比,不存在将历史成本转换成现价的问题。但这种计算方法主观色彩更浓,并且也同样存在适用上的局限性。其原因仍在于知识产权成本和收益的弱对应性,企业开发某项知识产权所耗费的成本不能决定该知识产权的收益。因而也就难以作为评估的依据。而且,与有形资产相比,相当一部分企业知识产权成本的识别和计量比较困难,以致以其作为估价基础成为不可能。这样一来,用成本法评估知识产权价值是十分有限的。当然,在有些情况下还是有实用价值的。例如,如果很难获知从知识产权的应用中得到的收益时,或者企业某项知识产权是在较短的时间内,创造出来的且所花费的各项成本比较容易判断出来时,就可以运用重置成本分析评估该项知识产权价值。

如前所述,运用成本法评价企业知识产权要确定损耗和贬值。这里的损耗关键在于确定知识产权能够产生经济收益的经济寿命。经济寿命可依法定寿命、契约寿命、行业惯例、预测年限等途径确认。计算出知识产权经济寿命后,再确定知识产权剩余寿命与经济寿命的比值。另外,功能性贬值是由于企业某项知识产权无法执行其被赋予的市场功能而造成知识产权价值的减少。功能性贬值可以是新的知识产权取代现存的知识产权,使现存的知识产权价值减少。如更好地改进专利出现,使原专利价值相对降低。又如,在计算机软件领域,在FOXPRO问世之前,DBASE被认为是一种极佳的数据处理软件。而在它问世后,DBASE的价值就大大降低了。经济性贬值是由于外部的原因如市场情况变化、经济形势突变、经济政策改变或法律、法规的重大修改而造成待评估的企业知识产权的价值降低。通过从历史成本或重置成本扣除损耗量、功能性贬值、经济性贬值,就可以评估出知识产权的现时市值。

2. 以市场法评估企业知识产权

市场法是选择一个或几个与评估标的同类或类似的资产作为比较对象,分析比较对象的成交价格和交易条件,进行对比调整,估算资产价格的方法。即以近期市场上同类资产的交易价格作为参照物价格,在此基础上分析调整差异因素,进而确定被评估资产的评估值的方法。

市场法也是评估企业知识产权价值的一种方法,它是以市场上其他类似的知识产权交易价格作为参照,结合其他因素适当调整,求得该知识产权的重估价值。以市场法评估知识产权有一个假设前提,即所评估的知识产权已经成熟,企业正试图拓宽利用范围,而且正在研究开发其潜在市场价值和市场用途。市场法评估知识产权,需要市场上存在与被评估的知识产权相同或类似的资产交易价格,而由于知识产权的专有性,难以形成决定知识产权价值的开放的市场。相应地,用于可比较的知识产权交易案例也不是很多,而且对比较因素差异的调整也比较复杂。因此,市场法用于企业知识产权价值的评估也有很大的局限性。在运用这种方法时,往往需要使用其他评估方法配合使用。当然,在有的时候市场法相对于其他评估方法也有其优势。例如,在市场上发生商标使用许可的情形,同种商标使用权转让之评估即可采用这一方法。而在成本法和下面将要讨论的收益法难以评估企业知识产权价值时,也会用到市场法。

市场法评估企业知识产权,比较难的是进行可比性分析。在选择用来作比较的知识产权时,通常要考虑的因素有:

(1) 行业。企业知识产权的价值与其所在行业和自身条件有一定关系,在选择用来作比较的企业知识产权时,要首先考虑行业因素。

(2) 获利能力。获利能力是企业知识产权价值存在的基础。

(3) 市场份额。这一因素通常与获利能力相联系。

(4) 新技术。新技术的出现会对企业知识产权的价值产生显著性影响。新技术出现后产生的潜在竞争会影响知识产权的剩余经济寿命。以知识产权的市场交易状况确定知识产权市场价值时,应考虑新技术的出现对所选的交易案例和待评估的知识产权的影响。

(5) 增长前景等。这一因素与知识产权价值有直接联系,因为收入呈上升趋势的资产价值比收入水平低或呈下降趋势的资产价值大。

3. 以收益法评估企业知识产权

收益法是将评估对象剩余寿命期间每年(或每月)的预期收益,用适当的折现率折现,累加得出评估基准日的现值,以此估算资产价值的方法。该方法经被评估资产预期获利能力与平均资金利润率(折现率)估算出资产现值,以此确定重估价值。简单地说,是通过被评估资产未来的预期收益,然后折算评估基准日的现值。资产的价值一般都能够通过未来的经济收益的现值得以体现,这就为收益法的产生奠定了理论基础,再联系企业知识产权的特殊使用价值及其独占性。可知它往往给企业带来超额收益而背离其价值。为此,企业知识产权价格主要不是根据其创造过程中表面上付出的社会必要劳动时间而定,而是取决于它给企业所带来的垄断利润、超额利润等超额收益。因此,收益法的立足点是企业知识产权的价值由使用所产生的效益决定,并不考虑创造该知识产权的成本。

收益法可以说是评估企业知识产权最常用的方法,特别是评估技术型资产时更是如此。

以收益法评估企业知识产权价值,主要是确定好几项技术经济指标和参数,问题并不在于计算上的困难。这些经济技术指标和参数包括:(1) 收益额;(2) 折现率;(3) 收益期限,即经济寿命周期。当然,收益变化趋势也是应当考虑的。

收益法评估企业知识产权的准确性,也关键在于确定好以下几个参数:

(1) 企业知识产权所能产生的收益。收益额是企业知识产权使用后能带来的超额收益。由于企业知识产权资产所产生的现金流量可以用来估价未来经济收益,在未来总现金流量中扣除营运成本和维持现金流量的资本性支出后,剩下的净现金流量即可以代表企业所拥有的知识产权中获得的未来经济收益。在运用收益法时,净现金流量和一个适当的折现率即可反映企业知识产权价值。以净现金流量作为企业知识产权受益额有其独特之处和优点,因为净现金流量反映了企业真实的经济阶值,它不受不同的会计核算方法、折旧方法的影响。并且,考虑到了收益取得的时间。它是相对于一定期限确定的,直到知识产权经济寿命终期日,与货币时间价值相关的收益贴现法一致。此外,从国际上看,以净现金流量评估企业价值也是一种很通行的方法。净现金流量不是以一个简单的公式就能计算出来的,它受多种因素的影响,具有一定的不确定性。这些因素主要有企业知识产权经济寿命周期、市场同类产品与技术竞争状况、该项知识产权市场应用前景和获利能力、企业所处的经济环境和社会环境等都是重要的影响因素。以市场应用前景和获利能力为例,企业开发的一项知识产权颇受市场欢迎,能显著提高企业经济效益,其价值就比市场度饱和、对提高企业经济效益没有多大作用的另一项知识产权要大。此外,资本需求也是一个值得考虑的因素。资本需求能够降低利用资产来实现净现金流量的增长。企业知识产权的投入可以替代企业一些有形设备的投资,这样通过降低资本需求的增长来增加期望的净现金流量,因此而体现了企业知识产权的价值。

(2) 折现率的确定。折现率之确定是运用收益法评估企业知识产权比较棘手的问题。折现率相差一个百分点,会带来评估值数以万计的差异。所谓折现率,是指将未来收益还原或转换成现值的比率。折现率反映了投资者对资本投入所要求的报酬率。其实质是收益率或称获利率。一般来说,折现率的确定应从定性与定量的角度把握,不存在一个统一的经验数据。折现率与企业知识产权使用人、使用条件、使用效果密切相关。它受企业风险、通货膨胀、利息风险、风险报酬、购买力风险以及企业知识产权变现能力等多种因素的影响。不同的知识产权价值的评估,采用的折现率可以是不同的;在不考虑通货膨胀的前提下,折现率可以用无风险利率与风险报酬率测算。即:折现率 = 无风险利率 + 风险报酬率,这里的无风险利率是投资者获得的不考虑风险和通货膨胀因素的报酬率,也就是投资者投资应获得的最低的社会平均报酬率。无风险利率在国外多以政府利率确定,因为国债利率很低。但在我国由于国债利率并不是最低的,一概以国债利率作为无风险利率会使评估结果失去客观性。风险报酬率是投资者冒险所取得的报酬与资产的比率、不同类型的企业知识产权,由于其用途、市场竞争力、适用范围不同,风险报酬率也不同,要根据具体情况确定。知识产权风险报酬率与反映投资风险程度的指标相关,如市场风险、购买力风险。还包括某些因素对企业该项知识产权造成损失的风险,如企业在实施商标拓展战略时,由于没有对拓展对象使用自己商标的商品质量进行有效监督,结果会使该商标信誉降低,该商标价值也会相应降低。通货膨胀会降低未来经济收益的购买力,确定折现率时是否应考虑通货膨胀的影响,应当与收益额的确定一起考虑。也就是说,如果预期收益额没有反映通货膨胀的影响,折现率就可以不包含通货膨胀率,如果反映了,就需要考虑这种影响。从现实情况看,尽管折现率没有一个统一的适合于各项知识产权评估的标准,仍然有一些市场上同行业使用的"经验参数"作为借鉴,一般来讲折现率为 15% 以下。

(3) 经济寿命周期的估算。企业知识产权经济寿命周期是企业知识产权开发、使用并产生收益的持续时间,反映了企业知识产权从开发、形成到应用的全过程。企业知识产权经济寿命既不同于该项知识产权的法定保护期间,也不同于该项知识产权的使用寿命。法定保护期间可以说是企业知识产权最大的经济寿命。企业知识产权的经济寿命与企业知识产权价值和企业的知识产权利益有很大的关系。它主要取决于知识产权的无形损耗。这种无形损耗是在知识产权保护期内,由于技术的进步引起的贬值。主要有几种形态:一是同类新一代更先进的新产品或技术出现,使原有知识产权价值和交换价值都受到贬值;二是随着知识产权的普及,尽管未出现新一代替代物,但企业原知识产权因普及而逐渐失去交换价值;三是随着工艺和管理方法改进,使得产生同一项知识产权的成本降低。

应当指出,企业知识产权经济寿命周期与企业产品经济寿命周期也有密切联系。我们知道,产品的经济寿命周期有导入期、成才期、成熟期、衰退期。在评估企业知识产权时,界定相关产品(如专利产品)的寿命周期所处的状况也很有价值。总的说来,以收益法评估企业知识产权价值,不是简单地套用有形资产评估的收益现值法,而应紧密结合知识产权这一重要无形资产的特殊效用,对其所带来的长期收益予以界定。在使用收益法时,应运用有效的方法,从总收益中分离知识产权收益额,适当考虑知识产权具体适用地区的区位差异,也是必要的。因为在不同区域内,企业知识产权的收益能力往往存在较大差别。

第五节 企业知识产权预警与风险防范

一、企业知识产权预警与风险防范的定义

知识产权预警,是指政府部门引导企业对国际知识产权政策、制度或战略变化的调整进行及时跟踪,并向企业和相关单位提供有关动态信息服务,以利于剖析竞争对手的状况,既依法自我维权,又依法避免侵犯他人的知识产权,更好地把握企业研发和产业发展方向的机制。而知识产权风险防范则是在知识产权预警之后,企业针对当前面临的一系列知识产权风险所采取的措施。企业中建立知识产权预警和风险防范机制对于保护企业的知识产权、维护企业的竞争优势,具有重要意义。

我国入世不久发生的 DVD 和数码相机涉外专利索赔事件,给中国企业上了生动的一课。这些惨痛的经历无不向人们昭示这样一个事实,是否拥有强有力的自主知识产权,是关乎企业生死存亡的头等大事。因此,企业应将知识产权保护问题摆到企业发展的战略高度来认识,尽快建立起知识产权保护预警机制,提高抗御知识产权风险的能力。预警机制是指由能灵敏准确地昭示风险前兆,并能及时提供警示的机构制度、网络举措等构成的预警系统,其作用在于超前反馈,及时布置防风险于未然,打信息安全的主动仗。知识产权保护预警机制是企业预警机制中不可缺少的一部分。随着国际经济贸易的发展知识产权壁垒已经形成,越来越多的大企业意识到专利可以为企业赢得不可忽视的竞争优势,是企业发展的一把利剑,而如何保持这种竞争优势,并有效地抵御此方面的各种风险,就必须建立知识产权保护预警机制。

二、我国企业知识产权预警与风险防范的现状

入世以来,中国企业面对越来越多的贸易摩擦,法庭已经成为企业的第二战场。企业要想生存下来,就必须适应这种新环境并作出及时有效的反应。尽管我们早就知道知识产权的重要作用,而且早就有知识产权方面的专家提出中国加入 WTO 以后的最主要挑战可能是知识产权的法律问题,但是心怀侥幸的一些中国企业仍然利用加入 WTO 前夕或刚刚加入 WTO 的过渡期在打知识产权的擦边球,却不想受到当头一棒,教训深刻。

首先是 6C 事件。矛头指向我国一个崛起最为迅速的行业 DVD 制造业,日立、松下、三菱电机、时代华纳、东芝、JVC 六大 DVD 的技术开发商结成联盟,对没有支付专利授权费用的约 100 家中国 DVD 厂商发出最后通牒:如果中国的 DVD 厂商在 2002 年 3 月底之前仍然表示拒缴专利费用的话,他们将采取法律手段。此前另一家 DVD 技术专利的联盟 3C(由飞利浦、索尼、先锋三大技术开发商结成联盟)于 2003 年春节期间已在欧盟地区各海关大规模扣押从中国出口的未缴纳专利税的 DVD 产品。虽然人家早就在 1999 年 6 月发出通知,要求生产厂家购买专利使用权,但那时国内企业缺乏知识产权意识,未予以充分重视。中国刚刚加入 WTO,对方便断然采取扣货行动,使这些厂商措手不及。然后是日本摩托车企业联合代表团来华"打假"。"打假团"包括本田、川崎重工等多家企业。他们在北京拜会有关的中国政府部门,向我们递交了大量指控侵权的材料。紧接着,欧盟一项产品安全条例在 2003 年 2 月份通过。该条例规定进口价格在 2 欧元以下的打火机,必须要有安全装置,这意味着占世界产量 80% 的中国打火机,将被开除出欧洲市场。因为有关这一装置的技术专利大多为欧洲国家控制,中国企业如果要用就要向其购买,其生产成本因此上升,价格优势将丧失殆尽。以上这些事件表明:中国企业面临的知识产权纠纷将会增多,中国企业将会为当初对知识产权的漠视付出沉重的代价,而围绕知识产权进行的竞争将成为全球化背景下企业竞争的最高级形式。那么,对知识产权的占有、保护以及如何利用知识产权所形成的技术壁垒,参与越来越激烈的国际竞争,无疑是中国企业面临的重要问题。

三、知识产权保护预警和风险防范机制的建立

(一) 建立企业知识产权保护战略

1. 更新观念。知识产权预警组织的职责是发现和提出问题,并组织专题研究,提出解决方案;要建立灵敏的信息系统,快速的反应是建立在高度灵敏的信息和正确决策基础上的。要想很好地完成上述的工作,那么观念的更新是基础。在我国的企业管理层中,上层管理者对知识产权保护的态度不是"防患于未

然",而是持一种事后处理的心态,即把"打官司"当做是种"破财消灾"的事情。还有不少管理者认为:产品只要不出国门,就没有必要担心知识产权问题。如果这些观念不改变,即使有了灵敏的信息系统,也是无济于事的。

2. 发挥企业竞争情报系统的作用。知识产权保护风险管理是知识产权预警组织的核心任务。如何有效地识别风险、衡量风险、积极管理风险、处置风险及妥善处理风险所造成的损失等是风险管理的基本内容。从实际的工作过程来看,上述的这些活动和竞争情报系统活动存在很多相似之处。而且竞争情报系统所获取的大量有关信息正好是风险识别所必需的,竞争情报系统所做的信息分析工作也是风险分析所要做的,竞争情报系统所提交的一些成果也是风险分析的重要资料。所以竞争情报对提高企业抗御知识产权风险的能力有重要的支持作用。如果企业在实施知识产权风险管理过程中广泛吸纳竞争情报系统的有益因素,必将事半功倍。

(1) 组织机构的建立和人员配备。企业需要一个专门的组织机构对知识产权保护的整个过程实施有效的监督和控制,不同规模的企业针对不同的情况应有相适应的预警组织。而且在建立预警体系时,要从组织网络、信息网络、人际网络等方面,参考竞争情报体系的情况。对于那些不需要设置专门预警组织的企业,可以在竞争情报系统的某些环节中增加知识产权保护预警管理活动,这样也能较好地完成预警组织的构建。同时在管理人员配备上也可以充分地利用竞争情报系统的人员。例如对竞争情报人员进行知识产权保护的知识培训,甚至可以直接让竞争情报系统人员兼管预警组织。值得一提的是,预警组织和竞争情报系统如果都由企业知识主管来领导,将能使两者的良性互动更加充分。

(2) 风险信息收集。由于风险识别对象和竞争情报收集的对象存在一定重叠,我们可以考虑让竞争情报系统与风险管理共享信息通道,并共享情报知识库,提高工作效率,降低系统运行成本。

(3) 风险决策。风险处理的方案即是企业为了处置风险和避免或减少损失所采取的决策。而竞争情报系统也为企业经营管理提供决策支持。在风险处理决策中,如果能综合竞争情报系统提供的决策支持,相信能大大提高风险处理决策的质量。

3. 加大科研投入。企业需要加大科研投入,致力于提高创新能力。要纠正以前那种把购买的技术看做是自主知识产权的错误看法,认识到要保持技术上的领先优势,在知识产权方面不受制于人,一定要加大自身对核心技术的投入。2002年在日本,由小泉首相亲自挂帅,制定以"知识产权立国"的国策,取代先前的"技术立国",全方位构建知识产权保护体系。这就充分表明,将资金重点投入在应用技术的引进、消化和仿制上,虽然创造了短期的经济奇迹,但不能保持经济持续稳定的发展。我国企业要重视日本的这一转变并制定出相应的政策,促进自身的发展。

(二) 发挥行业协会的协调和督导作用

在知识产权主管部门宏观调控下,尽快发挥行业协会在本行业内的横向协调和督导作用,全面提高本行业企业的专利保护意识和知识产权战略运用能力,使其从容上阵,应对挑战。行业协会在竞争愈演愈烈的市场大潮中,特别需要与知识产权主管部门相互配合,扮演好引领本行业企业全面加强知识产权保护的重要角色,在提高企业技术研发能力的同时,使其通过科学、及时申请专利的形式,抢占技术制高点,努力在本行业形成一批具有自主知识产权和国际竞争力的高端技术产品;在整个行业面临涉外专利案件困扰的非常时刻,要对企业加强引导,积极协调,使本行业具备良好的整体联防和协同能力;要先期建立本行业的专利预警机制,预先用好用足专利文献及有关专利信息,实时跟踪本行业国内外最新专利的申请情况和技术研发方向,做到未雨绸缪,对某些特定技术领域可能发生的知识产权重大案件,早预测、早应对,引导企走上一条运用专利战略,实现快速和持续发展之路。

(三) 加强政府的引导作用

1. 进一步加强宣传培训,提高全社会专利意识。

政府有关职能部门应抓住一些专利工作做得好的先进典型和侵犯知识产权的典型案例,进行重点宣传,以此提高全社会的知识产权意识。在抓好宣传工作的同时,要继续抓好专利培训。(1) 开展知识产权管理部门工作人员的轮训;(2) 开展企业专利管理人员的培训;(3) 继续开展省市县政府分管领导的培训工作。(4) 开展执法上岗人员的培训。

2. 引导企业提高运用知识产权制度的能力和水平。

帮助和指导企业学会专利查新,掌握国内外同类产品的技术发展水平和知识产权状况,避免低水平重复研究和侵犯他人的知识产权,力求在别人的基础上再创新。同时要引导企业不断加大科技投入,不断开发具有自主知识产权的技术和产品,该申请专利的要及时申请专利,以提高企业知识产权的数量和质量。此外,要帮助企业建立完善知识产权管理制度,对企业的创新成果采取有效的保护方式,并在机构、人员、经费等方面予以保障。

3. 实施知识产权预警战略。

根据当前知识产权面临的形势和我国企业的实际情况,对知识产权问题比较突出的行业,要摸清知识产权状况,研究提出应对措施。对一些行业共性技术,各级科技部门要作为研究开发的重点。对可能会引发知识产权纠纷的行业,要建立预警机制。要引导企业特别是外贸出口企业,运用国际知识产权规则,采取适当的知识产权规避策略。

推荐阅读

1. 阅读北京知识产权运营管理有限公司相关资料。该公司为我国首家由政府倡导并出资的知识产权商用化公司,公司重点拓展知识产权股权投资、知识产权交易经纪等知识产权增值服务,重点建设知识产权信息深度分析和价值评估等核心能力,重点开展知识产权高端咨询业务,为政府、高校科研机构和企业提供全方位的知识产权增值服务,促进知识产权转化实施,实现经济价值。

2. 对于企业知识产权运营管理的内容,可以参考冯晓青:《企业知识产权运营管理研究》,载《当代经济管理》2012年第10期。

第四章　企业专利管理

要点提示

本章重点掌握的概念:(1) 企业专利管理的特征与作用;(2) 专利获取方式;(3) 专利申请策略;(4) 专利许可的类型;(5) 专利价值评估的方法;(6) 专利诉讼策略:进攻型和防御型;(7) 专利池管理。

本章知识结构图

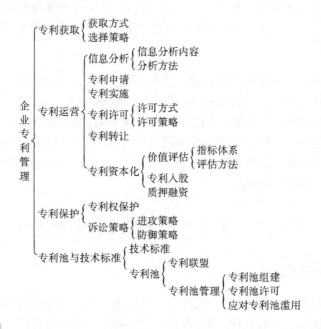

引导案例

2011年4月,苹果公司对三星公司提起专利侵权诉讼,其中涉及4项设计专利和3项实用专利,三星随后反诉。除美国之外,苹果三星还在全球8个国家相互提起诉讼。2012年8月,美加州圣何塞法院就苹果诉三星专利侵权一案作出判决。陪审团裁定,三星故意侵犯苹果公司多项专利,应向给苹果付10.51亿美元损失补偿。这场诉讼被称为世纪大战,持续数年,目前仍在继续发酵。尽管苹果和三星就智能手机专利发生了激烈的纠纷,但这并不会影响两家公司在其他领域的合作,如三星一直是苹果自主设计处理器的唯一代工商。2014 年伊始,苹果和三星又重新坐在了谈判桌前,双方仍然希望通过和平谈判的方式解决这场专利大战。如果此次谈判失败,双方将再次回到法庭上。事实上,苹果与三星的专利诉讼的本质,是占据全球手机行业利润 90% 的两大巨头之间的利益之争。

在这场世纪大战愈演愈烈的同时,硅谷生态链中的各企业之间一场专利争夺战也进行得如火如荼。苹果和微软联合财团 45 亿美元收购的北电网络的 6500 项专利,平均每项 75 万美元。谷歌 125 亿美元收购摩托罗拉公司,其中至少有一半是用来购买摩托罗拉 17,000 项专利。英特尔 3.75 亿美元收购 Inter-Digital 公司 1700 项无线技术专利。之后又有苹果、谷歌、三星及微软等 12 家企业组成联盟,以 5.25 亿美元的价格收购柯达公司 1100 项专利。在当今知识经济时代,专利作为科技货币将会在商业中扮演更重要的角色,专利战略已经成为商业策略中不可缺少的一部分。可以预见的是,随着专利日趋重要,将有更多的公司因为专利被大企业吞噬,市场在不断重整,商业竞争中的生态链也在继续进化。

企业专利管理在企业经营管理中占据着重要地位。企业开展专利管理,可以促进企业技术创新,合理配置企业的科技资源,促进企业经济与科技的紧密结合。同时,有效的专利管理是提高企业市场竞争力,实现外向型发展的重要保障。企业的竞争在某种意义上是专利技术的竞争。专利管理能引导企业采取积极的策略促使企业专利在数量和质量上提高,从而能提高企业的竞争力,为实行国际化经营战略奠定基础。

第一节 企业专利管理的概念与意义

一、专利管理含义

专利管理既是一种市场行为,也是一种企业行为。企业专利管理是指企业的专利管理机构和专利管理人员,在企业相关部门的配合和支持下,为贯彻国家制度、促进企业技术进步和创新、保障自己的合法权益、促进企业提高经济效益而对专利事务进行战略策划、规划、监督、保护、组织、协调等活动的总称。企业的专利管理是企业为了在市场竞争中保自身技术优势,谋求最大的经济利益,在正确利用各种专利信息及有关法律的基础上的策略。

市场经济的健康发展需要利用法律的手段进行规范,而专利的管理和保护则需要制定专门的专利法。专利制度有效利用能够遏制不正当竞争、权力滥用和市场垄断的滋生。企业的专利管理是企业的知识产权部门根据市场环境,主动利用专利制度提供的法律保护,充分分析专利信息,研究对手的专利状况,进而推进自身的专利研发,形成市场独占,获取保持竞争优势的战略规划。企业专利管理保证了企业在激烈的市场竞争中拥有公平、公正、合理、合法的市场环境,保障自由竞争的有序进行。

二、专利管理的特征

企业的专利管理服务于企业的竞争战略,目的是为了保持企业的技术领先优势,获取持续的竞争力。同时,企业专利管理需要符合现有的法律和专利保护制度,需要多个部门的协调与配合。因此,企业专利管理具有以下特征:

(一)战略性

企业的专利管理是企业发展战略的重要组成部分,它必须服务于企业整体发展战略。企业的专利管理也影响着企业的整体发展战略。因此,企业的专利管理具有战略性的特征。

(二)目标性

企业的专利管理是服务于企业的整体发展战略,目的是为企业创造一个公平的市场竞争环境、保持技术领先优势,获取持续的竞争力。因此,企业的专利管理具有很强的目的性。

(三)法律性

企业专利管理的基础是现有的专利法及其相关专利制度,这些法律和制度为企业的专利管理提供法律依据。企业在制定自己的专利管理制度的时候一定要保证符合现有的法律规定,同时把这些法律和制度作为自己维护权益的有力武器。

(四)协调性

企业专利管理在企业内部涉及研发、生产、市场、知识产权等多个部门,外部涉及司法、行政、专利中介等多个社会机构,因此需要多部门相互协调与配合,才能完整地制定相应的专利管理制度。

(五)专业性

由于专利技术的复杂性,企业在实施专利管理的过程中必须具有针对性,需要运用数理统计分析技术,或者要求专利管理人员具有相关领域专业知识背景,这是专利管理不同于版权管理和商标权管理的一个特点。

三、专利管理的作用

企业的专利管理是为了保证企业的整体战略有序推进,获取竞争优势具有十分重要的作用。企业作为市场经济的主体,也是产生和利用专利技术的主要群体,企业的竞争能力很大程度上取决于专利的利用程度。企业专利管理直接为企业的盈利提供支持,其基本任务在于有效运营企业资产,促进企业技术研发;根本任务就在于提高企业的竞争能力,开拓市场,在优胜劣汰的经济大潮中保持企业的领先地位。具体而言,企业专利管理具有以下作用。

(一) 系统利用专利信息,指导技术开发

企业的专利管理是将专利信息进行整合并加以利用,一方面对国内和国际相关专利法律法规进行更新,排除法律盲区;另一方面筛选出可供利用资料,例如专利文献及国际专利相关情况。全世界最新的发明创造信息,绝大多数首先都是通过专利文献反映出来的。欧洲一项研究结果表明,欧洲十几个国家在技术开发中使用专利文献避免重复研究,每年可节省大约80亿欧元的经费和超过六成的研发时间。可见,专利文献中披露的专利技术及信息,有利于企业及时了解国内外的技术和市场动向,对企业专利的使用产生积极的引导作用。[1]

(二) 促进企业创新,获取竞争优势

企业拥有专利,就在市场的某个方面拥有合法的垄断权利——独占权。对专利进行有效管理和应用,就可以占领市场,获得竞争优势。企业有效的专利管理,能够激发企业的技术创新,促使企业紧密贴近市场需求,合理配置专利资源,使企业专利在数量和质量上都得到提高,为企业在国内和国际化发展奠定良好基础。

(三) 防止侵权,维护企业专利权益

企业研发一项技术,从申请专利到授权享有专利再到专利的有效利用,整个过程都离不开专利的保护。专利是知识产权中保护最严格的一种权利,专利所有人的权利从生产制造、销售、出口一直延伸到使用专利产品和专利技术。企业如果未能建立起有效的专利措施,很容易被竞争对手抄袭、模仿、甚至侵权。这就更需要企业尽快制定专利战略,在企业中推广专利管理和专利文化,防止专利侵权,切实维护企业专利所享有的权益。

(四) 发挥专利最大效益,为企业盈利

专利技术的运用已经成为当今企业经营管理的核心和重要的盈利手段。企业对专利进行系统性、针对性的管理,能够发挥专利制度的巨大作用,为企业持续创造利润。根据专利性质,可以把企业专利的管理分为进攻性专利的管理和防御性专利的管理。对于进攻性专利,企业重点放在专利的维护和利用上,通过自行实施、许可或转让等方式占领市场,为企业创造效益。对于防御性专利,管理重点是如何遏制竞争对手在相关领域的技术发展,如提出对方专利无效的申

---

[1] 徐怡:《论企业专利管理》,中国政法大学硕士论文,2011年。

请,或者搜集证据诉讼其侵权等,以获得经济补偿或者干扰竞争者发展等。有效的专利管理使企业在制定专利方案和实施专利战略时灵活自如,是企业赢得市场、获取经济利益的最佳手段。

四、专利管理的内容

企业专利管理是围绕企业专利的申请、授权、保护、利用等方面所进行的工作。从内容上看,涉及专利管理机构的建立与专利管理人员的确定,专利规章制度的建立与完善,专利产权管理,专利信息管理,专利利益分配与奖励等内容。企业通过技术研发取得创新成果,通过专利申请获取保护,通过专利运营获取竞争优势,建立相应的专利管理制度保证前面工作的有效开展。从管理的层次上看,企业专利管理可以分为战略性专利管理、决策性专利管理和事务性专利管理。

第二节 企业专利的获取

在当前全球化时代,企业竞争已经从传统的资源竞争转入对科技创新能力占有的竞争上。而体现一个企业的科技实力和创新能力的重要指标就是企业拥有的专利技术的数量和质量情况。改革开放后我国专利制度才开始起步,自1984年颁布实施专利法以来,我国专利制度已经取得了长足发展。在2001年加入WTO以后,为了适应全球化竞争战略和走出去的开放战略,我国把专利制度提升到国家战略的高度。然而,在近几年实施走出去战略的过程中,屡屡因为专利侵权而遭受重大损失。因此,要真正实现走出去的战略,除了要了解国际专利制度规则以外,企业必须有自己的核心专利技术和专利管理和运用能力。企业要获得专利技术,必须依据自身特点选择合适的专利获取方式。

一、专利技术的获取方式

企业对专利技术的需求,本质上是希望通过对专利技术的拥有和运作,使其发挥经济和市场效益。但是由于企业自身的情况和市场环境以及专利的技术特点的不同,在对专利技术的获取方式上存在多种形式,主要包括独立研发、并购、合作开发和专利引进等方式。[①]

(一)专利获取方式分类

1. 独立研发

专利技术最大特点就是创新性和排他性,要想真正实现此目标,最好方法就

---

① 曾德国:《知识产权管理》,知识产权出版社2012年版,第83页。

是独立研发自己的专利技术。专利技术的研发是企业实现其专利战略最基础也是最关键的方法。专利技术的研发需要企业必须明确自己的专利研发目标,建立自己的专利研发团队,洞悉市场的发展规律,掌握专利技术的发展规律,建立起适合企业和市场的专利研发策略和流程,形成企业的专利研发的特点,这包括开拓型研发和追随型研发。

开拓型技术研发战略将目光着眼于未来,主要研究开发对未来技术发展有重大影响的、基础性的技术,适用于研发力量强大、资金实力雄厚的企业,其研究成果将导致技术上的重大突破,并可能成为未来发展的核心技术,由此申请的专利将成为基本专利。追随型技术研发战略是指对已有专利进行改进或对基本战略进行应用开发的技术研发战略,适用于大多数技术实力相对薄弱的企业,其研究成果多为改进专利、应用专利等外围专利。

专利的独立研发,还需要企业建立起专利研发的信息和法律的相关配套措施。信息措施包括对市场信息、行业信息、技术信息、竞争对手信息等的关注和跟踪,掌握这些信息所涉及对象的发展变化,分析其变化规律和发展趋势。法律措施包括专利保护的期限,申请的难度和所需时间,申请专利的法律资料等,为下一步申请专利提供法律方面的支持,提供完备的申请资料,提高申请的成功率,缩短申请时间,并力求充分发挥现行法律对自己研发技术的保护力度。

2. 并购方式

并购包括兼并和收购公司两种资本运作方式。通过兼并,一方可以完全吸收另一方企业,被兼并方丧失独立的法人地位。收购则是一家公司收购另一家公司一定数量的股权,从而获得该公司的控制权和经营权,被收购公司依然保持其法律独立性。

并购可以使企业迅速扩大规模,开拓业务范围,占领市场,为企业的跨越发展提供很好的契机,但是并购不应该单单只是资产上的运作,更多的应该是知识产权方面的交易和重组。通过并购,并购方可以获得被并购方的知识产权及其所涉及的市场、技术路径等资源。但在并购构成中应注意以下几个问题①:(1)应对并购对象的专利权是否存在争议进行调查;(2)对并购对象的专利价值进行评估;(3)需要弄清楚目标企业的专利技术与现有技术的关联性,检索企业专利在同行业中所处的地位。并购过程中,应该将知识产权尤其是专利技术作为并购的核心内容,通过并购,使被并购企业的知识产权不仅凸显其巨大价值,而且顺利地实现投入产出效益。一个拥有强大知识产权的企业,其知识产权很容易对同行企业的发展形成障碍。企业为了避免或者减少竞争对手,强化自身知识产权地位,企业并购被越来越广泛地运用,成为企业实现其战略目标的重

---

① 谢建平、江文:《公司并购应注意的几个专利问题》,载《研究与发展管理》2002年第2期。

要手段。

3. 合作开发

随着科学技术研究的不断发展,各个领域的知识与技术的难度与深度都日益加剧,新技术的研究与开发不断的复杂化,而跨部门的特征也日益明显,各个技术学科和领域之间的相互补充日益重要。在这一背景中,一般的企业,尤其是高科技产业中的企业,很难依靠自身的资源来实现所有的创新目标。实施合作开发可以使合作各方发挥各自优势,共同完成技术创新推向新市场,共同分享利益。合作研发的形式多种多样,既可以以资金、人才、成果形式合作也可以以资金入股形式合作,还可以以技术供方、技术中介和技术需方方式进行合作,等等。

在合作研发项目中,因参与者各自的组织环境和文化背景不同,导致他们对合作有不同的理解和态度,如何平衡不同参与者之间的利益关系,建立良好的合作关系是成功合作的基础之一。① 企业在合作技术开发过程中,应关注以下几个方面:(1) 在合作项目中尽可能确立企业的主导地位,是使合作研究与企业需求紧密相关的重要保证。同时,企业还应在各个层面加强了与合作者之间的互动与沟通,这些都是保证企业在合作项目中主导地位的重要基础。(2) 制定明确的合作政策或合作目标,促使合作成员之间有共同责任感,降低项目的内部耗散,从而更有效地利用项目资源。这需要建立定期评估制度,形成科学实用的评价体系,并形成一种长效机制。(3) 建立成本分担、责任分担机制,设置合作的最低门槛。尤其是校企合作项目,责任共担能够增加合作者促进合作的动机,显著改进合作效果。

企业间合作开发,还需要特别关注与知识产权相关的风险。企业合作研发知识产权风险形成的主要原因为:竞争关系的存在、合作预期目标的差异、道德失范以及知识产权制度本身存在的不确定性等。② 为了有效控制合作研发中的知识产权风险,企业采取的相应措施包括:(1) 对合作方的选择,一般可以根据其信誉、业绩、持有的知识产权成果现状、技术研发能力以及合作的价值目标等几个方面来评价,对合作方的知识产权风险控制则主要可以采取合同控制的办法;(2) 对合作研发过程中取得的成果必须采取相应的处置办法,如采取恰当保密措施、独创性证据保存、软件著作权登记等;合作非正常终止时,也应对合作过程中形成的成果或财产的权利归属及保密责任,事先做出规定;(3) 合作研发成果的归属必须遵循有利于其实施的原则来确定。在合作研发成果的归属方面,由于共有知识产权存在一系列较难克服的风险,所以应尽量避免共有。既可以协商由一方购买合作研发成果,也可以合作组建生产厂家,共同出资、共同经营、

---

① 于惊涛、武春友:《关于企业合作研发项目运作管理的案例分析》,载《科研管理》2007 年第 3 期。
② 蒋逊明:《企业合作研发的知识产权风险及其控制》,载《科技管理研究》2007 年第 2 期。

共享收益、共担风险。

4. 专利购买

专利购买是指企业直接从专利所有者手上购得专利的所有权,用于提高自身的技术水平,增强企业竞争能力的专利战略。专利购买和并购方式不同,它的购买只限于专利技术本身所涉及的所有权等问题,并不设计资产运作。通过直接的专利购买,企业可以迅速获得现有技术优势,迅速占领目标市场,增强自身的市场竞争力。

专利技术的购买,首先需要判明和评估目标技术的价值,这包括法律、技术和市场潜力等方面的内容。(1)要保证所购专利在法律上产权明晰,不存在法律纠纷的潜在纠纷;(2)要评估专利的技术优势是否显著,能否快速帮助企业获得行业的技术领先优势,是否符合企业总体发展战略和发展目标;(3)要评估专利技术的市场价值,目标市场规模的大小以及和现在市场的关联性。最后,购买专利技术还应该考虑是否同时引进专利发明者或者掌握核心技术的人员,从而根本上解决企业技术落后的局面,形成可持续的竞争力。

(二) 专利获取方式的优缺点比较

1. 独立研发的优缺点

独立研发的优点在于企业在研发专利的过程中一直独立进行,法律地位和产权明晰。企业完全自主地参与研发的全过程,对于专利技术的研究方法和技术路线十分熟悉,对于专利的使用效果和优缺点有着很深刻地了解,技术核心掌握全面,为进一步的专利改进和技术改造提供了便利条件,容易形成技术和市场的竞争优势,帮助企业形成强大创新能力。但是独立研发需要投入大量的人力、物理和财力,研发周期长,市场变化适应能力较差,风险较大。

2. 并购方式的优缺点

并购方式获取专利技术的优点在于通过资产重组,企业可以迅速进入原本毫不相干的领域,同时还拥有对目标企业的专利和市场,开拓企业的业务范围和市场规模。如果目标企业的专利和市场与企业原有业务关联度较强,并购方式也使企业减少了竞争对手,获得技术补充,为改进现有技术提供支持,有利于形成行业技术垄断。但是并购方式需要企业在并购过程中投入大量的资金,并对目标企业进行全面了解,调查目标企业的知识产权是否容易出现法律纠纷,存在较高风险;企业重组一旦未能成功,将会给企业带来较大经营风险。

3. 合作开发的优缺点

一方面,企业合作开发能够充分共享专利技术,实现共赢,有利于企业技术合作和推广,推动行业技术标准的出台,形成行业技术垄断,并能够应对竞争对手的进攻,提升企业竞争能力,降低风险,获得足够的话语权。另一方面,企业之间的合作相互促进,企业或者得到技术支持,或者取得资金支持。但是合作开发的组织形式比较松散,合作成本较高,决策能力低,利益分配很难找到一个双方都能一致接受的方案。

4. 专利购买的优缺点

专利购买的优点在于可以迅速获得专利技术,快速缩短与竞争对手的技术差距,迅速占领技术市场,投入较少。其缺点在于企业很难全面掌握专利技术的核心部分,对专利的技术路线不够了解,专利改进难度大,难以形成持续竞争力。如果要改变这种不利状况,企业不但需要大量购买专利,还需要很好地消化吸收能力,需要大量的后续资金投入。

二、获取方式的选择

企业对专利获取方式的选择,本质上是实施自己既定的专利战略的行为。在选择专利获取方式的时候,必然要选择与企业经营环境和发展战略相符合的获取方式。SWOT 方法是常用的战略制定方法,是根据企业的内部优势(Strengths)和劣势(Weakness),外部机会(Opportunities)和威胁(Threats)来制定企业经营战略。在对 S、W、O、T 四大基本要素进行系统全面的分析后,企业即可根据扬长避短和取长补短原则,充分运用外部机会和内部优势,避免外部威胁,改进内部不足,进行战略选择适合自身企业情况的战略。共有四种战略类型:SO 战略、WO 战略、ST 战略和 WT 战略,如表 4-1 所示。[①]

表 4-1 专利战略的 SWOT 分析

外部因素 内部因素	机会(O)	威胁(T)
优势(S)	进攻型战略 独立研发策略	以供为防,攻防兼顾 并购策略
劣势(W)	力求进攻,不忘防御 专利购买策略	防御型战略 合作开发策略

进攻型战略是指企业积极主动将自己所拥有的专利进行申请,获取专利权,并利用专利权抢占市场,获得垄断地位,保持在市场竞争中的优势地位,最大限度地打击对手,限制对手的专利实施战略。进攻型战略的实施需要企业拥有较强的技术实力和研发能力,经济实力较为雄厚,有明确的技术革新目标,对技术和行业发展有前瞻性的洞察力,对市场具有很强的掌控能力,能够建立起对市场和技术的引导力量。防御型战略是指企业为了防止对手的专利进攻和挑战,采取的被动的防守措施,打破市场的垄断地位,保护企业的专利权力的行为。防御型战略一般不需要企业拥有太强的经济实力和太大的技术领先优势,但是需要

---

① 侯延香:《基于 SWOT 分析法的企业专利战略制定》,载《情报科学》2007 年第 1 期。

企业拥有很强的市场适应能力和灵活的经营策略。

如果企业的内部优势明显,外部环境的机会较好,应采取进攻型战略,考虑采取独立研发的专利获取方式,这种方式可以充分发挥企业的自身优势和环境优势,形成独占的专利竞争格局。如果企业内部优势明显,但外部威胁较大,竞争激烈,可采取攻防兼顾战略,则选择并购方式,这样既可以获得专利技术,又能消除竞争威胁,从而保持市场竞争地位。如果企业内部处于劣势,外部却拥有良好的机会,则应力求进攻不忘防御,可以采取专利购买策略,这样可以把握机会,改变自身的劣势地位,增强市场竞争力。如果企业的内部处于劣势而外部威胁较大,则应以防御为重,并采取合作研发的策略,依附于联盟的共赢机制,既提高自身实力,也降低外部威胁带来的经营风险,在竞争中获得一定生存空间。

第三节 企业专利的营运

知识经济时代的特征就是企业间的竞争更多地表现为对知识资源的占用和利用的竞争,企业对知识资源的占有模式主要以专利技术为主。但是专利技术并不直接为企业带来经济效益和竞争优势,需要对专利技术进行有效的专利运营,让专利技术成为企业战略竞争资源。随着知识资源重要性的日益增强,企业间的竞争实质是自主知识产权的数量和质量之间的竞争,即企业之间的竞争越来越表现为对智力成果的培育力、支配力和使用力的竞争;表现为对知识产权的拥有、管理和运用能力的竞争。作为知识产权最具价值部分的专利资产的创造、使用和管理,成为新世纪判断企业成败的关键因素。从某种意义上说,专利技术的运营管理决定着企业能否参与到新一轮的全球竞争的决定性因素。

一、专利信息分析

知识经济时代,专利竞争情报在企业竞争中发挥着不可忽视的重要作用。专利信息分析,是指对专利说明书、专利公报中大量零散的专利信息进行分析、加工、组合,并利用统计学方法和技巧使这些信息转化为具有总揽全局及预测功能的竞争情报,从而为企业的技术、产品及服务开发中的决策提供参考。以企业为主体的专利信息分析,其意义主要体现在以下几个方面:(1) 帮助企业了解行业内技术的分布、拥有核心技术的企业,判断行业内竞争态势和确定主要的竞争者;(2) 比较竞争对手或合作者的技术创新研发背景和能力,评估其新技术和新产品开发的实力、技术重点、技术壁垒的强弱、技术贸易和技术转让的能力;(3) 研究竞争对手在不同国家或地域的专利技术分布,推断其技术路线和欲意控制的市场,掌握对手专利策略;(4) 在技术研发或新产品立项前,避免重复研究,提高研究起点和研发计划的新颖性和先进性,制定合理的专利模仿创新和源头创新战略。

（一）专利信息分析的内容

以企业为主体的专利信息分析的内容主要包括以下四个方面：

1. 行业技术发展及衍变趋势的分析

企业涉足某种产品、技术的市场竞争，必须了解其技术发展变化趋势以及影响这些变化的技术因素，这些不同因素在不同区域的差别，这种差别源自于哪些发明人。因此，进行产品、技术的发展及衍变趋势的分析能够帮助企业了解竞争的技术环境，增强技术创新的目的性。

2. 行业竞争的地域性分析

企业欲以某种产品、技术参与不同国家和地区的市场竞争，必须了解其区域性竞争状况及消费需求。而这些需求往往通过申请人、专利申请量以及产品、技术的某些技术特征来体现。因此，通过专利信息的区域性分析，可以了解行业发展的重点区域、不同区域内专利研发的重点方向和各区域之间技术的差异性、不同区域内专利技术的主要竞争者（申请人）和发明人。

3. 行业竞争者的分析

行业竞争决定于行业的供方、买方、竞争者、新进入者和替代产品，不同的企业提供的产品技术不同，决定了其在行业中扮演的角色也不同，为自身经济利益保护的专利类别也各不相同。因此，进行目标技术领域的申请人分析，了解行业竞争体系及其状况，有利于企业分析竞争环境，制定竞争策略和与之相关的专利战略。

4. 企业自身技术能力分析

企业进行竞争战略决策和专利战略制定的过程中，需要对自身的竞争能力、技术创新能力做一个客观的评价，这个评价参照体系应该是横向比较而不是纵向比较。所谓横向比较，更多的是在行业竞争环境中，同一时期与其他行业竞争者之间的比较。在比较项目选择方面应该进行细分，通过差别分析来确定自身优势劣势的具体所在。

（二）专利信息分析方法

专利信息分析的方法包括定性分析方法、定量分析方法、拟定量分析方法及专利地图分析四类。

1. 定性分析方法

专利定性分析是根据专利文献的技术主题，并结合专利国别、发明人、专利权人、IPC、申请日、授权日以及专利引证文献等内容，进行专利文献搜集，并对搜集文献内容进行标引和阅读，进一步对信息进行分类、比较和分析等加工整理，形成有机的信息集合。进而通过研究重点文献，寻找出专利信息内在或者潜在的关系，从而形成一条完整的专利情报链。常见的定性分析方法包括矩阵分析法、技术发展过程分析、关联关系分析、聚类分析、专利族分析及权利分析。以矩阵分析法为例,通过矩阵形式来描述专利文献不同技术要素之间的特征关系,通常可以发现现有技术发展的重点、技术发展趋势中的问题和技术空白点,通常可以增加时间轴进行趋势分析。

2. 定量分析方法

专利定量分析是指定量分析是在对大量专利信息加工整理的基础上,对专利信息中的专利分类、申请人、发明人、专利引文等某些特征进行科学计量,从中提取有用的、有意义的信息,并将个别零碎的信息转化成系统的、完整的有价情报的方法。定量分析方法主要有以下几种:专利技术生命周期法、统计频次排序法、布拉福德文献离散定律应用法、时间序列法和技术趋势回归研究法。以专利技术生命周期法为例,可以是某件专利文献所代表的技术生命周期,也可以是某一技术领域整体技术生命周期,通过对专利申请/授权的数量、企业数量与时间的关系等分析研究,发现专利技术在理论上遵循技术引入期、技术发展期、技术成熟期和技术淘汰期四个阶段周期性变化。

3. 拟定量分析方法

拟定量分析是针对不同的分析目的,采用定量与定性相结合的分析方法。通常由数理统计入手,然后进行全面、系统的技术分类和比较研究,再进行有针对性的量化分析,最后进行高度科学抽象的定性描述。比较常见的拟定量分析方法有专利引文分析方法和专利数据挖掘等方法。其中,专利引文分析是指利用专利的前后引证关系分布所形成的引文树进行分析挖掘核心技术布局、追踪技术发展方向、判断公司间技术力情况,又可以分为引证树分析、引证频次分析和引证率矩阵分析等。

4. 专利地图分析

专利地图是由各种与专利相关的资料信息,以统计分析的方法,加以缜密及精细剖析整理制成各种可分析解读的图表讯息,使其具有类似地图的指向功能,具有直观生动、简洁明了、通俗易懂和便于比较的特点。

二、专利申请

当研发单位开发出一项新产品或新制程,要不要申请专利?可不可以申请专利?有没有可能取得专利?可以继续开发哪方面的技术?哪些技术应一并申请保护?应于何时、何处提出专利申请?申请专利能带来什么好处?这些都是专利申请的策略问题,涉及申请决策、申请时机、申请种类、申请范围、申请地域等内容。企业运用好专利申请策略有利于更好地实施专利战略和开展市场经营活动,提高在国内外市场的竞争力。

（一）专利申请决策

专利申请决策是指对申请或不申请专利作出决策。

1. 申请

根据不同目的选择不同的申请策略：(1) 以自用为目的的申请，申请专利是为了自行实行，在实施中取得垄断地位，多数专利申请属于此列；(2) 以转让技术为目的的申请，申请专利的目的不在于自行实施，而是为了通过专利保护手段保障技术转让时的权益；(3) 以削弱竞争对手优势为目的的申请，申请专利不是为了自用或者实施，但若竞争敌手申请了专利则会使其占据有利地位，此时申请专利就会抑制和削弱对手优势；(4) 以干扰竞争对手实现为目的的申请，是为了不让竞争对手窥探本企业的发展意图，故意在主攻方向之外申请专利，以造成错觉，掩护主攻方向免遭对手袭击。

2. 不申请

当企业出于以下考虑时，可以不申请专利：(1) 避免公开暴露战略意图。如果申请了一项专利，就意味着向全世界公布该技术信息，企业的战略意图也容易随之暴露。因此，可暂不申请专利，将开发的技术以专有技术的形式进行保密。(2) 延长技术保密时间。专利保护的时间有限，如果不申请专利，技术本身又难以被他人破译，可以不申请专利，使该项技术长期受到保护而不受专利期限的限制。(3) 公开技术，使竞争对手专利无效。如果企业不打算实施某项技术，申请专利反而会产生一定耗费，而竞争对手申请该项专利会获得竞争优势。此时公开该技术，使得竞争对手准备申请的技术失去获得保护的可能。[①]

（二）专利申请内容

专利申请内容策略是关于专利申请的技术内容选择的策略。

1. 全部申请或部分申请

为了防止他人利用专利说明书公开的技术内容进行仿冒，仅对技术的基本轮廓申请权利保护，而将技术核心内容或影响产品质量的关键技术作为技术秘密保留起来。

2. 系列申请或单向申请

一项技术往往需要相关技术配套才能有效发挥作用。在申请专利时，需要考虑仅单项技术申请专利还是包含配套技术的全部技术申请专利。选择时的考虑因素有：(1) 容易保密的技术可不申请专利；(2) 对竞争作用不大的技术可不申请专利。

3. 基本技术申请或外围技术申请

某一技术领域的基本技术或核心技术对企业的发展和竞争地位起决定性作

---

① 杜伟、刘保玲、李庆芬：《专利申请策略》，载《情报探索》2001年第2期。

用,如果取得该项技术的专利权,就掌握了市场主导权。因此,这类技术应该申请专利。外围技术是对基本技术的局部改进或为实施技术所需要的配套技术。取得外围技术专利权有利于和基本技术形成交叉许可的局面,使没有基本专利的企业也取得部分话语权。因此,是否申请外围专利、申请哪些外围专利也是十分重要的决策。若企业同时掌握了基本技术和外围技术,则要作出全部申请还是部分申请的选择。

(三) 专利申请时机

专利申请时机一般原则是尽早原则,但是根据具体的情形也有不同的选择方式,具体包括提前申请、及时申请和延迟申请几种策略:

1. 提前申请

按照专利法的规定,只要具备专利的"三性"就可以申请专利,并不要求所申请的技术完全成熟。也就是说,在技术并未开发完成但基本轮廓已经具备时即可申请专利,以达到抢占市场阵地的效果。在技术竞争激烈的时候,时间至关重要,应尽可能早地申请专利。

2. 及时申请

这种申请方式是在技术开发结束后即行申请专利,是最常用的策略。这种方式主要是防止对手具有相同的技术申请而失去新颖性。及时申请的方式一般在技术前景较好、市场竞争激烈、技术特征差异性不明显的情况下采用。

3. 延迟申请

延迟申请策略是在某项技术开发完成后并不及时申请而推迟到某一时间再行申请的策略。由于专利保护期限有限,过早申请专利会使实施保护期缩短。因此,在可能的情况下,应尽可能推迟申请。在以下情况可考虑延迟申请策略:(1) 竞争对手无法在短期内研发出相同技术;(2) 市场前景不明朗,没有他人申请先例;(3) 技术不成熟或配套技术尚不具备,或者技术本身局限,保护范围较窄,带更进一步开发后再行申请。

(四) 专利申请地域

根据专利技术的特性不同,企业可以选择不同的专利申请地域。

1. 产品制造地

企业如果从事具体产品制造,就需要对自身产品及其涉及的专利在产品制造地申请专利,除非企业拥有先用权,否则他人一旦抢先申请,就无法在该地区生产和销售产品。尤其是对于那些从事跨国生产的企业,在制造地申请专利十分必要。这不仅可以保护自身产品在当地的生产和销售,也能避免竞争对手立即模仿,抢占市场,形成竞争优势。

2. 产品销售地

一些企业的产品可能不在某地区生产,但在该地区从事销售活动。为了打开市场,应尽早安排在产品销售地申请专利。专利在产品销售地的申请还需要考虑当地的市场规模,如果市场规模很大,同时还有与之抗衡的竞争对手,则尤其要注意专利申请。对于那些市场规模小,同时又不存在竞争对手的地区,如果在别处已经获得专利授权,就可以暂不考虑专利申请,以达到延长专利保护期限的目的地。

3. 技术引进地

在产品所涉及的技术引进地,为了在该地区不被该技术持有人形成专利包围,可以将自有技术在该地区申请专利。这一方面可以保护自己的产品获得市场,同时也可以增加自己与技术持有人的谈判砝码,减少技术引进的支出,提高企业效益。

4. 竞争对手所在地

在竞争对手所在地申请专利,可以遏制竞争对手的效仿,在该地区形成对竞争对手的优势,维护企业权益。很多国外企业在进入中国市场的时候面对中国本土企业的激烈竞争,主动申请大量专利,使得本土企业很难与之抗衡,进而迅速占领中国市场,取得竞争优势。

(五) 专利申请类型

专利申请的类型包括发明专利、实用新型专利和外观设计专利。三种专利类型具有不同特征,申请策略也各有不同。

1. 发明专利

发明专利是指对产品、方法或者其改进所提出的新的技术方案。这种方案应当是在利用自然规律基础上形成的具有创造性的技术构思。发明专利是支撑企业发展的最终动力。企业选择发明专利的申请,虽然审查程序严格,审查期限很长,但是一旦申请成功,保护期限是 20 年,权利稳定性高,对企业的成长十分有利。同时,发明专利的申请也可以提高企业自身的技术研发能力,增强企业创新能力。

2. 实用新型专利

实用新型专利是指对产品的形状、构造或者其结合所提出的适于实用的新的技术方案。实用新型专利也称为"小发明"。实用新型专利的审查期限短,审查过程简单,但保护期只有 10 年。企业通过申请实用新型专利,可以迅速获得专利保护,占领市场。这种专利的申请可以用来辅助发明专利的申请,在一些不涉及核心技术的领域使用,可以对竞争对手形成专利包围,遏制其对自己的竞争威胁。

3. 外观设计专利

外观设计专利是指对产品的形状、图案或者其结合以及色彩与形状、图案和结合所作的富有美感并适于工业应用的新设计。虽然外观设计专利不涉及产品内在的性能和技术,但是在物质生活极大丰富的时代,企业的产品同质化加重的背景下,良好的外观设计对于提升产品的附加值,实现产品的多样化,吸引消费者眼球等方面具有十分重要的作用。

还应当注意的是,在具体的申请实践中,企业可以同时申请两种或者两种以上专利保护形势,利用各种专利申请形式取长补短。例如,一种发明创造可以同时申请发明专利与实用新型专利。一般来说,实用新型专利将首先获得授权,发明专利申请的审批周期较长。当发明专利获得授权后则可以视情况放弃实用新型专利权。这样做的优点在于利用实用新型审批周期段的特点,尽快获得专利保护。

（六）专利申请程序

专利申请是专业性很强的活动,企业往往委托专利代理实施。具体来看,专利申请的步骤如下:

第一步,确定专利申请的类型。根据专利技术的特点,选择专利申请的类型,包括发明、实用新型和外观设计三种类型。

第二步,整理相关技术资料,提交专利技术交底书。专利技术交底书由客户方的相关技术人员提供,技术交底书包括发明创造的名称、所属技术领域、发明具体内容等。资料的提供可以由专利代理人介入、协助来完成。

第三步,双方签订代理委托协议,开始撰写全套专利申请文件。专利代理人在拿到专利交底书以后进行相关的检索和分析,开始撰写专利申请文件,期间同发明人进行多次沟通和交流以确保专利申请人的准确无误的表达发明人的发明创造。专利申请文件的撰写时间一般在一到两周完成,视专利复杂程度情况而定。

第四步,向国家专利局提交专利申请文件,拿到专利受理通知书。在客户确认专利申请文件没问题之后,专利申请人向国家专利局提交全套专利申请文件,拿到专利受理通知书。

第五步,客户领取专利受理通知书,专利申请阶段的工作结束。

第六步,发明专利审查阶段(发明专利有这一步工作,实用新型专利和外观设计专利没有这一步)。

第七步,专利授权阶段。经国家专利局审查通过后,专利被授权,客户交纳相关费用,领取专利证书。

第八步,按时交纳年费。按照国家的规定按时交纳专利年费。

三、专利自行实施

专利自行实施是指专利权人自己制造、使用、许诺销售、销售、进口其专利产品或自行使用其专利方法,以及使用、销售、进口依据该专利方法直接获得产品的行为。专利自行实施对专利劝人来说,具有一定的优越性。首先,专利权人对自己拥有的专利技术的成熟程度、技术复杂程度及实施专利应具备的客观物质条件,都比较熟悉,实施过程中风险较小,成功率较高。专利权人通过专利自行实施获得垄断权,经营得当能够获得较高的经济效益,并可获得持久利益。专利权人具有良好的技术渊源和基础,对专利技术进行改进相对容易,能够较快地产生新的发明创造,在主体专利的基础上,再申请若干从属专利,使专利保护更加完善。此外,专利权人自行实施可以有效地避免专利纠纷及相关诉讼,大大降低法律风险。

专利实施是一个复杂的系统工程,贯穿于企业科研、生产、经营全过程,涉及跨部门间的职能协调,合理的专利自行实施应首先建立相关的协调和激励机制,主要措施包括:健全实施保证体系,建立企业专利管理与实施委员会;实行专利和企业战略、创新等主要管理内容的结合,以专利技术及专利产品来加速企业技术改造和产品结构的调整,达到关键技术有保护,主体产品有专利;将专利技术实施目标纳入年度考核计划,并增加相关资金投入;完善激励机制,调动广大职工的发明创造积极性。在此基础上进行专利自行实施,其主要步骤如下:

(1)进行可行性论证,内容包括:专利技术的可靠性、先进注、适用性;论证专利技术的法律状态;专利的技术要求和国家标准;企业自身条件;实施效益分析等。在前期调查的基础上撰写可行性报告,包括专利自行实施的目标、条件和措施,以及各被选方案的相关技术经济参数及建议。

(2)由企业决策人员根据可行性论证报告进行分析,决定实施方案和步骤,并在资金、人员等方面进行准备。

(3)建立相应的组织机构,配备相应的人员,筹集相应的资金,进行试生产。

(4)制造专利产品,并进行营销推广。比较大的企业或者投入较大的专利产品可能还需要试销售。

(5)根据初期市场行情判断专利产品的总体市场表现,额定是否加大投入及后续创新等因素。

(6)专利产品生命周期即将结束时,对本产品的一系列决策进行反馈以总结相关经验。

四、专利许可

专利许可是专利战略的核心内容,也是企业通过专利获得收益的主要渠道。专利许可是指专利权人将专利的实施权许可受让人在约定的范围内使用的行为,专利许可中专利权人不出售专利所有权,只允许受让人在一定条件下按照约定的范围拥有专利的使用权。专利许可已经成为业界非常普遍的现象,尤其是对于技术创新能力较强的国家或企业以及技术特征明显的行业更是如此。随着今后技术的不断进步,产品技术含量的日益提高,这种许可将更加普及。

对于许可方而言,专利许可的运营策略可以帮助其完成专利向生产力的转化,而将自己的精力集中在专利的研发和拥有上。目前许多大型跨国集团就通过专利许可的战略开拓市场了,实现自己进军全球的战略宏图。这些企业把自己的主要精力集中在专利的研发和专利包围网的构建上,打压竞争对手,获取广阔的市场空间。对于被许可方而言,专利被许可可以让企业获得专利技术,尽快实现技术上与国际接轨,同时通过消化、吸收等策略,获取专利核心技术,打破专利垄断,提升企业的专利研发能力,增强企业的市场竞争力。

专利的许可方式主要有普通许可、排他性许可和独占性许可三种。普通许可是最为常见的专利许可方式,双方通过约定许可范围和许可条件,被许可方按照合约实施专利权。而许可方也可以根据约定,在不损害被许可方的条件下自己实施专利权或者授权第三方实施专利权。排他性许可则是通过双方约定,专利的实施权只能由许可方和被许可方拥有,任何第三方都无权实施该项专利权。这种许可方式可以保证被许可方的独家实施权,具有排他性。独占式许可的排他性最强,这种许可方式强调双方通过约定,由被许可方独自实施专利权,许可方只拥有专利的所有权但不能使用其专利。此外,还有交叉许可的方式,是指许可双方通过谈判,签订交叉的专利许可实施合同,允许对方实施自己的部分专利权。交叉许可方式下往往是因为许可双方都必须得到对方的专利许可才能顺利实施自己的专利权,在专利的实施行为上具有相互依赖性。

企业在专利许可的目的上存在很大差异:有的是为获取最大收益,有的则是为保证公司顺利运行,有的则兼顾。如IBM公司,一直利用自己的许可和交叉许可获得外部技术,创造收益。AT&T是第一个清晰认识到要将"设计自由"作为专利战略核心的企业,没有将许可收入作为公司收入的来源。HP公司的产品和技术比半导体行业更加复杂,它整合了多个领域的技术,因此它的许可不以现金流为主导。在HP长期领先的打印机产品等领域,公司强烈保护相关专利技术并作为竞争优势的关键来源,不对外许可。

企业的专利许可决策可以从多个角度来考察,最常见的按照专利所有者是否是技术的直接使用者为标准,将专利许可决策划分为两大类:第一类,即专利人是产品市场竞争者,是专利技术的直接使用者,称之为市场在位者;第二类,专利人是市场的外部人(如,独立的研究实验室),不参与市场竞争,称为外部创新者。同时,专利许可收费方式一般包括固定费用、费率和二者组合这三种。当专利所有者是外部创新者时,实践表明费率许可是最常见的收费方式。这是因为:第一,费率合同构成风险分担形式;第二,费率是非对称信息的部分解决办法;第三,费率可以促进共谋,通过提高下游企业边际成本,促使企业限制产量。当专利人是行业竞争者时,情况要复杂得多。如果专利所有者在市场处于领导地位,或者只有少数强有力竞争者,形成寡头垄断市场,采用费率许可方式是较优选择。如果市场竞争激烈,不断有模仿情况出现,采用固定费用加费率的组合方式,则能够有效阻止模仿企业进入。[①]

总之,专利许可方式的决策,既要确保企业的经济收益,又要注重增强自己的自主研发能力。对企业而言,无论采用哪种许可方式,都要注重培养自己的核心竞争力,增强企业的市场支配能力。

五、专利转让

专利转让是指专利权人作为转让方,将其发明创造专利的所有权或将持有权移转受让方,受让方支付约定价款所订立的合同。专利转让不仅仅是专利使用权的转让,还是所有权的转让,转让行为一旦发生,原专利的所有者将失去对专利的所有权,受让方将成为专利的新的所有者,拥有对专利的所有权。

企业进行专利转让,也是实现专利经济效益的有效途径。对于企业而言,并不是所有的专利技术都由自己进行生产力转化才能实现自己的专利战略,对于有些专利技术,企业完全可以通过专利转让间接地获取经济效益,这取决于企业自身的专利战略。现代企业面临的竞争日益激烈,企业发展也从以往的规模效应转向核心竞争力。企业的精力、财力、物力毕竟有限,以往在相关领域全面开花面面俱到的模式已经不再适应经济发展,企业应当将有限资源集中在主营方向,打造自己的核心竞争力。专利的合理转让,可以将那些与企业发展战略相关性不强的专利技术转让出去,将自己的主要精力放在高附加值、高技术含量的专利运营上,达到一举多得的效果。

在专利转让中应注意以下几个问题:

(一) 专利转让程度

专利的转让需要企业决定转让的程度和范围。一般而言,专利权的转让可分为全部转让和部分转让。转让程度取决于转让双方希望通过专利转让达到的目的。对于出让企业而言,应当立足于转让过程中实现专利转让的应有价值,又要保护好自己的专利研发平台问题;对于受让方而言,既要通过获得专利实现自己的短期经济效益,又要通过专利的受让实现长远的专利战略。

(二) 专利转让价格

专利转让的价格一般应根据市场价值原则。对于那些市场需求大、有效时间长、技术含量高的专利技术,价格相应很高。在确定专利技术的价格时,双方都要对专利的市场价值和技术价值进行评估,这部分价值评估不仅包括短期内

---

① 任声策、尤建新:《企业专利许可策略及其决策机理分析》,载《科技进步与对策》2009 年第 22 期。

能实现的经济价值,还包括长远的技术跟进价值,以谋求更加持久长远的发展。

(三) 专利转让方式

专利的转让还需要注意转让方式的选择。转让方式的选择取决于专利的技术特点、地域范围、相关法律和双方意愿。专利转让方式的选择将决定受让方的专利运营策略和运作方式,也决定了在专利转让过程中相关其他事宜的开展方式,比如合同的签订、相关转让文书的准备等,所以要周密论证,认真选择,确保转让过程的顺利进行。

除了上述事宜外,专利转让还包括专利的法律状态分析、合同的签订以及转让后的信息跟踪等。这些事宜也事关转让能否顺利实施,必须精心安排,合理布局,按照计划、有步骤地实施。

六、专利资本化运作

专利技术资本化是指专利权人将其知识产权量化为资本进行投资或转让等活动,和其他生产要素一起直接参与到生产、投资和分配等经济活动的全过程中,是将专利权物化为实物财产的重要方式。[①]

专利技术资本化运作可有效利用专利成果,促进科技成果转化为生产力,为企业和社会带来经济效益。专利技术资本化对发明创造人员具有物质和精神上的多重激励作用,从而激发科技人员、管理人员创新动力,有利于企业形成创新型文化,创建学习型组织,增强企业竞争力。通过专利技术资本化运作,能够以专利权和其他知识产权的所有权作为资本投资建立新的企业。在实施企业并购过程中,就可能涉及包括专利等知识产权在内的无形资产的资本化,以确定并购后的合理的产权结构,保障双方的合法利益。当企业解散或破产清算时,需要对企业现存资产进行清算,以便剩余资产分配或在破产的情况下作为清偿债务的依据,其中的专利权、商标权、版权等知识产权需要通过知识产权资本化评估作价。在专利权转让计算报酬时,需要通过资本化将专利权量化作价。以专利财产权质押,需要签订书面质押合同并由主管部门登记公告,也必然涉及专利权的资本化。

(一) 专利价值评估

对专利价值进行合理的量化评估,是专利资本化运作的前提条件。专利价值具有时效性、不确定性和模糊性。时效性是由专利的法定有效期决定的。一旦终止或期限届满,专利不复存在,亦无价值可言。影响专利价值的因素有很多,主要包括专利技术本身的特征、市场状况和法律状况,如专利技术的先进度、成熟度、市场潜力、竞争性、实施许可量、剩余有效期等。诸多因素随着时间的推

---

① 云小凤、蒋其发:《企业专利资本化战略》,载《商场现代化》2008 年第 32 期。

移而不断变化,这些都会导致专利价值处于不确定的状态。专利价值具有模糊性是因为诸多影响因素基本都是定性的,比较模糊,评估者难以对专利进行精确定价。

1. 专利价值评估指标体系

专利价值主要取决于技术价值、市场价值和权利价值三个因素。

表 4-2 专利价值评估指标体系

评价对象	一级指标	二级指标
专利价值	技术价值	创新度
		技术含量
		成熟度
		技术应用范围
		可替代程度
	市场价值	市场化能力
		市场需求度
		市场垄断程度
		市场竞争能力
		利润分成率
		剩余经济寿命
	权利价值	专利独立性
		专利保护范围
		许可实施状况
		专利族规模
		剩余有效期
		法律地位稳固程度

(1) 技术价值,指专利技术本身的性能带来的价值。创新技术是专利的核心所在,当然也是专利价值的重要构成因素。技术价值包括五个指标:创新度、技术含量、成熟度、技术应用范围和可替代程度。

(2) 市场价值,指专利技术在商品化、产业化、市场化过程中带来的预期利益。专利技术只有转化成生产力才能真正体现其价值。企业专利的预期收益是在市场竞争中获得的,因而利用专利技术制造的产品所处的市场状况是评估的关键因素之一。市场价值通过以下六个指标来衡量:市场化能力、市场需求度、市场垄断程度、市场竞争能力、利润分成率和剩余经济寿命。

(3) 权利价值,指因法律赋予权利人专有权而产生的价值。专利权是一种法定权利,在法律保护的期间、范围内才有效。专利权还是一种垄断权,在法律的保障下,专利所有者和使用者可以垄断实施,获得垄断利益。权利价值设置六个指标:专利独立性、专利保护范围、许可实施状况、专利族规模、剩余有效期和法律地位稳固程度。

影响专利价值的各因素所起的作用是不同的,可以根据专利实际情况赋予不同因素不同的权重,进行价值的综合评估,如表 4-2 所示。①

2. 专利价值评估方法

目前,国内外用于专利权价值评估的常用方法主要有传统方法、实物期权法和模糊综合评价法。②

(1) 传统方法。传统的专利价值评估方法包括成本法、市场法和收益法。成本法也称为重置成本法,是以现行市场价格为基础,评估重新开发或购买类似专利技术所需要的成本,从而确定被评估专利权价值的一种评估方法。成本法的计算公式为:专利权价值评估值 = 重置成本 − 有形损耗 − 无形损耗。成本法是从有形资产的评估方法中借用过来的,在用于专利权价值评估时具有较多的局限。专利权的价值主要不是根据研发成本而定,是取决于它给企业带来的预期收益。

市场法又称现行市价法或市场比较法是指通过市场调查,选择若干个同类专利技术在技术市场中的交易条件和价格作为参考、比较对象针对待评估专利技术的特点加以适当的调整,从而作出评估的一种方法。市场法对被评估专利技术及其所属专利交易市场有一定的要求。但是很多专利技术都具有特殊性,其特征较为显著,往往难以找到与之相同或类似的专利技术。因此市场法在我国目前的专利评估中实际使用存在一定困难。

收益法,也称收益现值法,是将待评估专利权在剩余经济寿命期内各期的预期收益用适当的折现率折算到评估基准日现值并进行加总以作为专利权价值的一种评估方法。收益法是传统价值评估方法中最常用的一种方法,但在使用时也有一定的要求。收益法必须以准确选取和估算相关参数为前提。但是,专利技术的不确定性导致预期年净收益也具有很强的不确定性。而从项目总体收益中要想准确地将专利收益分离出来也有一定的困难。此外,收益法也没有考虑到专利权人在项目投资过程中的柔性管理策略。

(2) 实物期权方法。实物期权法是从金融期权定价方法中衍生出来的一种资产评估方法,基本思想是将一个不具有可逆性的投资机会看成是一种权利在特定的时间内,投资者可以决定是否利用这一机会进行投资在特定时段过后投资机会便会消失,投资者可以通过初始投资获得这一机会。因此这一投资机会相当于一个期权为获得这一机会而付出的初始投资则是期权的购买价格;如果投资者选择进一步投资则需要付出期权的执行价格。

---

① 万小丽、朱雪忠:《专利价值的评估指标体系及模糊综合评价》,载《科研管理》2008 年第 2 期。
② 靳晓东:《专利权价值评估方法述评与比较》,载《中国发明与专利》2010 年第 9 期。

实物期权法考虑了不确定环境下投资者的柔性决策价值和投资资金的时间价值,特别是在不确定性较强的专利权评估方面缩小了评估价值与真实价值之间的差距。因此实物期权法在评估专利权价值时与传统方法相比具有较强的优势。但是,与收益法类似,实物期权法也必须以专利资产的预期收益作为主要参数。因此实物期权法仍无法彻底解决在对未来预期收益进行预测时的不确定性。此外,实物期权法并不适用于所有的专利价值评估,有些评估问题中不存在实物期权,或者存在实物期权但是其不确定性非常小,此时使用传统评估方法结果会相对准确。

(3)模糊综合评价方法。模糊综合评价法是建立在模糊数学基础上的运用指标体系对待评对象进行综合评价的一种方法。模糊综合评价法已成为目前多指标综合评价实践中应用最广泛的方法之一,特别是当待评对象受多种因素影响时模糊综合评价法可以获得较好的评价结果。具体来看,评估者首先建立专利价值评价指标体系,再利用层次分析法对指标体系进行综合排序,最后对各层元素逐级进行模糊综合评价。模糊综合评价法则拓展了专利权评估的视野,将法律因素、技术因素和市场因素进行了全面综合的考虑将无法货币化的定性因素进行了量化处理。但是单一运用模糊综合评价法只能获得在专利权价值中各个影响因素所占的比重及专利权价值与真实价值的偏差度,无法获得专利权价值的评估值。

为了更为准确地对专利权价值进行评估,评估者可以根据待评估专利权的具体特点选取传统方法或者实物期权法进行初始评估。在此基础上使用模糊综合评价法对初始评估值进行修正,从而获得较单一评估方法更接近真实价值的专利权价值评估值。

(二)专利作价入股

专利权作价入股是指专利权人将其获得的专利权评估作价以资本的形式投资公司,取得公司的股权,或者以专利权组建或加入合伙企业的过程,这也是狭义的专利权资本运作的主要表现形式。

专利技术出资必须具备一定条件才能进行,这些条件主要包括两方面:(1)专利权资本化中的主体必须合格。专利权出资方必须是专利技术合法的拥有人,以保证专利权的接受方免受侵权的指控。(2)专利权资本化的客体必须有效存在和不受干扰,即专利在该地域经批准授权或依法产生,其法定保护期限尚未届满,也没有被权利人放弃,无侵权诉讼和第三方提出无请求或知识产权已被抵押等情况。

专利技术入股的形式,包括以专利所有权入股、以专利实施许可权入股,还有把专利申请权也视为专利技术作价入股。以上三种出资形式都是合法可行的,但实践中对于后两种方式出资入股的,在一些问题的处理上还存在一定的法律障碍,比如对于专利独占实施许可权的评估作价在实践中不好确定以及出资义务的完成不容易确定等问题,所以,实践中很少采用以后两种方式入股的。在签订出资协议时,最好明确以专利技术入股的形式,为了减少纠纷,首当推以专利所有权入股。

专利通过货币估价作为企业设立的一种出资形式,必须按照规定的流程办理。首先,由全体股东共同签订公司章程,约定彼此出资额和出资方式。之后,由专利所有权人依法委托经财政部门批准设立的资产评估机构对专利进行评估,并办理专利权变更登记及公告手续。在进行工商登记时必须出具相应的评估报告,有关专家对评估报告的书面意见和评估机构的营业执照,专利权转移手续证明文件等。如果是外国合营者以工业产权或者专有技术作为出资,应当提交该工业产权或者专有技术的有关资料,包括专利证书或者商标注册证书的复制件、有效状况及其技术特性、实用价值、作价的计算根据、与中国合营者签订的作价协议等有关文件,作为合营合同的附件。

在以专利技术出资入股的过程中,应注意以下问题:(1)应当考虑到技术资料的交接和权利的移交,专利入股方的技术培训和指导,后续改进成果的权属和各方的违约责任等,并在合同中以条款方式进行明确。(2)专利入股需要特别注意专利技术的可靠性。由于审批专利的审查员受专利局文献存储量的限制和工作疏忽等原因,给不具备专利条件的技术授予专利权的可能性是存在的,另外对于实用新型专利和外观设计专利是不进行实质审查的,所以法律规定任何单位和个人都可以提出宣告专利无效的申请。一旦被宣告无效就不具备财产权的属性,就不能作为入股的技术。因此在签订协议前对专利进行必要的审查检索及在合同中约定入股专利被宣告无效后股东之间以及股东与公司之间的关系是非常必要的。(3)明确专利入股出资比例。我国原有的《公司法》规定无形资产的出资金额不能超过注册资本的20%,被认定为高新技术企业对无形资产的比例为35%。所以过去以无形资产出资的不会成为绝对的控股股东,在公司治理中只能处于附属地位。但根据新《公司法》规定知识产权的出资比例最高可达到70%,可成为绝对的控股股东。以专利技术出资的一方在签订出资协议时,应明确公司成立以后,自己在治理公司方面的权利与义务,并明确获取公司利润的方式。(4)此外,还必须考虑到如何撤资或转让股权的问题。以技术入股,出资额是经过专业人士评估出来的确定价格,日后以技术入股一方如想转让股权或撤资,如何确定该股权转让的价格将会是很重要的问题。建议在制作公司章程时,就明确约定撤股或股权转让时,如何计算股权转让的价格,避免日后纠纷。

(三) 专利质押融资

专利质押融资是指债务人或第三人将专利技术作为债权的担保,当债务人不能履行债务时,债权人有权依法以专利技术折价或者拍卖、变卖的价款优先受偿的担保方式。专利质押融资在欧美等发达国家已有一百多年的历史,目前已经成为一种十分普遍的融资模式,但在我国则处于刚刚起步阶段。1995年颁布的《担保法》第75条第3款中规定,"依法可以转让的商标专用权,专利权,著作权中的财产权"可以设立质押。从此,专利质押贷款开始在我国信贷市场中出现。为加强专利质押贷款等知识产权融资的可操作性,1996年国家知识产权局颁布了《专利权质押合同登记管理暂行办法》,明确要求:以专利权出质的,出质人与质权人应当订立书面合同,并在管理部门办理出质登记,质押合同自登记之日起生效。2010年,该办法被全面修订,国家知识产权局颁布了新的《专利权质押登记办法》。但是,从1996年到2007年期间,专利质押贷款在我国的发展一直十分缓慢。从数量上看,2007年全国专利质押贷款登记仅有74份,且这个数字高于此前所有年份。2008年以来,我国政府出台了一系列促进专利质押贷款发展的优惠政策,专利质押贷款开始步入快速发展轨道。2012年我国专利权质押登记共涉及专利3399件,全国专利权质押贷款金额总计人民币141亿元。

专利质押具有以下特点和优点:(1) 实现了专利的担保功能和融资功能,是对专利价值最直接和更加充分的运用;(2) 专利质押无须占有或权利转移,质权人也不承担保管责任,而且经质权人同意出质人可以对专利权进行转让或许可授权,不影响出质人以其他方式实现专利价值;(3) 增加企业融资渠道,有助于高新技术企业快速发展,解决中小企业融资难问题。高新技术企业拥有大量的专利权,但是却缺乏资金,以专利作担保申请贷款可以帮助这些企业渡过刚起步时的困难期。同时,专利质押也存在一定的局限性,这是因为作为质押标的的专利权本身价值具有一定的不确定性,在出质期间会不断波动,使得出质过程变得复杂;专利价值的不确定性也使得作为专利出质前提的质押物价值评估工作困难,由于缺乏统一标准,评估结果很可能不一致。作为质押物的专利权,还存在一定的法律风险。此外,由于我国技术交易市场发展的不足,使得专利权作为质押物时在需要变现时非常困难。正是这些问题的存在,阻碍着专利质押在我国的快速发展,因而需要出台更多有利政策,全面改善我国知识产权外部环境。

专利质押的设定,首先是订立专利质押合同。专利权质押合同可以是单独订立的书面合同,也可以是主合同中的担保条款。用以出质的专利权应具备以下三个条件:(1) 专利权必须有效。专利权具有时间性,而为了保障债权实现,必须保证质物是无可争议的有效专利。证明专利权有效的文件包括专利证书、年费缴纳凭证、专利登记簿等。(2) 作为质物的是专利权中可转让的财产权,即因取得专利权而产生的具有经济内容的权利,系指独占权和由此派生的许可权、转让权、标记权等。专利申请权虽然是获得专利权的前提,依法可以转让,但其明显的法律上的不确定性,使之不能作为一种具有法律效力的财产权,因而不能将专利申请权作为质物进行质押。(3)出质人必须是合法专利权人。认定出质人是否"合法"的标准就是看其有效证件与专利文档所记载的内容是否一致。专利质押合同的订立,并不等于合同生效,还必须进行专利权质押的登记。根据《担保法》及知识产权质押的相关管理办法,以专利权出质的,出质人与质权人应当订立书面合同,并向知识产权局办理出质登记,质押合同自登记之日起生效。如果在质押期间,专利著录项目或者质押合同内容发生变更,则需要及时在知识产权局办理变更手续。当质押合同到期,或者质押合同提前失效,出质人和质权人也应该办理专利质押注销登记手续。

第四节 企业专利的保护

随着高新技术产品逐步发展成为发达国家的支柱产业,专利的价值从单个的专利权人的转让获得利润逐步转变为一个企业得以存续的核心竞争力。企业专利战略有利于保护企业的无形资产。现代企业制度的建立和发展,无形资产在企业中的比例正在逐步提高,企业专利保护战略就是为企业提供这样一种保护机制,以促进无形资产的利用率,提高产品的市场竞争力。

一、专利权保护

专利权具有财产权和人身权双重属性,是经过发明人申请并依法审查授权产生。专利权在某个国家(地区)申请则在那个国家(地区)受到保护,这是专利权的地域性,而且专利权保护具有时间限制,发明专利保护期限20年,实用新型和外观设计保护期限为10年。专利保护范围按照专利类型的不同而有所区别。发明或者实用新型专利权的保护范围以其权利要求书的内容为准,说明书和附图可以用于解释权利要求。外观设计专利权的保护范围以表示在图片或者照片中的该外观设计专利产品为准,简要说明仅用于解释,但值得注意的是,与外观设计专利类似的设计落入保护范围。

发明和实用新型专利权被授予后,除法律另有规定的外,任何单位或者个人未经专利权人许可,都不得实施其专利,即不得为生产经营目的的制造、使用、许诺销售、销售、进口其专利产品,或者使用其专利方法以及使用、许诺销售、销售、进口依照专利方法直接获得的产品。外观设计专利权被授予后,任何单位或者个人未经专利权人许可,都不得实施其专利,即不得为生产经营目的制造、销售、进口其外观设计专利产品。与发明和实用新型专利侵权相比较,外观设计专利侵权中没有使用、许诺销售和方法专利侵权的内容。

未经专利权人许可,实施其专利,即侵犯其专利权,引起纠纷的,由当事人协商解决;不愿协商或者协商不成的,专利权人或者利害关系人可以向人民法院起诉，也可以请求管理专利工作的部门处理。在我国，专利权受到法院和行政主管部门双轨保护，知识产权中只有专利侵权纠纷的处理具有该特点。企业遭遇专利侵权时，首先可以及时向侵权方提出发出警告函，要求其停止侵权并赔偿损失，同时积极寻求协商解决的可能。通过协商和谈判，权利人可以了解涉嫌侵权者对纠纷的看法和处理意见，并根据实际情况，随时调整自己的要求和策略，以更加灵活、快速地解决纠纷。如果当事人不愿协商或者协商无法成功时，可以先向当地专利管理机关请求进行行政调处，这比通过司法程序解决纠纷更为快捷，有利于提高维权效率，降低维权成本。发生专利侵权时，有权起诉和请求处理的主体除了专利权人外，还有利害关系人。比如，被许可人就是利害关系人，但不同类型的被许可人处理权限也有所不同。独占型许可合同的被许可人可以单独向人民法院提出申请；排他性许可合同的被许可人在专利权人不申请的情况下，可以提出申请；普通许可合同的被许可人在得到专利权人明确授权后，才能够提出申请。

　　违反《专利法》侵犯专利权，侵权人应当依法承担相应的责任，使专利权人的合法权益得到保护。无论是行政程序还是司法程序，其处理都包含民事制裁、行政制裁和刑事制裁三种形式。专利法对专利侵权主要是采用民事制裁，专利管理机关或者人民法院在处理侵权的时候，主要是责令侵权人停止侵权行为、赔偿损失。停止侵权是最有效、最直接的防止继续侵权的方法。专利侵权的损害赔偿，应当贯彻公开原则，使专利权人因侵权行为受到的实际损失能够得到合理的补偿。计算专利侵权赔偿数额时，首先按权利人受到损失确定，其计算基准是每件专利产品的合理利润；也可按侵权人所获得的利益确定，其计算基准是每件侵权产品的营业利润或销售利润；当前面2项都不能确定时，有专利许可使用费可以参照的，参照该专利许可使用费的1—3倍确定；如果权利人的损失、侵权人获得的利益和专利许可使用费均难以确定的，人民法院可以根据专利权的类型、侵权行为的性质和情节等因素，确定给予1万元以上100万元以下的赔偿。我国《专利法》对侵权行为中的假冒他人专利、泄露国家机密、徇私舞弊等行为规定了行政责任。专利管理机关可依法主动出击，有力地打击假冒专利的违法行为。这对于维护专利的声誉，更好地发挥专利制度的作用，加强市场经济条件下专利管理机关的执法职能，维护广大消费者和社会公众的利益，保证专利制度的健康发展，都有着十分重要的意义。此外，我国专利法对假冒他人专利、泄露国家机密以及徇私舞弊这三种行为规定了刑事责任。

　　2008年，新修改的《专利法》为了适应经济发展和我国加入WTO的需求，从各方面严格规定了对侵犯专利权行为的惩罚措施，而且无论民事、行政还是刑事责任的规定都更加细致和标准。随着我国新专利法的不断实行，专利侵权将得到遏制，我国专利将向着更加健康的轨道前进，促进我国经济的新腾飞。

二、专利诉讼策略

提起专利侵权诉讼是权利人利用法律保障自己的权利不被侵犯的有效手段,也是企业经营策略的一部分。将专利侵权诉讼活动作为一种商业策略来使用,企业可以借此打压竞争对手的市场竞争势力,增加对手的经营成本;也可以通过这种法律活动来获取高额赔偿金,增强自身竞争优势,专利侵权诉讼越来越成为一种商业竞争策略。

(一) 专利诉讼与企业商业策略相结合

由于专利侵权本身的复杂性,一场专利侵权诉讼可能需要企业投入大量的资金和人力,而且专利侵权诉讼往往持续时间很长,更是极大地增加了诉讼成本。因此,企业在制定专利诉讼策略时,一定要充分权衡诉讼的成本和收益。企业应该将专利诉讼视为一项投资,运用各种经济学或运筹学方法,进行收益——成本分析,进行最优决策,一定要避免"赢了官司输了钱"的情况发生。

按照企业进行专利诉讼的目的不同,所采取的诉讼策略也不一样。如果企业自身能力薄弱,希望通过诉讼获得高额赔偿,企业应该选择合适的诉讼时间,并掌握收集充分的侵权证据,及时向法院申请采取必要的证据保全措施,从而获得侵权者的生产销售及营利情况,有利于最终赔偿金额的计算。由于以追求高额赔偿为目的,具有一定的风险性,企业比较适合采用风险代理方式委托律师,以达到分担风险和降低诉讼成本的效果。如果企业希望通过诉讼扩大市场占有率,则可以有意提高赔偿数额起到威慑作用,迫使侵权者主动寻求授权许可,企业一方面获得许可收入,另一方面利用他人生产能力扩大专利市场占有率。如果企业的最终目的是希望与对方进行合作,获得优惠的合作条件,则可以借助第三方提起对方专利无效宣告的申请,从而在谈判中增加筹码,达成较低成本的许可协议。有些情况下,企业通过诉讼进行企业广告宣传,作为原告可以利用媒体加大宣传,提升自己的知名度;此时,赔偿金额的设置仅作为象征性索赔,不需要投入太多精力进行计算。而作为这类诉讼的被告,也应该采取积极应诉措施,并藉此进行自我推广和宣传。这些都是企业根据自身的目的,采取相应的策略,始终围绕企业经济利益这一核心。

(二) 专利诉讼的进攻策略

企业在运用专利侵权诉讼向竞争对手发起进攻时,要明确诉讼目的,做好诉讼前的决策分析和准备工作,选择恰当的对象、时间和地点,并通过恰当的战术,达到以最小的成本、最低的风险,获得最大的利润的目的。[①]

[①] 文家春、乔永忠、朱雪忠:《专利侵权诉讼攻防策略研究》,载《科学学与科学技术管理》2008年第7期。

1. 专利诉讼对象

专利侵权诉讼攻击实际上是在企业与竞争对手之间发起的一场关于专利诉讼的"战争"。对发动这场"战争"的企业而言,选择正确的对手对其获取最后的胜利显得非常重要。专利侵权者不仅包括直接使用专利技术的制造商,也包括专利产品的销售商或者进口商,因此,企业发动专利侵权诉讼攻击的对象可能是多个。企业在选择诉讼攻击对象时,一般需要考虑以下两个方面:(1)如果可以提起专利侵权诉讼攻击的是一些小企业,最好选择其中具有代表性的企业首先进行专利侵权诉讼攻击。一旦这家代表性企业被打败,其他诉讼攻击的对象可能就不敢蛮战,这样做不但省力,而且成本也低,效果较佳。(2)如果可以提起专利侵权诉讼攻击的是一些大企业,最好选择其中比较弱的企业,首先从最易在诉讼攻击中被击破的企业下手。如果不加选择的任意选取诉讼攻击对象,可能会因被诉方抵抗的专利筹码多或者诉讼经验丰富而不能获得胜诉,甚至有可能被反诉侵权。企业在诉讼攻击的过程中,应尽量避免对所有的竞争对手一起提起诉讼攻击,防止被诉者联合起来形成对抗的联盟,应该采取各个击破的形式,逐一进行诉讼攻击,这样也能达到在专利侵权诉讼攻击中"以战养战"的效果。

2. 专利诉讼时机

企业应该选择在恰当的时机提起专利侵权诉讼攻击,以使得其能给企业带来最大的效益。如果时机选择不当,可能会导致企业专利侵权诉讼攻击遭遇竞争对手的全力反抗,甚至出现即使获胜也无利可图的局面。企业在选择专利侵权诉讼攻击的时机时,往往采取如下策略:(1)选择在对手处于危难之机进行专利侵权诉讼攻击。如竞争对手正在为其他诉讼忙得不可开交,此时再应付专利侵权诉讼攻击,就不能完全投入,给诉讼攻击者以可乘之机。(2)选择在对手财务状况不佳之时提起专利侵权诉讼攻击。此时竞争对手可能没有足够的财力来应付旷日持久的专利侵权诉讼,只得草草收兵。(3)选择在竞争对手正在进行重大活动期间。如正在进行股票上市准备、收购或者融资等事务时,企业一般不愿意面对诉讼风险,也没有足够的精力投身到一场无止境的高消费诉讼中来,更不愿意因为专利侵权诉讼而影响企业在股民、其他投资者或者合作者心目中的形象。(4)选择在竞争对手已经为侵权付出了相当成本之后进行诉讼攻击。如发现竞争对手正在实施侵权行为,此时并不急于进行诉讼攻击,而是等竞争对手已经付出了大量的生产和市场推广成本之后,在市场已经达到了一定的成熟度后,再伺机提起专利侵权诉讼攻击。当然,企业在选择专利侵权诉讼攻击的时机时,也要注意在法律规定的诉讼时效范围内,不要因为等待时机的到来而耽误了诉讼时效。

3. 专利诉讼地点

专利侵权诉讼攻击的"战场"选择也很重要,因为任何专利侵权诉讼的裁决都受到受诉法院的影响。由于各国的专利制度不一样,诉讼程序也各有不同,同样的案件,在不同的地点进行诉讼,不同的法院可能作出不同的裁决。因此,企业在选择专利侵权诉讼攻击地点时,应首先调查各地的专利和诉讼制度,在法律容许的范围内选择对自己最有利的诉讼管辖地。如专利侵权诉讼攻击中的进攻者可以选择侵权产品制造地、进口地或者销售地进行诉讼。通常来说,专利侵权诉讼攻击的进攻者都会选择在产品销售地而不是产品制造地进行诉讼攻击,因为产品制造地往往是被攻击者的企业所在地,如果在产品制造地进行诉讼,就让被诉者占到了地利的优势。当然,在专利侵权诉讼攻击中选择诉讼地点的首要条件是诉讼攻击者在这些地方都获得了专利授权。尤其是在跨国诉讼攻击中,诉讼攻击者在诉讼地具有专利权是必需的基础性条件。另外,在选择专利侵权诉讼攻击地点时,需要考量受诉法院的裁判风格,尤其是在英美法系的判例法国家,不同法院的裁判风格往往不一样。应选择那些对专利保护比较推崇,专利案件审理比较公平、快速的法院。

在专利侵权诉讼攻击的过程中,也应该根据诉讼的进展及各种条件的变化,及时变换诉讼攻击的策略,如当初制定的诉讼攻击目标是要让竞争对手退出市场,采取的是强硬的诉讼攻击策略,但通过在诉讼中进行的补充检索,发现自身专利存在着可能被宣告无效的可能,就应该及时转变诉讼策略,通过和解的形式尽早地结束诉讼攻击。

(三) 专利侵权诉讼防守策略

在专利侵权诉讼中,有攻就有防。企业一方面要利用专利侵权诉讼作为攻击手段主动向对手发起进攻,同时,也可能在专利争夺战中遭遇他人提起的诉讼攻击。因此,专利侵权诉讼中的防守策略是企业应该掌握并经常运用的。专利侵权诉讼攻击的防守策略主要是针对他人提起诉讼攻击,如何有效地破除危机,将损失降低到最小,甚至是采取对策反守为攻。

1. 反击对方专利的弱点

企业一旦遭遇到竞争对手提出的侵权诉讼攻击,首先应及时对被指控侵权的专利进行调查。调查内容包括该专利是否已经授权、授权的地域范围、是否已经过期或者失效。其次,要对专利申请过程进行调查,分析该专利的技术特征及其保护范围,尤其是要利用专利制度中的禁止反悔原则,将专利权人在专利申请的审批、专利权撤销或无效宣告程序中,为确立其专利的新颖性或创造性,通过书面声明或者文件修改,对权利要求的保护范围做了限制或者部分放弃,并因此获得了专利权的情形下其专利的保护范围。然后通过对自身使用的技术进行分析,提炼技术特征后与对方专利的保护范围进行比较,从而确定自己是否侵权。最后,要对相关的现有技术进行可专利性检索,挖掘对方专利无效的证据,如找出对比技术证明被指控侵权的专利缺乏新颖性或者创造性,从而主张对方专利无效或者部分无效。

2. 利用实体规定摆脱诉讼

如果在应对专利侵权诉讼的过程中,企业找不到对方专利的弱点,初步确立侵权事实后,也可以寻求实体法的规定,对诉讼请求进行抗辩。首先,企业可以利用自己使用的技术是自由公知技术进行抗辩。如果企业使用的是与已有公知技术相同或者等同的技术,就不能认定为侵权,从而摆脱诉讼。其次,企业可以通过证明自己使用相关专利的情形是法律规定的不视为侵权的情形,如我国专利法中规定的在先使用、临时过境、权利耗尽等情形。最后,证明自己的使用属于合法使用,如通过证明是基于合法的委托开发合同、合作开发合同、许可使用合同、专利转让合同等原因的使用来脱离诉讼。

3. 寻找诉讼程序上的漏洞

企业在应对对方专利侵权诉讼的进攻时,不仅要从实体法上寻找根据,同时,应该善于利用诉讼法上的程序性规定牵制竞争对手,尤其是当竞争对手在诉讼程序上存在漏洞时,企业有时可以借此摆脱诉讼。首先,被诉企业可以提出管辖权异议,避免竞争对手利用管辖法院实行地方保护主义,同时可以到对自己有利法院应诉,节约诉讼成本,增加竞争对手的诉讼成本,有时甚至可以迫使对方放弃诉讼。其次,被诉企业可以对诉讼主体资格提出质疑。既可以对竞争对手的原告资格提出异议,从而消灭对方的起诉权,同时也可以通过证据证明自己不是适格的被告,从而摆脱诉讼。再次,被诉企业可以利用对方的懈怠,主张诉讼时效已过,从而可能驳回竞争对手提起的诉讼,避免诉讼上的纠缠。最后,被诉企业可以对对方提出的证据进行质疑,增加对方的诉讼成本,有时可能因为对方诉讼证据上存在的不足,而使得对方提出的诉讼事实或者诉讼请求不成立,使自己免于诉累。

4. 积极行使诉讼权利

被攻击的企业如果通过对专利及被控侵权的技术进行检索、分析,并在证据调查的基础上进行了全面的法律分析,发现自己确实侵权。此时,被诉企业最重要的是如何降低对方提出的侵权赔偿数额,避免企业因此遭受的巨大损失。一般来说,企业可以从以下几个方面降低专利侵权诉讼的赔偿数额。首先,企业应该正确地评估自己侵权的程度,包括确定侵犯竞争对手专利权的类型、侵犯对方指控侵权的专利中哪些有效的专利及其数量以及这些被侵权的专利哪些权利要求等,在确定了侵权事实及程度的基础上与对方谈判。其次,可以通过质疑对方提出的赔偿请求证据,包括对方提出的遭受损失的证据、被诉企业获利的证据等。最后,可以通过举证证明自己使用专利技术或者销售、进口专利产品是基于善意,从而达到降低赔偿数额的目的。

5. 积极分析和解的可能性并促成和解

被专利侵权诉讼攻击的企业,应该在诉讼攻击战打响之初,积极分析和解的可能性,并采取有效的措施促成和解,从而避免在诉讼中消耗漫长的时间和巨额的费用。如果提起专利侵权诉讼攻击的企业提出的诉讼赔偿数额并不是漫天要价,而且该企业在该领域的市场占有率不高,甚至没有进行相关产品的经营,那么,该竞争对手提起侵权诉讼的目的很可能就是要求对方支付许可费或者希望与对方进行专利技术的交叉许可合作。如果对方提出的赔偿数额相当大,该企业的市场占有率也比较高,那么,该竞争对手提起侵权诉讼的目的就很可能是要求对方退出相关市场,从而达到垄断市场的目的。前者具备了谈判和解的可能,而后者基本上没有谈判和解的可行性。被攻击企业在确立采用诉讼和解策略应对后,就可以采取积极的措施促成双方的和解。首先,企业应该主动要求合作,并根据本企业的优势和对方企业的需求恰当地提出和解条件。其次,如果对方在提起侵权诉讼之初不愿意和解,可以利用专利无效的反诉来拖延诉讼时间。最后,被诉企业可以利用自己拥有的专利,向对方发动专利侵权诉讼攻击,达到以战促谈的目的。

第五节 专利池与技术标准

近年来,技术标准越来越多地涉及技术专利,技术专利已逐步成为技术标准的重要主体。在信息技术等高技术领域,在技术专利基础上创立技术标准,引导产业发展,谋求技术标准带来的垄断利润,已成为发达国家和跨国企业重要的竞争手段。为简化标准中专利的许可,加速标准的产业化,标准联盟主要以专利池运营拥有的技术专利,专利池在标准创立及产业化中扮演着日益重要的角色。

一、技术标准与专利

根据《技术性贸易壁垒协定》的定义,技术标准是指经公认机构批准的、非强制执行的、供通用或重复使用的产品或相关工艺和生产方法的规则、指南或特性的文件。有关专门术语、符号、包装、标志或标签要求也是标准的一部分,是指一种或一系列具有一定强制性要求或指导性功能,内容含有细节性技术要求和有关技术方案的文件,其目的是让相关的产品或服务达到一定的安全要求或市场进入的要求。技术标准的实质就是对一个或几个生产技术设立的必须符合要求的条件以及能达到此标准的实施技术。它有两层含义:(1)对技术要达到的水平划了一道线,只要不达到此线的就是不合格生产技术;(2)技术标准中的技术是完备的,如果达不到生产的技术标准,可以向标准体系寻求技术的许可。从而获得相应的能够达标的生产技术。

技术标准涵盖范围较广,分类标准较多,既可以按技术标准的对象分类,也可以按照其适用范围、约束力以及产生过程分类。技术标准的适用范围代表了技术标准所能有效发挥作用的空间和部门等,反映了技术标准的影响力。技术标准的约束力反映了国家或行业对该类技术标准的认可度。标准的产生过程指技术标准产生是由机构制定的还是由市场选择的结果。其中,法定标准是由正式的标准化组织制定的标准,如 ISO、ETSI、IEC 等建立的标准。事实标准是由单个企业或者多个联合制定的,通过在市场竞争中确立了主导和优势地位,从而形成了事实标准。随着技术构成的日益复杂化,单个企业制定一项事实标准的几率越来越小,事实标准更多的由多个企业组成的标准联盟共同制定。

传统意义上,标准与技术专利是相互对立的。标准追求公开性、普遍适用性,其目的是为了获得最佳秩序以及共同的利益;专利是一种具有排他险和绝对私有性的产权,专利权人追求的是自身利益的最大化。在经济全球化的影响下,技术标准日渐成为发达国家主导产业发展、保持技术优势的工具。当前,国际产业竞争已呈现出技术专利化、专利标准化、标准许可化的趋势。技术标准战略被看做是企业实施知识产权的最高层境界,是最高级的知识产权战略。以专利为支撑的技术标准许可能够为标准拥有者带来巨大的经济效益,他们一方面可以通过技术标准中融合的专利特权,收取其他想进入标准领域的企业的专利费;另一方面可以通过技术标准垄断市场,赚取超额利润。这也就是人们所说的,谁掌握了技术标准的制定权,谁就掌握了市场的主动权。因此,专利和技术标准的结合是很多企业所希望的也是为了保持不败之地或继续获取高额利润而不得不选择的结果。把标准和市场捆绑在一起已经成为了经济全球化过程中不可阻挡的趋势。

二、专利池

(一) 专利池概述

专利池,也称为专利联盟,是指两个或两个以上的专利权人达成协议,相互间交叉许可或向第三方许可其专利的联营性组织。[①] 专利池按照其许可方式,可分为开放式专利池和封闭式专利池。开放式专利池中的专利不仅可以在专利池成员之间通过交叉授权以实现共享,且专利池外的企业通过支付一定的费用也可获得专利使用的许可;而封闭式专利池是指专利池中的专利只供专利池内部成员使用,而不对外许可。当前,大部分专利池均为开放式专利池,为简化许可程序,通常采取一站式打包许可策略,即将所有专利捆绑在一起统一对外许可,并采取统一的收费标准。

---

① 张米尔等:《技术标准背景下的专利池演进及专利申请行为》,载《科研管理》2012 年第 7 期。

世界上最早的专利池,是1856年在美国出现的缝纫机专利池。20世纪90年代末,在技术标准大量引用技术专利的背景下,专利池作为标准中专利许可的重要主体进入快速发展时期。当今高新技术领域的主要技术标准下大都建立了一个或多个专利池。国外技术标准下的专利池,如DVD/3C、6C和MPEG-2、MPEG-4、MP3等早已进入我国向国内企业收取专利费。2000年,国际电信联盟确定WCDMA、CDMA2000和TD-SCDMA为3G国际标准,其中TD-SCDMA是中国通信领域第一个拥有自主知识产权的国际标准,是中国百年电信技术史上的重大突破。①

专利池的出现是科技发展和专利制度结合下的必然产物。尽管争议不断,但无论是支持者还是反对者都不否认专利池的存在具有积极作用。专利池最重要的作用在于它能消除专利实施中的授权障碍,有利于专利技术的推广应用。不同的专利之间存在三种关系:障碍性关系、互补性关系和竞争性关系。障碍性专利往往产生于在先的基本专利和以之为基础后续开发的从属专利之间,从属专利缺少了基本专利就不可能实施。相反,基本专利没有从属专利的辅助往往难以进行商业化开发。因此,障碍专利之间的交叉许可就显得十分必要。互补性专利一般是由不同的研究者独立研发形成的,二者之间互相依赖,各自形成某项产品或技术方法不可分离的一部分。同障碍性专利一样,互补性专利也需要相互授权才能发挥作用。竞争性专利(替代性专利)是指在某项发明实施过程中可以相互替代的专利,二者是非此即彼而不是互为依存的关系。对于竞争性专利,一般认为,如果它们存在于同一专利池中,将会引发垄断的问题。因此,排除竞争性专利进入专利池成为反垄断机关审查专利池的重要内容之一。而对于障碍性专利和互补性专利,如果将其放入同一专利池中,将会消除专利间互相许可的障碍,从而促进技术推广。专利池的另一显著作用是能显著降低专利许可中的交易成本。专利池对其他厂商实行一站式打包许可,并采用统一的标准许可协议和收费标准,从而被许可厂商不必单独与专利池各成员分别进行冗长的专利许可谈判,极大地节约了双方的交易成本。专利池还能减少专利纠纷,降低诉讼成本。专利池成员间的专利争议可通过内部协商解决,而无需对簿公堂。专利池所拥有专利的清单以及被许可厂商的名单都会公布于众,一旦有厂商侵犯专利权会很容易被查出,同时也减少了间接侵权的发生。专利侵权行为的减少意味着专利诉讼的减少。并且,即使出现了专利纠纷,专利池作为一个整体代表专利池成员参与诉讼,可使诉讼过程大为简化。由于专利诉讼的成本高昂,动辄上百万美元,因此专利池形式可以极大地节约诉讼双方的诉讼成本,不但减轻了企业负担,也避免了社会法律资源的巨大浪费。

---

① 朱雪忠等:《技术标准下的专利池对我国自主创新的影响研究》,载《科研管理》2007年第2期。

(二) 专利池管理

1. 专利池组建

一项标准或技术会涉及许多专利,但最终进入专利池的只能是其中的必要专利,这既是标准化组织的政策,也是各国反垄断部门的要求。在构建专利池之前一般都要进行专利评估,以确定哪些专利是可以放入专利池中的必要专利。一项专利技术一旦入选为必要专利,专利权人就可借此获得交叉许可和分享对外许可收益的资格,因而专利评估的结果对各专利权人而言关系重大。为了保证评估结果的公正性和合理性,评估工作一般交由独立的第三方执行。评估的结果并非一成不变,随着专利授权情况和技术的变化,评估机构需要不断地进行技术跟踪和评估。超出有效期的专利会被清除出专利池,新授权的必要专利会被加入。因此,专利池中的专利数量会不断变化,专利池的成员也不断调整。一般而言,专利池中的专利数量和专利池成员数会逐渐增长。以 MPEG-2 专利池为例,MPEG-2 的必要专利由专利池成员协议成立的独立的专利管理机构 MPEG-LA 负责组织专家评估,MPEG-LA 最初检索了 8000 多项美国专利摘要,评估了 100 多个专利所有人所拥有的逾 800 项专利,最后确定其中的 27 项专利为必要专利组成专利池。后来由于法国电信、日立等公司的加入,专利池中的专利增加到 230 项。WCDMA 联盟必要专利的评估工作交由一个独立的第三方机构——国际专利评价协会(IPEC)执行。该协会目前由中、日、韩、英、法、意、德、美等国的 13 个国际专利法律公司联合构成。专利评估按照业界定义的方法进行,对其中的每一项评价由三个专利律师承担,评估过程必须是可信并为业界所承认。

2. 专利池许可

专利池的专利许可政策一般由专利池成员协商制定,但同时受到多种因素的影响和制约,除了需要满足反垄断法规的要求外,还受制于标准化组织的有关政策,甚至直接由标准化组织制定。专利池的专利许可政策主要包括知识产权许可的基本原则、许可费标准以及许可方式等。

(1) 专利许可原则。在专利池内部通常遵循平等原则,专利池成员无论专利数量多少其地位一律平等,每一项必要专利无论其作用大小,也平等对待,这是因为专利池中任何一项专利都是技术实施中必不可少的专利。成员间一般相互交叉许可,对外许可收入则主要根据各成员所拥有的专利数量按比例分配。

专利池的对外专利许可一般遵守"FRAND 原则",即"公平、合理、非歧视原则",这也是许多标准化组织与反垄断机关的原则要求。公平原则要求专利池不得无故拒绝许可以限制新的厂商进入;合理原则要求许可条款特别是专利许可费率应当合理;非歧视原则要求专利池对任一被许可厂商应当一视同仁,不得因为所属国别、规模大小等原因而厚此薄彼或拒绝许可。例如,3GPP、ETSI、和

CWTS 等标准化组织在它们的知识产权规约中规定了许可的 FRAND 原则。

（2）专利许可费标准。专利池对外许可一般执行统一的收费标准，这也是非歧视原则的体现。为了确定合理的专利收费标准和专利池成员间的分配比例，专利池需要确定一套专利许可费收取和分配的计算方法。这些方法一般包括成本累积法（Cost Approach）、市场比价法（Market Approach）、所得估算法（Income Approach）等等。实践中，专利许可费率通常不超过专利产品净售价的 5%。在标准化组织越来越强势的今天，专利池的知识产权许可收费常常受标准化组织事先限定。例如 3G 标准化组织"第三代合作伙伴计划"3GPP 试图扮演专利权人和 3G 厂商间的协调角色，不仅组织必要专利评估，还制定专利费的计算方法并限定最高专利费率。

（3）专利池管理机构。专利池对外通常实行一站式打包许可，由一个专门的知识产权管理机构负责相关事务。管理机构不仅全权代表专利池统一对外许可，还负责处理有关专利纠纷谈判和诉讼事务。管理机构的设立一般采用两种方式：一种是由专利池另行成立专门负责知识产权管理的独立实体，专利池成员首先与该独立实体签署专利授权协议，再由该独立实体统一负责知识产权许可事务，例如，MPEG-2 专利池设立的 MPEG-LA、DVD 6C 专利池设立的 DVD6C-LA 就是这样的独立实体，二者都采用有限责任公司形式；另一种是不另设独立机构，而是由专利池委托其部分成员代表专利池负责知识产权管理，DVD 3C 就采用这种方式，该专利池委托其成员之一的飞利浦公司统一负责知识产权许可事务。

3. 应对专利池滥用

现代专利池是知识产权与技术标准结合的产物，这种结合赋予专利池极强的市场支配力量，增加了其滥用知识产权的危险。面对国外专利池的挑战，应当从以下几个方面着手应对：

（1）中国应当加紧建立规制专利池的反垄断机制。在我国《反垄断法》已经出台，同时《专利法》《专利法实施条例》及相关的法律解释中宜增加规范专利池的条款。此外，还应当借鉴美国的经验，制定相应的行政规章并明确相关的监管机构，规范专利池在中国的活动，改变目前国外专利池在中国"无法无天"的现状。①

（2）加强相关企业间以及企业与政府间的协调。实践证明，如果企业联合起来与国外专利池进行专利费率和许可条款的谈判，效果往往比企业单打独斗强得多。因此应当积极发挥行业协会、企业联盟和政府相关机构的作用。例如，中国电子音响工业协会（CAIA）曾代表中国 DVD 企业参加 DVD 专利池收费谈

---

① 彭双五：《专利池滥用及其反垄断规制》，载《南昌大学学报（人文社会科学版）》2012 年第 5 期。

判,第三代移动通信标准的专利池收费谈判则由信息产业部的电信研究院代表中国企业出面。用一个声音说话,无疑将增加我方在谈判桌上的力量。

（3）企业要加强自主创新。力争在核心技术的研发上取得突破,获取更多的自主知识产权,以增强在技术标准和专利池中的发言权。通过自主创新,掌握核心技术,就可以绕过国外的专利池或者加入专利池以获得交叉许可。只有这样,我们才能彻底改变目前的被动局面,从根本上遏制国外专利池的知识产权滥用。

推荐阅读

1. 牟萍:《专利情报检索与分析》,知识产权出版社2012年版。
2. 杨铁军:《企业专利工作实务手册》,知识产权出版社2013年版。
3. 詹映:《专利池管理与诉讼》,知识产权出版社2013年版。

第五章 商标权管理

要点提示

本章重点掌握的概念：(1) 商标、品牌和其他商业标识别概念及关系；(2) 商标权、企业商标权管理概念及管理环节；(3) 企业商标获取管理、驰名商标认定因素在获取管理中的应用；(4) 企业上报获取流程、商标选择标准、商标商号来源选择；(5) 商标经营管理、商标使用、商标授权与租赁、商标转让、地理标志。

本章知识结构图

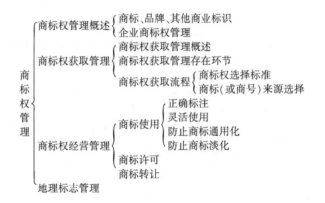

引导案例

美国耐克公司一直以"just do it"广告语诠释其价值与主张，进入中国市场后也不例外。比如，2001年，耐克在中国市场大力推销美国说唱音乐，希望美国街头音乐在中国得以发扬光大。中央电视台综艺节目《中国好歌曲》节目最近一期节目中一名说唱音乐写曲人以其撰写的独特说唱歌曲打动了几大音乐巨头。如今，穿着耐克鞋哼着说唱歌曲的人越来越多，自由和个性在其中张扬。一位中国DJ在一片说唱音乐声中说道，"或许政府并没有大力推行说唱或者其他街头文化，但是，没有问题，我们只要自己去做就可以了！"这正是耐克那句经典广告词所要表达的内涵——"Just Do It"——只管去做！Just do it 与耐克品牌同时出名了,然而 Just do it 并不是商标,只是广告标语,其中蕴含的巨大商业利益无法获得我国法律的保护。如果你要为 just do it 的知识产权保护扼腕叹息就错了,耐克公司自己扭转了不利局面,开始在市场上销售 just do it 童装,just do it 摇身一变成为耐克旗下新的服装品牌,摆脱了广告标语的尴尬身份,just do it 因其在中国媒体上的宣传,因其驰名程度,已经符合驰名商标认定的各种条件了。这就是企业商标权管理的核心运用您能运用的各种方法保护好您标识中产生的巨大商业利益。

21 世纪的企业竞争是品牌的竞争,我国企业要想在国际市场上站得住,必须迎接挑战,奋起直追,形成一批对国民经济发展影响大、对相关行业带动性强、有竞争力的中国名牌产品,打造"中国制造"的品牌形象,在全球化市场竞争中知难而上,奋勇争先。商标是企业品牌的核心,因此,加强商标权的管理,对企业参与市场竞争至关重要。

第一节 商标权管理概述

一、商标、品牌、其他商业标识

(一) 商标

狭义上商标是商品生产者、经营者在其生产、制造、加工、拣选或者经销的商品上或者服务的提供者在其提供的服务上采用的,区别商品或者服务来源的,由文字、图形或者其组合构成的一种显著标志。商标的定义在我国商标法及国际公约的有关规定中均有体现。根据《商标法》(2013 年修正案)第 8 条任何能够将自然人、法人或者其他组织的商品与他人的商品区别开的标志,包括文字、图形、字母、数字、三维标志、颜色组合和声音等,以及上述要素的组合,均可以作为商标申请注册。Trips 协定第 15 条规定:"任何标记或标记组合,只要能区分企业的商品或服务就可以作为商标。"

从上述规定可以看出商标一般用文字、图形、颜色、声音或者其组合,并置于商品或商品包装上、服务场所或服务说明书上,用于标示产品或服务的出处。由此可总结出商标的如下特征:

(1) 商标是有形的符号;(2) 商标是商品或者服务的标记,而且是区别不同商品生产者、经营者或商业服务提供者的商品或服务的标记;(3) 商标是具有显著性的便于识别的标记。显著性是商标必须具备的基本特点。根据《商标法》(2013 年修正案)第 11 条的规定,缺乏显著特征的标志不得作为商标注册。不具备显著性的商标,无法实现区别商品或服务来源的基本功能,也就无法作为商标注册受到法律保护。《商标法》第 11 条列举了系列不得作为商标注册的商业标记:仅有本商品的通用名称、图形、型号的;仅仅直接表示商品的质量、主要原料、功能、用途、重量、数量及其他特点的;缺乏显著特征的等。又如拼音用于企业名称中也无法获得法律保护。注册商标的定义与特征充分揭示了商标与其代表的产品或服务间的联系来源于法律之认可,与消费者心理因素无关。

值得注意的是《商标法》(2013年修正案)中关于未注册商标相关规定及《最高人民法院关于审理不正当竞争民事案件应用法律若干问题的解释》中关于"经过使用取得显著特征的,可以认定为特有的名称、包装、装潢"的规定则将消费者心理认同因素纳入了考虑之中;《商标法》(2013年修正案)第14条(1)款认定驰名商标应考虑的第一因素是"相关公众对该商标的知晓程度",该条明确地将消费者对商标的心理认同度规定为驰名商标认定因素。该条第(2)(3)款分别规定"该商标使用的持续时间","该商标的任何宣传工作的持续时间、程度和地理范围",这两款表面上与消费者心理因素无关,实际上是以消费者心理因素为基础所做的立法技术处理。当商标在一定地理范围内持续使用或宣传一段时间必须会导致商标在相关公众中的知晓度。由此《商标法》实质上已纳入消费者心理因素,在此意义上商标带有品牌意义。

广义上商标应包括企业字号或商号。世界知识产权组织(WIPO组织)给商标所下定义则多了一层含义,商标也可以是"区别某一工业或商业企业"的标志。为避免混淆本书提及商标时将采用狭义的定义。从企业角度出发,世界知识产权组织将企业商号纳入商标范畴自有其道理,商标、商号均隶属商业标识范畴,都能为企业带来标识利益。此外在市场经济中能为企业带来标识利益的还有其他商业标志,如域名、商业外观、品牌等等都是容易与商标混淆的概念。

(二) 品牌

品牌是企业根据顾客品牌识别需要而创造的一个(或一群)卖主或其商品或劳务的名称、术语、记号、象征或设计,或其组合,既是符号又是标记,能够代表顾客或一般公众对企业、商品或服务认识的总和,可用以区分一个(或一群)销售者或其商品与服务。从品牌概念揭示出以下几点:(1) 品牌是产品、服务或企业的标志,能用于区别商品或服务的来源;(2) 品牌是外部可感知特征与深层内涵经由顾客心理认同构成的有机协调整体;(3) 品牌外部可感知特征表现为一种集合概念,涵盖商标与其他商业标识外部表征。

品牌源自顾客心理认同。品牌作为企业、商品或服务的标志,具有外部可感知特征,表现为一种集合概念,可以包括名称、术语、记号、象征或设计,或其组合等各种从外部可感知的事物。品牌深层内涵是企业、商品或服务的各种元素给顾客留下的整体深刻印象。当具有一定表征的品牌附着于企业、商品或服务之上,譬如品牌附着于产品、产品包装、产品说明书、服务宣传册、企业建筑等物体之上时,经历一定时期后品牌与其附着的产品、服务、或企业为顾客熟悉,当顾客想到某个产品、服务或企业时,会用具有一定表征的品牌指代即完成把品牌内涵投射到外部表征上的心理过程,与品牌建立心理联系,品牌即告形成。不同的企业、商品或服务表现各不相同,顾客对代表它们的品牌也会有不同印象,品牌就可以区分其代表的不同商品与服务来源。品牌与商标都能标示商品来源,人们在日常生活与商业活动中常混同使用,实际上它们虽有一定联系也有很大区别。

从不同角度观察品牌与商标可发现不同联系。二者的内涵与外延显示:它们有某些相同表征,或者说从外部特征观察商标也是品牌集合概念中的一种。商标可以是文字、图形或其组合,品牌也可采用上述文字、图形或其组合作为标记;从深层内涵察之,商标可发展为品牌,有些品牌也可寻求商标法的保护,成为商标权客体。从企业角度出发,品牌与商标功能互为补充。品牌具有多种功能可带给企业资金、忠诚顾客、溢价等多种价值。商标可使企业充分享有品牌价值,为企业进行品牌交易提供确权证明,为企业品牌的发展设置充分自由享受权利的空间,具体包括事先确权功能,事中保护商标权人与禁止他人在相同或类似商品或服务上使用相同或近似商标的功能,事后为企业提供法律救济等。当企业把商标名称或图案做品牌类运作,品牌与商标互补功能双方才能实现。

品牌与商标差别极大,主要表现在以下几方面:

1. 品牌与商标是不同领域的概念

品牌是管理学、营销学、传播学中的术语,与营销学发生直接联系,是企业成功营销的结果。商标是纯粹的法律概念,按照一定法律程序注册商标就告存在,不一定能代表人们对商标背后的产品、服务或企业的认识。商标的外在显著性,只是保证不同商标有不同的外部特征,并不要求人们看到商标时一定了解商标所代表的商品或企业情况。

2. 品牌与商标获取方式不同

商标获取相比品牌获取简单得多。商标取得分原始取得和继受取得,通常只要符合相关法律条件即可获取商标专有权。品牌诞生与法律无关,但远比商标注册复杂,它是成功营销的产物。塑造品牌需要对品牌进行整体营销策划,制定各种策略并保证这些策略的有效实施品牌才可能诞生。

3. 品牌与商标存在形态不同

品牌包括表层与深层元素,且外在表现形式呈现多元化特色;商标不需要具有内在涵义即可成为商标,外在形态也只有商标法中列举的少数几类。

4. 品牌与商标诞生与终结的时间、方式不同

商标取得时,品牌不一定形成。比如企业拥有的多个商标如果闲置不用显然不可能是品牌。但曾经演化为品牌的商标,即使不再使用,依然可以存活。三峡洗衣机就是典型的例子。原重庆洗衣机总厂在1981年注册"三峡"牌洗衣机商标,该商标在20世纪80年代到90年代初享誉全国,后因种种原因在市场上

很少见到"三峡"洗衣机,当2004年"三峡"洗衣机重新投放市场,在短时间内,就赢得了1000万元的订单。这是因为"三峡"原有的名气,才使得新产品投放市场非常顺利。① 显然"三峡"洗衣机尽管闲置多年,但很多公众依然对其记忆犹新。理论上只要品牌名称或标记与其代表的企业或产品要素在消费者心中牢牢联系在一起,品牌依然能活在消费者心中。

品牌在市场上消失或拥有品牌的企业破产,商标仍然可以有效。譬如,奥妮公司破产"奥妮"商标仍然拍卖价格极高。"白猫""活力28"被竞争企业雪藏的品牌,即使逐渐淡出老顾客的记忆被消费者彻底遗忘,但只要它们未被撤销,依然可以是受法律保护的商标。

品牌可以不是商标,知名品牌也可以不是注册商标。Merinda案例生动展示了品牌与商标在诞生与终结方式上的区别。美年达本是重庆知名饮料品牌,但它从来不是商标。20世纪90年代后期,百事可乐收购雪藏美年达后,美年达进入重庆人尘封的记忆。几年前百事公司为美年达取英文名Merinda重新推广,美年达又出名了,但它并不是注册商标,最有力的证据是无论是"Merinda"还是"美年达"出现在产品包装上时,名称后标注的是TM。还有些企业的logo人所皆知,看到这些logo很多人都可以回想起相关产品或企业的情况,已经成为可代表企业的品牌了,但这些企业依然没有将它们注册为商标。

5. 品牌种类与范畴大于商标

品牌是集合概念种类繁多,其种类远远大于商标范畴,声音、动态图像、瓶子外形、广告中经典画面、产品包装、商号、网络域名、商品名称等等东西都可以是品牌。商标的范围显然狭窄得多,只有文字、图形、字母、数字、三维标志、颜色组合、声音等可外部感知标志才可能成为商标。实践中商标有以下基本形式:单独由文字构成的商标、单独由字母构成的商标、单独由图形构成的商标,比如"麦当劳"是一个大大的"M",可口可乐还有一个商标使用的是瓶子的图形;组合商标可以是文字、数字、字母和图形任意两个或两个以上的元素组合而程,比较多见的是文字和图形的组合,比如葡萄酒中比较有名的"长城"商标是由中文长城加长城图形构成的圆形图案。老干妈商标有个人头像加"老干妈"文字构成,组合商标因为内涵比较丰富,正在成为商标注册的申请趋势;用三维标志和颜色组合来注册商标,这是商标修改后增加的商标构成元素。当然随着科技的发展,商标种类也将逐渐扩大。②

6. 品牌内涵大于商标

品牌指带有一定外部特征并可代表企业和产品各种要素,获得顾客广泛认

---

① 邹辉:《三峡洗衣机将重出江湖》,载《重庆晚报》2006年9月26日。
② 王渝:《从普通商标到驰名品牌》,法律出版社2007年版,第16—17页。

同的标记。商标无需获得顾客的认同,也不一定要代表企业和产品的各种要素,只要具有一定外在显著性,能获得注册许可就可以了,至于某个商标涵义若何通常法律并不虑及。

7. 品牌与商标价值源泉不同

品牌价值来源于企业经营活动对顾客、公众等各方人士心理的影响,以及顾客、公众或其他利害关系方对品牌的心理认同;商标价值来源于法律或行政手段上的注册与认证,即使现在法律在一定范围内也保护非注册商标,但商标权利人依然要能提供证据证明自己的权利主张,否则商标所有者将面临丧失合法利益的可能。

8. 品牌与商标的保护方式不一致

商标只需要利用好商标法及相关规定就可以获得很好保护。品牌依靠单一的法律无法获取全面的保护,常常需要综合动用相关法律,甚至其他方法才能给予品牌全面保护。这是因为企业常常把品牌名称或标志注册为商标,但是还有很多带标识利益的品牌种类对企业具有重要意义企业却无法将其注册为商标。

9. 品牌与商标发挥功效的方式不同

品牌通过产生心理作用,帮助消费者培养有利于品牌的正面态度或行为,从而指引各类消费者行为;商标产生法律或行政垄断,排除非权利人行为,保护权利人行为。商标实际上是给品牌的发展提供了一个生存与发展的权利空间,在此空间内品牌要如何运作,其他任何人均不得干涉,而且一旦侵犯品牌商标所有者权益,还将承担法律后果,但商标在给品牌提供了保护藩篱后,并不关注品牌在此藩篱内能发展成什么模样。品牌在自己空间内的发展还要取决于企业品牌运作等多方面的因素,能够产生什么结果则要在具体情形下具体分析。

(三) 其他商业标识

商业标识是指经营者在商业活动中使用的、具有识别功能的各种标记的统称。其他商业标志指商标以外的商业标志。企业在经营过程中使用的能够发挥识别作用的商业标记种类繁多,只要具有标识功能,能帮助顾客辨别一定的产品、或服务来源都属于商业标志。商业标志不同于注册商标,情况比较复杂,是否受法律保护,以及受法律保护的程度均有所不同。其中有些商业标识可直接获得商标法等法律保护。商品商标、服务商标;驰名商标、集体商标、证明商标;知名商品特有的名称、包装、装潢;企业名称;认证标志、名优标志等质量标志;商号、地理标识(原产地名称)[①]、外观设计(获得专利的)、域名等,等都可受我国现行立法保护。有些商业标志虽然是未注册商标,但是也可获取法律保护。我国商标法实行自愿注册制度,因此市场上使用的商标必然有一部分是未注册的。

---

① 参见《反不正当竞争法》第 5 条规定。

商品装潢、特有名称等标识，凡能够起到识别来源作用的，都属于"商标"，在满足一定条件下，这些未注册商标可以获得商标法或者反不正当竞争法的保护。[①] 还有些商业标志落于法律保护之外。譬如标语、广告用语、商品化角色等能够标识商品或服务来源的标记都不是知识产权的对象，不受我国现行立法保护。

二、企业商标权管理

（一）商标权定义

商标权是指商标使用人依法对所使用的商标享有的排他性权利。是商标注册人依法支配其注册商标并禁止他人侵害的权利，包括商标所有权人对其商标的排他使用权、收益权、处分权、续展权和禁止他人侵害的权利。商标权的对象以注册商标为主，同时包括未注册商标。商标法主要保护注册商标专用权，有条件适度保护未注册商标。

在市场上，能转化为品牌的商标可以成为市场竞争的利器，拥有这样的商标就能利用商标帮助企业吸引顾客，维护顾客忠诚度，占领市场份额等。商标权是一种无形资产，具有经济价值，市场价值，可以用于市场竞争、抵债、依法转让、实施许可等。由此如何获取、经营、维护、管理商标权就成为企业关注点之一，对于那些拥有商标比较多，或者依靠商标对外拓展的企业而言，商标权管理就成为企业重要工作内容之一。

商标之外的其他商业标志若能转化为品牌，也能成为权利人市场竞争的利器，带来与商标类似的利益。在知识产权法学研究中有一个和商标权联系紧密的概念，标识类知识产权，指人们对其创造的商业标志依法享有的权利。标识类知识产权的对象是包括商标在类的各种商业标志，我国只有保护商业标志的各类立法，没有在各种商业标志法之上规定上位概念——商业标识，更没有以其为基础颁布专门的标识类知识产权法。从企业管理角度出发，不得不论及"标识类知识产权"，相比法律的规定，企业更在意自己创造的标识利益是否能得到合法有效的保护，企业会在是否能得到保护的层面在意法律的相关规定，以及能否充分利用这些规定保护自己的利益并规避风险，或者能否利用这些法律法规配合企业竞争战略攻占市场层面关注法律相关规定。"随着市场经济和国际贸易的发展，商业标识类知识产权越来越得到人们的重视，凸显其无形财产的价值属性，由此引发的国际贸易争端和商业标识权利冲突频频发生。"能给权利人带来标识利益，具有财产价值。企业具有逐利性，自然不会放弃自己创造出来的具有财产价值的任何标记。因此从企业角度谈商标权，很容易突破商标权法律意义上的定义，进而扩大到标识类知识产权范畴，因为有很多因素可能导致这种结

[①] 张玉敏、张今、张平：《知识产权法》，中国人民大学出版社2009年版，第343页。

果。重庆磁器口陈昌银陈麻花对陈麻花的保护策略就是典型的例子。由于种种原因陈麻花三字无法注册为商标,但是陈麻花的确是磁器口最有名的小吃之一,是磁器口最有名的品牌之一,能给企业带来巨大的经济利益。换言之,陈麻花就是标识利益产生的关键,陈麻花生产厂家只有获得了陈麻花三字的商标权才能独享陈麻花品牌带来的巨大利益。基于这三字难以注册为商标,生产陈昌银陈麻花的企业将陈麻花三字作为企业字号登记注册并获得了批准,希望通过知名字号保护方式独享陈麻花三字产生的经济利益。在该案例中企业希望保护自己创造的标识利益时,其关注点就不再限于商标法,而扩展到了企业字号,当然这也反映出拥有了知名品牌一定要转化为能够在法律上独享的权利,否则很可能是为他人作嫁衣裳。但囿于篇幅限制,本章主要介绍商标权。

(二) 企业商标权管理

1. 企业商标权管理定义

按管理主体不同,商标权管理可分为两类,一是一国对本国所拥有的商标权进行的管理,二是企业对其享有的商标权进行的管理。本书中所称企业商标权管理指企业对商标权进行的管理,是对企业创造、保护、运用商标权进行的全程管理。

企业商标权管理活动散见于企业多种经营管理活动中。企业获取商标权的过程就是企业创造商标权的过程,企业可以自行注册商标,也可以通过商标转让或许可等方式取得商标所有权或使用权。企业获取商标之后,将其运用于各种企业运营活动中就是企业运用商标权的过程,而企业保护商标权的过程则既可能散见于企业获取或运用商标权的过程,又可包括商标权相关诉讼过程或存在于其他涉及商标权的纠纷过程。对上述各种活动中商标权进行的管理,都属于商标权管理范畴。

企业商标权管理过程必然包括上述各环节。企业获取商标权的过程是企业商标权管理的基础与起点。张玉敏教授认为"知识产权保护有所谓的第一次保护和第二次保护之说。所谓第一次保护,指的是依法确认或授予知识产权,严格地说,这应当叫做对技术发明、作品、商业标志和数据库等信息的保护,而不是对知识产权的保护。第二次保护指的是当依法取得的知识产权受到侵犯后,法律对权利人提供的救济。"[①]该文中企业获取商标权的过程是企业设法获取第一次保护的过程,在此过程中企业必须为已经创造或将要创造的标识利益选择商标权获取方式,只有通过一定方式获取法律保护后商业标记联结的巨大经济利益才能为企业所拥有,才能真正运用于市场竞争中。企业获取商标权有两大途径,一是原始取得,譬如商标注册申请、外观设计申请、商号审批等;二是继受取

---

① 张玉敏、张今、张平:《知识产权法》,中国人民大学出版社,第31页。

得,譬如通过商标的实施许可,商标转让等方式获取商业标识的所有权或使用权。企业无论采取其中哪一种方式获取商标权,都是在为已经或即将产生的标识利益寻求法律的一次保护,通过合法拥有商业标识寻求市场竞争中的优势地位,从而获取企业追求的巨大经济利益。

创设商标权并非一劳永逸,已经获取法律保护的商业标识在企业运用过程中还有丧失保护的可能,必须确保该类商业标识使用符合法律的相关规定。譬如,前述陈昌银牌陈麻花案例,企业原本希望通过知名字号方式获取对陈麻花三字的独占使用权利,以这种方式获取保护必须确保字号本身知名,遗憾的是由于企业宣传失误没有强调陈麻花也是企业字号,很多消费者只知道陈麻花是一种好吃的麻花,知道陈昌银牌陈麻花是其中最好吃的品牌之一,却很少有人知道磁器口有家生产陈麻花的企业其名称就是磁器口陈麻花有限公司,即陈麻花作为一种食品很有名,作为一家企业字号并没有名气,这种状况最终导致该公司依然无法独自享有陈麻花三字带来的巨大利润。

2. 企业视角下的商标权管理

企业视角下商标权管理是以法律为核心工具综合多种手段对商标权中凝结的利益形成的全方位低成本高效力地综合管理。此时商标权管理工具呈现出多样化特点,既包括相关法律,也包括商业谈判、市场运作等手段。法律能够有效地保护商标权中凝结的标识利益,商业谈判、市场运作等非法律工具也可能具有相同的作用,如果这些工具使用起来更便捷、效果更高、成本更低或者混同使用效果最好,企业自然会采用其他工具或混合工具管理商标权。因此当我们考虑到企业盈利目的、管理效力,以及成本等问题,商标权管理就摆脱了单纯的法律视角转换成企业视角。企业视角下商标权管理依然会运用大量法律手段,但其目的并非简单地进行商标注册申请、许可、转让等活动,而是以法律为核心工具综合多种手段对商标权中凝结的利益形成一种全方位低成本高效力地综合管理。

企业视角下商标权管理按照管理目的可以分为三类,首先表现为运用法律武器保护已获取或即将获取的商标权中凝结的利益,用合法手段垄断市场,排除其他企业竞争;其次表现为按照法律规定的方式使用商标权,确保商标权不因使用不当丧失;最后表现为运用商标权中凝结的利益直接参与市场竞争。

企业视角下商标权管理早已不是简单适用法律的过程,管理内容更加广泛,管理方法更富有创意。商标权管理对象也更加广泛,不仅限于注册商标,还应包括未注册商标,以及其他商业标志,如商号、地理标志、域名、包装等,只要能带给企业标识利益,也将纳入保护范畴。一个声誉良好的品牌,顾客记住的不一定是商标,也可能是包装,也可能是外包装上显著的色彩、图案……,比如,可口可乐独特的瓶子外形、闪亮滴眼液的包装盒等,只要当顾客提到、想到某个品牌时某种外在标记成为了顾客的记忆线索,这种标记无论是什么,无论是否受到法律保护,都具会具有财产价值,都可以成为企业竞争工具,这些都将成为企业希望保护的利益。鉴于我国现行立法不能对各类商业标识都予以保护,能够受到法律保护的商业标志受保护的程度又不尽相同,其中商标受保护程度最重,而每类商业标识都代表着巨大的经济利益,企业视角下商标权管理必须考虑如何把企业创造的各种利益载体即商业标识尽可能都纳入法律予以保护的范畴,为商业标识背后代表的巨大经济利益开拓创新性的法律保护路径。此外商标权管理活动也涉及更多环节。譬如,可能涉及商标在使用过程中如何符合法律规定,确保商标权利人持续拥有该商标专有权。又比如,可能通过诉讼从而迫使商标侵权人与自己签订商标使用许可合同,而获取商标使用许可费用等。

第二节 商标权获取管理

一、商标权获取管理概述

商标权分原始取得与继受取得两大类,原始取得又分为使用取得和注册取得两种。商标权获取管理指通过计划、控制、协调等手段管理标识利益产生环节确保企业合法取得的标识利益能够受到商标法或其他手段的全面保护,置于企业合法垄断控制之中。该过程包括为企业选择商标权获取途径,以及在获取途径选定以后对相关法律流程的管理。

品牌范畴远大于商标范畴,商标法对商标的保护是各类商业标志立法中力度最强的一种,商标确权要充分考量企业创造的各类标识利益,以及这些标识利益的外部特征,尽可能把能够纳入商标法保护的商业标志用商标法保护起来,甚至要创造条件让其他商业标志能够获得商标法的保护。譬如,耐克在全球几十年来一直使用"just do it"广告标语,很多消费者看到该标语可以迅速想到耐克公司或耐克产品,但是广告标语在中国无法获得保护,耐克公司遂把广告标语"just do it"印在儿童T恤上作为商标使用然后将其注册为商标,仔细考量驰名商标相关法律条文及司法解释,不难发现这不仅是创造条件获取商标法保护的经典案例,更是创造条件获取驰名商标保护的典型案例。当实在无法用商标法保护时再寻求其他法律或非法律的手段保护商业标志。

企业自由合法独享企业运营过程中创造、发现或获得的标识利益并排斥他人使用是商标权获取管理的基本目的。为此商标获取管理必须遵循两大基本原则。

(1)为商标确权时要考虑如何利用现有法律或其他手段帮助企业预先杜绝未来可能发生的法律纠纷。企业要合法独享企业运营过程中创造、发现或获得的标识利益并排斥他人使用应预先采取一定措施确认权利。很多纠纷的产生始于没有明确各方权利与义务,如果在标识利益产生之初甚至产生之前就明确规定标识利益的归属,不仅商标权各方当事人明确自己的权利与义务可以按照自己应得的利益为商标价值增加而努力,而且未来可能的法律纠纷将消弭于无形,又能有效杜绝不法之徒的妄想,至少在侵权发生之时能够有足够的证据对抗侵权者,或者在纠纷产生之时有保护自己利益的必要措施,否则后果不堪设想。中粮集团与外商合资结束后痛失金龙鱼商标与福临门商标使用权就是因为没有事先对商标进行确权。

20世纪80年代后期,中粮集团与新加坡郭氏集团等企业在深圳兴办"南海油脂",并在南海油脂公司产品上使用郭氏集团注册商标"金龙鱼"品牌。最初金龙鱼品牌在中国大陆并无名气,多数消费者没有听说过该品牌。但经过合资双方和合资企业的共同努力,每年花上千万元进行宣传、推广,"金龙鱼"很快成为食用油领域第一品牌,"金龙鱼"商标凝聚了巨大的无形资产。遗憾的是投资方之一中粮集团直到合资期满前几年才开始过问"金龙鱼"商标归属问题,结果发现在合资企业所有的相关法律文件中,找不到任何对中粮有利的证据。因此"南海油脂"合资期届满后,中粮集团等出资者只是按照出资额得到厂房、机器设备等固定资产残值,"金龙鱼"品牌所凝聚的巨大无形资产全部归新加坡郭氏集团。无独有偶,20世纪90年代初,中粮集团与某外商合资兴办的另一个油脂加工企业——"北海油脂"所用的商标是"福临门",同样,经过努力"福临门"很快在国内市场上形成相当规模,但"福临门"商标面临着与"金龙鱼"同样的命运。调查发现,从商标注册人、商标标识的确定,到合资章程中有关商标条款的约定都不利于中粮集团,合资企业存续期间又有人将"福临门"商标转移到香港某公司名下。虽然"中粮集团"在这家公司中占51%的股份,但是由于合同特别约定,任何有关商标所有权的变更和转移事项必须经全体董事同意,这就使"福临门"商标的归属扑朔迷离。①

(2) 确权时要尽量利用一切可用的低成本高效率方法。企业以赢利为根本目的,其运营活动始终要考虑投入产出比与效力效率问题,企业进行商标权获取管理活动也概莫能外,否则为获取商标投入的资源大于企业的收益,相关管理活动将丧失意义。如,饮料行业为避免注册商标申请时间过长,程序过于繁琐,而新饮品市场前景尚不明朗,常常采用使用取得方式获取新饮品的商标权。

商标获取管理开始于标识利益或可能产生标识利益之时,商标获取管理远远早于商标注册程序启动。无论企业做出是否获取商标权的决策,商标权获取

---

① 中国工商时报,http://www.xcf.cn/ztlb/200405/t20040520_69980.htm?COLLCC=3483730088&;访问日期:2013年5月20日。

管理都有可能介入。营销环境瞬息万变,企业今天可能认为产品无须品牌化,不需要取得商标权,明天又可能做出品牌化决策,这时拥有商标权就非常重要,可以帮助产品取得合法垄断地位,因此即使企业做出非品牌化决策,都有必要保留与管理能证明标识利益为己创造的材料,甚至可以设法创造一些材料来保留标识利益,为可能的商标确权提供证据。如百事可乐在推出果缤纷纯果乐时在包装上做了小小的技术处理,在果缤纷与纯果乐之后分别加上了 TM 标志,此举堵塞了其他个人或组织将这两个词分别申请商标注册的可能。表面看百事可乐在果缤纷与纯可乐上加 TM 标志的举动毫无意义,毕竟我国商标法并不认可 TM 标志,不可能因为企业使用了该标志,就可让使用该标志的商标转化为注册商标受到商标法的保护,但是百事可乐公司在果缤纷与纯果乐上加 TM 标志可以证明百事可乐公司把果缤纷与纯果乐作为商标使用。根据《商标法》(2013 修正案)第 32 条"申请商标注册不得损害他人现有的在先权利,也不得以不正当手段抢先注册他人已经使用并有一定影响的商标。"原则上无人能将果缤纷与纯可乐抢注为商标,因为不得以不正当手段抢先注册他人已经使用并有一定影响的商标。百事可乐加 TM 标志行为为企业选择适合时机把合法创造的标识利益转化为商标权保护的权益提供了便利。

二、商标权获取管理存在环节

(一)标识利益始于产品持续推广或营销

从营销学角度看,品牌决策指企业对其生产和经营的产品是否采用品牌的决策,包括采用品牌、不采用品牌两种情况。随着市场经济日趋发达,市场竞争日益激烈,产品在市场上越来越多地采用品牌,但仍然有一些产品不用品牌。不使用品牌将导致无品牌商品出现,20 世纪 70 年代以来,西方一些国家的制造商对某些消费品和某些药品不规定品牌名称和品牌标志,也不向政府注册登记,实行非品牌化。企业推出非品牌化的无品牌产品,主要目的是节省包装、广告等费用,降低价格,扩大销售。在超级市场上出售这种无品牌、包装简易、价格低廉的普通商品既对商家有利,也使消费者得到实惠。尤其是那些挑选性不大的商品更是如此。

从品牌概念观察,鉴于品牌是一种集合概念,尽管具有多种形态,但都是顾客记忆线索或顾客明了其涵义的符号,因此无论企业是否使用品牌,只要产品在市场上持续行销或推广,顾客有方法辨认出该产品,品牌化现象依然在发生,此时品牌就是各市场上顾客的记忆线索。

此处,我们将以一家超市中销售的散装大米作为假设案例来阐释我们的观点。假设某超市中销售的散装大米,没有注册商标,终端消费者也不知道其生产厂家是谁,但超市会给每种大米标价,并注明大米来源:"人和大米""南川油米"

"东北珍珠米"等等。常在超市中购物的顾客熟知每种米的特点及其在超市中的位置,不会因为这些大米没有商标,没有生产厂家感到烦恼,他们到常去的位置,看看标签就能辨认出自己想要的大米。标签以及大米在超市中的位置已经成为顾客的记忆线索,实际上就是散装大米的品牌。

对于超市而言,散装大米也有品牌。他们在批量购买大米时也不会因为大米没有品牌而感到烦恼,运到超市中的大米通常有外包装,上面至少有生产厂家,商号至于超市就是品牌。如果运进该超市的散装大米包装上连厂家都没有时,超市也有辨认这些大米的方法,给商场供货的经销商就成为超市记忆线索,换言之,大米经销商本人是该超市或者说是其供货的所有商店认可的大米品牌。而对终端顾客而言,超市中某种大米常见的位置以及超市为该大米制作的的价格标签上的品名共同构成散装大米的品牌名。

假设的超市案例中,尽管大米没有品牌,甚至没有生产厂家,但大米依然有品牌。标识利益与品牌始终如影随形,有品牌化现象就有标识利益,就有与标识利益相关的物品,标识类知识产权管理即可开始。

(二) 商标权获取管理应源于可能产生标识利益之时

凡是可能产生标识利益之时,商标权管理即可能开始。商标权管理终极目的是排斥他人享有标识利益,让标识利益的权利人合法独享利益,并使利益最大化,最终使标识利益成为市场竞争利器。达到这些目的的第一步就是确权,帮助企业确认标识利益是什么,用何种方式使用这些利益能让企业在市场竞争中获取更大好处。在散装大米案例中,既然各相关方始终要凭借一种东西来记忆某大米相关资料,与其让消费者自行寻找记忆线索,不如为大米附加名称或图案。如企业觉得没有必要将它们申请为商标,在大米名称或图案后加一个简单的TM标志就可达到企业独享受标识利益的目的。确权后企业的惯常做法是禁止他人使用自己的标识,但近年来在商标权纠纷案件中出现了新趋势,一些商标所有权人因为种种原因在获得商标权后并没有花费很大力气去禁止他人使用自己的商标,而是在商标侵权行为大量发生后向法院提起诉讼,迫使对方与自己签订商标许可使用合同来达到利用标识利益的目的。这类商标通常在最开始时名气并不大或仅局限于局部地理范围,由于他人非法使用该商标而致使商标知晓度扩散出原有地域,此时商标权人常以诉讼为工具迫使对方与自己庭外和解,签订许可使用合同,如果对方不愿意签订此合同则会禁止对方继续使用商标,同时在该地域范围内另外寻找他人作为商标许可使用人从而获取许可使用费用。这是商标和商战巧妙结合的方法,利用商标的独占许可使用权,权利人利用他人免费扩大其商标的商誉,投放一点点成本获得了巨大收益。

如有可能确权最好早于标识利益诞生。标识利益一旦产生而又权属未定,好比孩童持黄金招摇过市,很容易引起他人抢夺。在标识利益出现前先明确标识利益的权利归属,可杜绝他人不劳而获。

耐克儿童 T 恤上的商标颇有特色。该公司宣传了几十年的 Logo"just do it"竟然和耐克的勾型标记一起出现在 T 恤上,耐克把"just do it"在做商标使用。尽管我们无法获取耐克公司内部信息,不知其意图如何,但从品牌运作和标识类知识产权管理角度看,却确实知道此举的法律效果,是在为"just do it"代表的标识利益进行确权。一方面,无论"just do it"在我国是否注册为商标,这种举措都可能赋予"just do it"商标地位,配合耐克公司为"just do it"所做的广告宣传,"just do it"还可能获取驰名商标地位享受特殊保护;同时把广告语印在 T 恤上,可扩大"just do it"影响力,又可免去品牌推广费用。这是典型的整合营销思维在知识产权管理领域的应用。

很多专家认为商标最好注册,只有注册才能受法律保护,不注册随时可能失去,而且最好是先注册后推广。就法律层面而言这些观点非常正确,但在市场实际运作中,企业不可能将每一种可能或者已经产生标识利益的物品注册为商标。一是申请商标注册到核准注册中间有一段时间,对企业而言可能耗时过长,商标注册还没有获得批准,标识利益可能已经在市场推广中产生了,已经有人在开始窃取别人创造的利益了。还有可能由于竞争者不断相互模仿,商标申请成功之时品牌占有的市场份额已经萎缩,此时商标申请成功已经意义不大。这种情形在饮料行业尤其如此,一个新品牌的成功短时间内可能招来大量模仿者,除非是准备持续多年推广的品牌,商标很难对其全面保护。

耐克灵活运用法律规定,反而有效获取法律更便捷保护。这向我们证实了一点,标识利益出现或即将出现之时就应该采取措施进行保护。至于用什么样的方法来保护,则需要根据具体情形灵活选择。如果考虑到投入产出比,考虑到商标注册的周期、耗时和风险等问题,将发现并非所有标识利益都能及时注册为商标;如果进而考虑到商标保护范围,还将发现并非所有标识利益都能以商标保护。标识利益产生或即将产生之时如果不能获取有力的保护就面临丧失的危险。企业别出心裁之举也反映出适时保护标识利益必然要求综合协调多种手段。

(三) 商标权获取管理存在于品牌决策相关各环节

1. 非品牌决策中同样存在商标权获取管理

品牌决策指企业对其生产和经营的产品是否采用品牌的决策,包括采用品牌、不采用品牌两种情况。采用品牌与不采用品牌都可能涉及商标权管理,只是导致商标权获取管理内容发生变化。不采用品牌时商标权获取管理仅涉及标识利益确权问题。超市散装大米案例显示:消费者、各级中介机构、业内企业等各种相关人士总能找到某种商品与服务的记忆线索,当企业没有主动进行品牌化管理时,这些记忆线索将自动发挥品牌作用,当这些记忆线索为相关公众所熟知时,标识利益就随之产生,如果散装大米生产者或供应者希望独享这种利益,就应设法确保这种利益处于自己控制之中。

商标权获取管理主要确保企业关注标识利益,它能够用名称、图案形式加强消费者记忆,确保标识利益的载体可能获得商标法保护。当然如果实在不能用商标法予以保护,也可以考虑通过其他法律或者合同约定来决定标识利益的归属,或者通过占有或其他手段谋取对标识利益的控制权。前述三诺音箱案例中,如果三诺音箱希望获取标识利益需要通过占有能够有效证明其为著名企业贴牌生产音箱的材料,如三诺音箱为索尼贴牌生产的合同,销售单据证明材料,并将这些材料公之于众,向公众证明标识利益为己创造。当相关公众都确知、确信三诺音箱的这段历史后,三诺音箱就真正掌握了贴牌生产这段历史产生的标识利益。

2. 是否实施品牌化以及如何确定具体品牌策略的方法

企业在决定对品牌实施具体策略和方法方面又要进一步考虑品牌命名决策、品牌质量决策、家族品牌决策、多品牌决策、品牌渠道决策、品牌广告决策、品牌定位决策、品牌差异决策等等。实际上,在每个具体策略中还涉及更进一步的策略思考,如进行品牌命名决策需要规定品牌名称、标志以及是否向政府有关部门注册登记的一切业务活动。上述品牌化决策的全过程都可能涉及到商标权获取管理。品牌化是一种大趋势①,商标获取管理也将随着品牌化的流行而流行。值得注意的是商标获取管理常与其他商业运作手法掺杂在一起,比较复杂。如,欧莱雅并购羽西护肤品之初即定下目标,要把羽西运作为像纽约美宝莲、东村植村秀那样的国际品牌。这是因为羽西护肤品创始人靳羽西女士是一位有着国际影响力的知名人士,羽西护肤品为其创制,并以其名命名,与靳羽西女士有着天然的密切联系,如果欧莱雅并购羽西护肤品后在未来能将羽西护肤品与靳羽西女士继续紧密联系在一起,并配以适当的宣传活动,借助靳羽西女士的人格魅力及其国际上广泛的影响力,羽西护肤品将随着靳羽西女士活跃于国际舞台之上,因此欧莱雅公司并购羽西护肤品的同时邀请靳羽西女士继续担任羽西化妆品公司的副总裁。并购事件后,靳羽西女士表示将羽西品牌和美的事业开始在全球的推广与运营是她的重要工作。欧莱雅并购羽西护肤品案例中,商标获取管理是企业决定以并购方式获取羽西商标所有权,这属于商标权获取管理范畴。同时欧莱雅公司聘请靳羽西女士为羽西化妆品公司副总裁,以合同方式把已产生标识利益的靳羽西形象保留在了公司之内,为未来可能的商标申请埋下伏笔。

以真人形象为商标的企业中外比比皆是,"肯德基"的标记是肯德基上校,

---

① 余鑫炎:《品牌战略与决策》,东北财经大学出版社 2007 年版,第 185 页。

"老干妈"辣椒酱的标记是一位妇女的头像。这两种情形是将肯德基上校与老干妈头像注册为商标使用。更多的企业则是以合同方式聘请名人为形象代言人,令其在一段特定时间内成为品牌标记。欧莱雅公司聘请靳羽西为公司副总裁,只要靳羽西在任,羽西化妆品公司当然可以免费使用靳羽西女士形象,理论上可在靳羽西女士出现的各种场合宣传羽西化妆品或者利用她参与的活动宣传羽西品牌;羽西化妆品公司还可以进行市场推广,让靳羽西积极的形象与她参与的活动都成为消费者关于羽西化妆品记忆的一部分,让靳羽西与羽西化妆品在消费者记忆中合二为一、密不可分。

欧莱雅并购羽西化妆品公司案例,其意义在于欧莱雅公司不仅购买羽西商标,而且通过并购的同时申请羽西女士形象为注册商标,而且还用合同方式借羽西女士推广这个品牌,这种合作充满创新,把商标获取与商标推广巧妙结合在一起。

三、商标权获取流程

品牌定位确立后应根据品牌定位要素选择品牌识别系统,即对品牌名称、标志、色彩、标语、象征、包装等分别作出决策并使其充分反映品牌定位要素的其他方面,如品牌风格、承诺利益、支持承诺原因、证明、目标消费者的需要与特征等,并将这一切牢牢地联系在一起。例如,麦当劳产品的品牌标识比较多样化,既包括 M 商标、也包括 Mcdonald 商标、拱形门、I'm love'in it 标语、小丑和麦当劳店堂设计。闪亮滴眼液的品牌标识既包括闪亮品牌名称,也包括闪亮滴眼液内外包装,外包装是指盛闪亮滴眼液的纸药盒,内包装是指盛闪亮滴眼液的蓝色药盒子,现阶段闪亮品牌标识还包括广告主角眼波一转电到众多异性的搞笑场景。

商标获取流程不可能完全独立于品牌识别系统选择过程,商标获取同时也可能涉及商号与外观设计等获取。本大点目的不是介绍如何进行商标注册申请,而是以商标获取流程为线索简单讲述不同具体条件下,如何利用现有法律、法规或非法律手段并结合品牌管理相关理论确保企业能够充分享有展示品牌定位的各种标识的所有权。

(一)商标选择标准

1. 依据基本标准选择待注册商标图案

企业准备申请注册商标应符合一些基本标准。(1)商标通常应能够充分反映品牌定位与风格。商标必然具有一定的外部特征,在一定文化下商标所具有的外部特征常常具有一定的涵义也会有一定的风格,外部特征所具有的这种涵义与特征如果与品牌定位与风格相符合将有助于品牌推广。如雪碧二字给人的印象就是雪白与碧绿的交织,沁人心脾而不寒冷。与此相反,还有一种被称为"空帐篷理论"的命名方法:使用毫无意义或者毫无联想的名称。柯达公司的品牌名就是使用这种方法确定的。但根据"空帐篷理论"而选择的商标则至少在风格上应与品牌风格一致，而其内在涵义则可利用营销推广手段逐步赋予。

(2) 通常情况下商标名称与图案还应该易听、易说、易记。如果商标在该点上比较欠缺，则需要利用专门的营销推广手法推广商标，帮助消费者记住商标。

(3) 待注册商标(或品牌识别系统中其他要素)必须具有显著性。独特的识别系统，一方面容易与竞争者区别开来，引发消费者的注意，另一方面具有法律上的有效性，能够获得注册，不受复制和仿冒等侵权行为的损害。法律上的有效性指商标名称和图案必须符合国家法律规定，商标构成成分中步含有商标法禁止使用的文字和图形；显著性指商标对于商品来源具有区别能力。通用标志无法区别商标来源，同时商标的构成应当简洁醒目。特别繁杂的画面和多种称谓的图形，给人的印象不深，概念模糊，不宜作商标，但是过于简单的对象，如点、线、图以及普通文字书写的两个以下的数字或两个以下的字母，没有构成图形的也不认为具有显著性，不能作为商标。新颖性指商标名称或者图形不得与同一种或者类似的商品上已经注册的和初步审定的商标相同或者近似。通用名称，违反社会主义道德，直接表明商品质量、原料、功能，夸大宣传并带有欺骗性的名称也不适合用作商标。从法律层面还应考虑叙述性商标获准注册的可能性。直接标明商品的质量、主要原料、功能、用途、重量、数量及其他特点的叙述性商标通常也会因为缺乏显著性很难获得注册，即便通过注册也很难获得较强的保护。根据我国《商标法》第41条规定，任何人在任何时候都可以向商标局提出申请撤销这种商标，那么叙述性商标即使获得注册也始终处于不稳定状态，随时面临被撤销的可能。而撤销时间越晚对商标权人的影响就越大，因而最好一开始就避免使用此类商标。

依据上述标准选择待注册商标时，仅是对待注册商标是否符合要求做出初步选择，去除的是一些明显不符合要求的商标，还应反复多次从不同角度思考待注册商标文字与图案的意义才可能获得最佳结果。

2. 从更广泛的法律视角作出选择

依据基本标准初步筛选出的品牌最好再次从包括法律在内的各方面进行研究，以做出终极决定。就法律层面而言，再次筛选指根据商标法、商标使用、商标侵权、驰名商标申请、在先权利等方方面面的事情综合考察备用名称是否适合申请注册为商标。如"长城"商标遭遇的烦恼就是众多企业的前车之鉴。"长城"是我国葡萄酒行业最著名的三个品牌之一，也是仿冒产品最多的葡萄酒品牌之一，原因很简单，"长城"申请为商标有其无法摆脱的劣势，"长城"不具有显著性。

商标最基本的要求就是要具有显著性。商标的显著性指商标从总体上具有独立特征并能与他人同种类商品的商标区别开来，即商标的独特性或可识别性。

商标显著性在我国以前的立法中即有规定,如 1904 年清政府颁布的《商标注册试办章程》、1950 年中华人民共和国政务院发布的《商标注册暂行条例》。商标显著性要求企业在进行商标设计时,应遵循以下的几个原则:(1) 使用的商标与所依附的商品没有直接关系;(2) 使用的商标与他人及行业通用、共用的标志相区别;(3) 使用的商标与指定商品上的标志相区别。

显著性是《商标法》对获准注册的商标的普遍要求。《商标法》第 9 条规定:"申请注册的商标,应当具有显著性,便于识别,并不得与他人在先取得的合法权利相冲突"。显著性既是商标立法对注册商标的要求,也是商标设计、选择应当重点考虑的问题。一个缺乏显著性的商标不能获准注册,即使获准注册也难以在市场上凭借商标的作用打开局面。相反,商标的显著性越强,其区别商品来源的作用、表示商品质量的作用和广告宣传的作用就越强。

没有显著性,无论是自然形成的标志,还是通过销售发展而来的标志,商标权都是无效的,至少是有瑕疵的。没有显著性的商标作为名词可以在很多场合使用,人们在想到该名词的时候能够同时联想到其他事物,这种商标无法起到证明商品来源的作用,也不能防止混淆、欺骗或讹误。长城商标的劣势就在于长城知名度过高,在中国几乎达到无人不知、无人不晓的地步。但长城的极高知名度并不是作为葡萄酒而知名的,一提到长城多数中国人率先想到的是我国的巍巍长城,而不是葡萄酒。长城首先是作为中国古代防御工事而存在的一个广为人知的名词符号,只是在特定情形下才会与葡萄酒发生联系。正因为此长城作为商标的显著性和和作为该名词的知名度成反比,长城作为中国古代防御工事越知名就越不具有显著性,就不能被长城葡萄酒公司独占。尽管因为历史因素长城依然成为长城葡萄酒的品牌名称更成为其合法注册商标,但长城商标从诞生那一刻起就已经是先天残疾。简而言之,长城无法充分享受驰名商标的特殊保护待遇。我国对驰名商标实施跨类保护,禁止将与驰名商标相同的商标使用在其他类别上,防止对驰名商标的淡化。长城作为中国驰名商标并不能充分享受此权利。在中国至少有三个"长城"都是驰名商标,在长城成为驰名商标之前,我国早已注册了几百个长城商标。当长城成为驰名商标后,当然无法享有驰名商标特有的跨类保护,长城作为驰名商标与普通商标没有区别。知名度高使用频繁的名词,很容易被大家共同注册为商标,而且由于商标权人对这些词汇并不享有在先权利,也不能禁止他人使用相同的名词在不同种类的物品上注册为商标,一旦这种商标成为驰名商标,很可能发现不同类别的商品上已有了众多使用了该名词的商标,结果这类驰名商标失去了跨类保护的优待。

空帐篷理论命名的品牌名称非常适合商标注册。一是这种品牌名称是企业生造词汇,符合商标显著性要求,容易在注册中获准通过;二是这类品牌名称获准注册后能够在法律藩篱保护下充分根据不同目标市场需要发展品牌内涵与联想，不必受到不同文化限制让自己限于非常尴尬的境地。我国的白象牌电池就遭遇过类似的尴尬。白象商标被直译为英文"white elephant"，这样的品牌名作为商标即使能受到法律保护也没有什么实际意义。因为在英文中白象的涵义是没有什么实际用处但消耗巨大的东西，有这样涵义的品牌本身就会让消费者看到电池后产生不好的联想，使消费者倾向于做出不利于购买的决策。而根据空帐篷理论命名的品牌本身不具备任何涵义，是企业臆造的名词既容易获准注册，在未来品牌出名后还可以全面获取驰名商标特有的保护，也不容易被其他人注册为商标，而且可根据企业顺应不同文化的需要为品牌名称填充适合的涵义与联想。

(二) 商标(或商号)来源选择

尽管本节中商标选择环节置于商标来源决策前，但商标获取流程中这两环节常常交互进行难分孰先孰后。商标来源决策通常可出现三种不同类型的决策：(1) 使用自有商标。即使用自己的商标或者自行向工商所申请商标、商号或自己申请外观设计保护专利用于内外包装、瓶身等。(2) 向他人购买商标、商号名称、内外包装等。(3) 使用他人的商标、商号。

1. 使用自有来源商标

企业使用自己的商标分为直接将商标用于商品或服务上标记其来源，或者自行向工商所提起商标注册申请这两种。

(1) 适用法律充分发挥未注册商标威力。企业未申请商标注册而直接将商标用于商品或服务上标记其来源的情形在实际市场运作中时有发生，通常只要有注册的可能最好不采取这种情形，以免被他人夺取标识利益。我国商标法不强制要求使用的商标必须注册，没有注册的商标也可以正常使用，但是受法律保护程度有限。市场实际运作中，企业常常有不得不使用未注册商标的苦衷，比如新品研发周期只有几个月需要立即推向市场，且未来前途未卜，为新品申请商标既不现实也不一定能产生效益。此时在进行商标权获取管理时就必须设法弥补现行法律法规的不足，尽可能确保企业独自享有未注册商标及其产生的标识利益。

可以利用在先权利为未注册商标权利确认埋下伏笔。《商标法》第9条规定："申请注册的商标，应当具有显著特征，便于识别，并不得与他人在先取得的合法权利相冲突。"第32条规定："申请商标注册不得损害他人现有的在先权利，也不得以不正当手段抢先注册他人已经使用并有一定影响的商标。"因此当企业不得不使用未注册商标时，最好能取得商标图案和名称设计图形的所有权或者选择那些自己拥有独占权利的图案或名称作为商标的图案或名称，并且保留好能证明标注了该商标的商品或服务销售、宣传、影响程度与范围的材料，以在必要时以在先权利对抗他人不良企图。除销售宣传等证明材料外，通常能够对抗后注册商标的在先权利还包括:人身权(包括肖像权、姓名权);商标权之外的知识产权(包括著作权、专利权、外观设计、厂商字号权等)。如有必要上述在先权利都可用作商标图案或名称。例如,山东省景阳岗酒厂违法使用《武松打虎》图商标案[①]生动地说明了在先权利的用途。1954年,画家刘继卣创作了组画《武松打虎》。1980年山东省景阳岗酒厂对刘继卣组画中的第11幅进行修改后,作为装潢用在其生产的白酒酒瓶上。之后,该厂又于1989年将该图案向商标局申请商标注册并被核准。该厂对此商标一直使用至本案案发时。1996年,画家刘继卣的继承人偶然发现上述情况后,认为景阳岗酒厂未经《武松打虎》著作权人(即该继承人)的同意或许可,擅自对该画加以修改并使用,破坏了组画的完整性,侵害了著作权人的署名权、使用权及获得报酬权。于是起诉到法院,引发了轰动一时的《武松打虎》案,被告在诉讼中称,其使用行为曾获得组画作者刘继卣的许可,但并未能提出相关证据。此外,被告景阳岗酒厂还声称,即使未经著作权人的许可,但是由于该商标已使用多年且又被核准注册,因此并未构成对著作权的侵犯。1996年12月,一审法院驳回了被告的请求,认定原告的诉讼理由正当,事实清楚,应予以支持,但也认为原告提出的损失赔偿要求(50万元),缺乏有力依据,不予采信。同时,一审法院认为对著作权人因被侵犯而获得的数额可视《武松打虎》组画使用的范围、时间、数量及产品获利等因素予以综合判定。经过审理,法院最后判决被告停止在其产品景阳岗陈酿系列的酒瓶帖和外包装装潢中使用《武松打虎》图案,并赔偿原告经济损失20万元。

在法院审理本案的同时,原告还向国家工商行政管理局商标评审委员会提出撤销景阳岗酒厂《武松打虎》注册商标申请。1997年2月,国家工商行政管理局商标评审委员会作出终局裁定认为:被告将"武松打虎图"作为商标注册的行为已构成《商标法实施细则》第25条第(4)项所指的侵犯他人合法在先权利进行注册的行为,决定撤销被告《武松打虎》图注册商标。至此,《武松打虎》图形商标案以景阳岗酒厂的败诉而告一段落。山东省景阳岗酒厂违法使用《武松打虎》图商标案判决尽管引起一些专家学者表达不同意见,但是利用在先权利合法保护未注册商标倒不失为一个保护未注册商标较好的方法。

(2)商标注册申请。向工商局提起商标注册申请获取自有来源商标,应关注注册申请条件(具体内容请参见商标注册申请条件和要求)和注册流程(参见商标注册流程图)。但是将何种图案与名称申请为商标是商标获取管理的重点内容。一旦某种图案或名称被核准为商标后将在较长时间内保持稳定状态,为此很有必要以双重视野精心挑选图案与名称。

首先必须考虑商标中的图案与文字来源,是自己请人设计呢,还是利用现有

[①] 商标注册在线,http://www.regtm.com/article/200561215854.shtml,访问日期:2005年6月1日。

的已有一定名气和价值的图案、名人、动漫角色等作为商标。无论使用哪种来源的图案与文字都必须考虑如何利用现有法律预先杜绝未来可能的法律纠纷。请人设计图案，要注意符合《商标法》第 8 条和第 9 条规定，同时还必须确保企业享有将被申请为商标的图案和文字（艺术字体外形），通常在合同中明确约定图案与文字的著作权由委托企业享有即可。

利用现有的已有一定名气和价值的图案、名人、动漫角色等做商标，也必须设法杜绝未来可能出现的在先权利与商标权之争。已有一定名气和价值的图案、动漫角色的著作权通常已有归属，在企业将它们申请为商标之前，应该从其著作权人处获得著作权中的财产权利，并签订书面合同留存备用。如果把名人的形象或名字用于申请商标同样要事先获取名人的书面同意并将文件留存备查。自有商标来源决策还有一种情形就是合资企业创造的商标，或者合资企业准备大力推广的商标，应事先明文约定其归属，以及处理方式等，并将相关文件留存备用。中粮集团痛失"金龙鱼"商标就是没有事先约定"金龙鱼"归属问题，最终导致企业损失惨重。

2. 向他人购买商标、商号名称、内外包装等

向他人购买商标分为两种情形：一是直接购买商标，二是在企业并购活动中购买他人商标。直接购买他人商标分为两种情形：一种是购买一些专业商标事务所申请来准备出售的商标。此种购买活动能帮助企业缩减商标申请过程及省去不必要的麻烦。二是购买一些已经具有一定影响力的商标，这实际上是一种品牌并购活动。企业并购活动中购买他人品牌与直接购买有影响力的品牌都是品牌并购活动，都是为了利用他人品牌中已经产生的标识利益推广自己的商品或服务。"2006 年 11 月，纳爱斯集团一举全资收购英属中狮公司麾下香港奥妮等三家公司及所属的'百年润发''西亚斯''奥妮'品牌的独占使用权或所有权"就是典型的品牌购买活动，结果是纳爱斯集团无须向消费者证明其生产的洗发水质量，只要将购来的品牌直接粘贴于产品之上行销即可。企业并购活动中也会涉及品牌并购问题。企业并购活动常常涉及很多项目的购买，这种活动中出现的品牌并购对市场影响与前者相同，但是并购企业支付的价位显然比单独购买品牌要低得多。两种形式的并购中都要注意有关法律的规定。《商标法》第 39 条规定转让注册商标的，转让人和受让人应当签订转让协议，并共同向商标局提出申请。受让人应当保证使用该注册商标的商品质量。转让注册商标经核准后，予以公告。受让人自公告之日起享有商标专用权。

3. 使用他人商标、商号、内外包装等

使用他人商标、商号、内外包装与贴牌有本质区别。前者是生产企业不使用自己的品牌标志，而使用他人有一定名气的品牌标志，但产品的生产、定价、渠道选择、推广、销售全部由产品生产方或服务提供方自主决定。贴牌则是把产品低

价专卖给其他企业,再由其他企业附加上中意的品牌并负责品牌的推广与销售。简而言之,在前一种情形中产品或服务属于生产方,后一种情形下产品或服务属于品牌标志提供方。

　　无论是贴牌,还是合法使用他人商标、商号、内外包装等都和现在流行观点企业应大力发展自主品牌背道而驰。市场环境千变万化,市场经济下没有放之四海皆准的标准,使用他人品牌自有使用他人品牌的道理。随着企业和市场的距离越来越远,企业与顾客之间有效沟通变得越来越困难,越来越昂贵。企业要把消费者心态从未知推动到行动阶段要投入相当的资源;顾客要充分了解企业和企业的产品也需要时间、精力、金钱等投入,甚至还要积累购买某品牌的经验等,多数顾客不轻易信任一个企业,即使历经一段时间对企业有了一定信任度,还可能有已经养成的购买习惯等等因素会妨碍他们购买新品牌。尽管发展自主品牌的确是个非常好的建议,但不一定在任何时候对所有的企业都适合,有时候使用他人品牌为自己赢得利润,赢得生存与发展空间更加现实。

　　使用他人品牌与发展自主品牌并不矛盾。合法使用他人商标、商号、内外包装的过程中也会产生标识利益,只是这些标识利益附着于被使用的他人品牌上,只要能够有效地把这些标识利益转移到企业自主品牌上,自主品牌就可以获取大力发展。在进行标识利益转移之前,企业所要做的就是为标识利益的转移做好法律与非法律准备,比如在品牌租赁过程中,可按照《商标法》第 40 条规定以合同等形式充分约定好品牌租赁方与品牌出借方在品牌租赁期间、甚至结束后各自的权利义务。

　　企业购买其他企业业务单位的活动中也可能涉及使用他人品牌情形。如果被购买业务单位本身有自己的品牌,通常业务单位并购与商标并购合二为一;但当业务单位没有自己的独立品牌平时使用的是企业大品牌时,业务单位购买就不涉及商标购买行为。如联想并购 IBM 个人电脑业务。在后一种情形下有些企业可能要求出售业务单位的企业给予一定时期的商标使用权,此时也会涉及使用他人商标或其他品牌标志的情形,也需要遵循相关法律规定。

　　使用他人商标情形很多时候发生在合资企业中,参与合资的一家企业允许合资企业使用其拥有的商标,此时以合同形式明确各方的权利义务也很有必要。中粮集团丧失金龙鱼商标带来的标识利益就是前车之鉴。

　　跨国集团在我国的商标战略之一是将商标相关法律法规与品牌管理战略有机结合在一起的产物。雪藏手法、冰冻手法、含糊其辞、强强联合手法、自然淘汰手法等都是以相关法律法规作为辅助品牌管理战略的有效手段在中国市场上消灭异己,推广自有商标。百事可乐与天府可乐联姻后放弃生产、销售、推广天府可乐就是典型的雪藏事件;冰冻手法指一些中外合资企业,协议商标相互许可使用,实际上外方不使用与宣传中方商标,而中方与合资企业却完全使用外方商标并在商标上投入大量宣传费用,扩大在中国的影响,最终造成协议期满,外方商标成为驰名商标,中方原有商标淡出顾客视野,中方不得不依赖外方商标对外方商标却又不享有任何权利的困境;含糊其辞指在涉及商标的企业合资或并购协议中不提及商标相关事宜,或者仅有的一点规定可能对中方企业又非常不利的情形。中粮集团痛失金龙鱼商标就是因为最初合资协议没有约定合资期满后金龙鱼商标归属问题导致。强强联合手法指外方企业通过并购或与中方知名商标联姻手法,借用中方商标名气、销售渠道等直接销售推广己方品牌产品,获取品牌知名度与消费者认可度。自然淘汰指中外合资后,合资双方商标都使用,但拳头产品新产品使用外方品牌,老产品才使用中方原有商标,然后通过产品升级换代逐步将原中方的知名商标淘汰出市场,最终用外资商标完全控制中国国内市场。跨国企业在中国市场经济发展的不同阶段施展分别施展了上述不同的品牌战略,以控制商标所有权及其附加的标识利益。由此可以推知,随着市场营销环境的转化、中外企业在资源拥有状况、行业地位等方面的变化,跨国企业品牌战略又将出现新的变迁。总结并掌握跨国企业已使用或正在使用的品牌战略、战术,可以让中方企业迅速赶上跨国企业品牌管理水平,摸清跨国企业品牌战略战术实施基本思想与思路是超越他们的最好方法。

  实际上自改革开放以来我国企业在国内外遭遇的商标相关问题清楚表达出跨国企业的想法,只要手段合法而不会顾及合作结果对双方是否公平,他们希望尽可能多攫取利益。在国外西门子抢注海信商标,一些企业以商标侵权等理由申请查封我国参加国际博览会的摊位、产品等等都显示出外企以合法手段打击竞争对手获取利益的野心。在国内跨国企业上述种种做法显示出对跨国集团而言利益之争高于公平,但同时也显示出跨国集团遵循的游戏规则:遵守法规。无论实际上利益公平与否,形式上必须合符法规。为此我国企业无论在国内或国外与跨国企业进行竞争都必须遵守此游戏规则尽量灵活利用法律法规确保自己对商标应享有的利益。必须明确单纯地以法律为手段保护并发展商标效果并不理想,营销环境瞬息万变,不可能有一成不变之规,必须在明了每一战略、策略对各方利益的影响后,再选择合适的手段,法律或者非法律的手段达到目的,透彻分析各方利益后再做出选择方是上上之策。

  中方企业还必须明了这种竞争在跨国企业观念转变前不可能停止。原则谈判法早已揭示只有当谈判各方都有积极公平合作意识时,真正的合作甚至双赢的合作方式才可能出现,在此之前无论采取谈判形式,还是合作形式中方企业与跨国企业都将处于竞争阶段。公平之心经由竞争得来,当跨国企业自以为棋高一着可以占尽中方企业便宜时,不可能给予中方平等地位。中方企业必须要做好准备,进行必要的针锋相对的竞争,积极应对从市场到谈判桌等一切涉及品牌的领域可能出现的争斗。

与跨国企业相关的商标竞争无论发生在国内或是国外,都是中国商标参与国际竞争的一部分,习惯国际竞争游戏规则方能在竞争中真正获胜。一些中方企业惯有的思路是打法律擦边球,或者直接挑战法律法规,如傍名牌、假冒他人商标、将他人著名商号注册为商标或将商标注册为商号。企业最好改变这种思路,学习跨国企业手法,合法利用他人标识利益。欧莱雅收购小护士、羽西实际上就是傍名牌之举,把欧莱雅以制造商的身份与在我国声誉良好的小护士、羽西放在一起实际上就等同于告诉顾客欧莱雅绝不会差于后两者。欧莱雅并购小护士成功后把小护士与卡尼尔研究中心放在一起推向市场,甚至有意贬低小护士地位也是在傍名牌,以合法方式傍名牌投入产出比也很高,假冒他人商标实属不必要之举。跨国企业经常在出售、购进某些业务单位或者商标时利用他人商标推广自己,另外商标与商标之间也常常合作,譬如索尼与诺基亚为在手机市场上有所突破创立索爱。这些都是一些合法借用他人标识利益推广自己产品或服务的手段,我方企业在借鉴时设法降低这些手段使用成本即可。

第三节 商标权经营管理

商标经营管理是本着在品牌经营管理中糅合相关法律法规或者其他非法律的保护措施,确保品牌经营管理过程中创造的标识利益能牢牢附着于企业拥有的商标上,或者保护商标在此过程中不因法律问题等受到伤害,如此方可能保证随着企业品牌扩张,企业品牌带来的经济效益都处于企业控制之中。商标经营管理中品牌定位依然处于统率地位,商标使用、特许经营、租赁、并购、转让等行为依然要受品牌定位管辖,从纯品牌视角看,无论是哪种商标经营管理行为无论其实施的目的何在,理论上都是为了确立或强化品牌定位。

从非品牌角度出发,有时候经营管理商标也可以是为了保护或强化保护其他知识产权。我国知识产权管理部门分散,一旦发生知识产权侵权将分别由不同部门执法查处。商标由工商部门查处,专利由知识产权局查处,著作权由版权部门查处,这些部门中只有工商局机构设置几乎遍布各个乡镇,知识产权局目前只在地市一级才普及,而版权局基本只设置到省级。执法查处部门不一样,实际造成知识产权的保护力度相差甚远,商标保护力度在所有知识产权中最高。因此我们提倡以多种手段全面保护标识利益,但我们也强调只要可能应优先考虑以商标保护标识利益,甚至其他知识产权。

网上曾有文章就某出版社盗版书问题及某论坛被仿冒问题提出解决措施的思路,和我们此处所倡导的为加强保护力度可尽可能扩大商标使用范畴的思路不谋而合。据说北京某出版社屡次接到投诉,称该社出版的书质量太差,错字太多。出版社一查才知道要么被投诉书籍要么是盗版的,要么是不法书商盗用出版社的名义制造的"伪书"。出版社领导对此非常重视，但是又苦于没有解决的良策，版权部门根本没有能力去打击这些盗版者和不法书商。对此的解决方法是将出版社的全称注册为商标。此时盗版或者盗用出版社名义出版"伪书"，除了侵犯出版社著作权外，同时侵犯出版社商标权，各地的工商局都有权查处商标权侵权，作品的被保护力度由此强化。另有一例是某公司论坛业务遭遇李鬼事件。该公司主办的"某某论坛"非常受欢迎，希望将该论坛作为主打产品，可是不久发现其他公司也在就"某某论坛"招生，学员只认论坛名称，对于谁来开办的并没有想到要查询，由此该公司市场急剧萎缩。对此情形的解决方法是将论坛的名称注册为商标，当其他公司想开办同样的论坛时，就可以商标侵权为由制止其他公司来召开相同的论坛。

网上的这两个案例为我们生动地展示了应尽可能扩大商标法使用范畴，利用注册商标扩大保护其他标识利益。这与协调多种手段保护标识利益的观点并不矛盾，而是强调鉴于商标实际受保护力度最大，商标应该成为保护标识类知识产权的重要手段。

一、商标使用

商标不是品牌，更非名牌，要让商标成为品牌必须进行推广。通常可利用广告、营业推广、公关关系、人员推销等常规工具或一些企业可用的非常规工具创建或提升商标知名度、美誉度等。这涉及到商标标注使用问题，标识利益流失问题、还可能导致商标知晓度提升与商标通用化之间的矛盾。

（一）正确标注商标

从法律角度出发正确标注商标指按照商标规定的方式使用商标。但从品牌管理角度出发仅正确标注商标实际意义有限，必须先正确放置商标。商标法相关条例仅规定了少数几个地方需要使用商标，譬如，尽管企业实践中把商标放置于商品包装、说明书等地已经是通行做法，但国家并没有对此做出强制规定。而推广商标必须在产品、内外包装上，在广告中，公共关系活动中或者在营业现场等能与目标顾客甚至公众接触的地方放置商标，换言之商标必须置于显眼位置，方可确保商标与品牌具有一致性，否则尽管我们拥有商标，但标识利益附着于不受法律保护的标识之上，企业一切营销努力将附之东流，不过是为他人作嫁衣裳。商标权管理应同时基于法律视角和企业视角决定具体企业具体的行动方式下，因此双视角下正确标注商标是正确放置商标和按照法律规定方式使用商标的结合。

2014年修订的《商标法实施条例》第63条规定，使用注册商标，可以在商品、商品包装、说明书或者其他附着物上标明"注册商标"或者注册标记。注册标记包括(○里加注)和(○里加R)。使用注册标记，应当标注在商标的右上角或者右下角。

对一些急于推广品牌，又不知其未来发展状况，不愿意立即申请注册商标的企业；以及产品已经推向市场但商标注册申请尚在办理中的企业可使用 TM 标注方式，同时以合同约定等方式保证对商标名称或图案的在先权利。未注册商标不能使用注册商标标注方式，现在通行的做法是为注册商标标注 TM。尽管我国法律并没有关于"TM"的使用规定，但是"TM"的使用已经成为一种时尚，有了约定俗成的含义，通常指已经提出注册商标申请，但是还没有获得注册的商标。实际上如微软之类企业长期使用"TM"方式标注，譬如微软方格形状的商标就是"TM"商标。"TM"尽管并非注册商标标志，但采用这种方式是在正告相关方某个名称、图案或标志正在做商标使用，提请对方不要侵权。

（二）灵活使用商标全面保护标识利益

灵活使用商标等可获取法律保护的标识类知识产权客体保护企业标识利益，有两大基本思路。

1. 把企业品牌运作为可获取法律保护的商标、驰名商标、商号等

品牌标记包括商标、商号、包装等多种项目。商标保护是对品牌的最便捷最强有力的保护，可以无限期续展，如果能够成为驰名商标则不受 10 年年限限制。如果使用得当可以在使用中扩展商标保护的范围，把内外包装纳入商标保护范畴。其基本准则是如有可能尽量推广那些可以直接获得法律保护的图案、人物、名称等。

2. 尽量推广与提升企业已经通过法律、合同或顾客认同等方式获得权利保障的商标

"酷儿"果汁就是典型的案例。可口可乐公司于 1997 年推出"酷儿"果汁饮料，首先在日本上市，获得巨大成功，产品迅速在东南亚地区走红，成为新加坡、韩国及我国台湾、香港地区等地饮料行业的新秀。酷儿一开始即以果汁品牌名推向各国市场，可以接受商标法、商品化权法（中国无此相关规定）、著作权法、反不正当竞争法等法律的充分保护。同时品牌名与卡通人名二合一，避免了推广过程中一个产品上附加的品牌名过多，干扰消费者记忆现象出现。

要把已经获得一定权利保障的标志（包括商标、商号等）运作为目标市场认可的品牌，还需要关注具体操作方法，尽量让那些已获得法律保护的图案、人物、名称等置于产品、包装、或广告等的视线焦点。

（1）放大商标图案。放大商标图案使其变为包装图案或者放大商标中某种元素使其成为包装底色就是可用方法之一。这是百事可乐与可乐可乐的惯用手法，买一瓶百事可乐饮料或可口可乐饮料就可以直接观察到这种使用方法。这种方法的好处是把商标法保护的对象扩大到了产品外包装，因为整个包装上最显眼的部分就是商标，如果有不法者企图仿制包装必然侵犯企业商标权，鉴于工

商局处理商标侵权的力度很强,企业品牌将获得更强有力的保护。

(2) 商标应置于醒目位置。在设计产品包装等品牌标志时要有意识地把商标名称或图案置于包装上醒目位置。何为包装上的醒目位置很值得推究,我们可把优秀广告创意的评价标准挪用于此处。产品包装无论是内包装还是外包装实际上是企业与顾客的又一次接触,在此过程中无论企业主观愿望如何,实际上企业都将向顾客传递信息。从此角度出发,产品内外包装实质上就是广义的广告,自然可借用某些优秀广告创意标准予以评价。可采用简明标准评价商标在产品内外包装上是否处于醒目位置。创意的第一要义就是简洁、单纯、明确、明晰,而不是把简单问题复杂化。简明的最高阶段是单一。受众在一定时期内接受信息量非常有限,信息传递量超过受众接受可接受度,信息具体内容很难被受众注意到,即使偶尔注意到了也难以留下深刻印象。这是因为消费者浏览产品、包装、说明书、广告等的时间十分有限,接触的时候常常漫不经心,如果意图发展为品牌的商标居于不醒目的位置,将接受到的消费者关注度会很弱,达不到推广商标的目的。要让商标居于醒目位置的最简单方法就是让整个包装简洁明快。如果设计产品包装等元素时忽略此点,花去大量时间与精力诉求次要内容,商标会被忽略,难以成为品牌。因此在包装设计时最好把商标等可受法律保护的标识放于第一信息位置,让消费者接触到产品或其包装、说明书等的一瞬间先看到商标,然后才是其他必须在包装、说明、或产品上注明的内容。利用字体大小不同即可达到目的,具体来说就是放大商标名称或图案,缩小其他名称或图案。

(3) 在同一产品上使用多个商标。图案、品牌名称等都可以注册为商标,微软就是个中高手。如果电脑使用的是微软操作系统,开机后,注意最左下角的开始窗口,那个窗口的图案就是微软的一个注册商标;点击"开始",在菜单中点击"程序",如果安装了微软的 Office 系统,就可以看到 Excile,Outlook 等程序,前面有一个小图标,这些小图标都是微软的注册商标,有的是文字注册,有的是图形注册。在同一产品上使用多个商标要注意主次之分,同等重要就等同于大家都不重要,可能因信息内容过多反而被顾客忽略。通常主商标(主品牌)应居于最醒目位置,然后是次要商标(次要品牌)。如七喜饮料瓶身上主次商标安排。七喜将主商标居于醒目位置,卡通小人是次级商标,其位置就不那么醒目。

(4) 将同时出现的图案、文字分别标注为商标。企业常常因某种原因在注册商标使用过程中改变商标中图形与文字的位置,以达到品牌推广的目的。法律上,实际使用商标与获得注册的商标不一致该商标即为变造商标。虽然变造商标可能利于品牌推广,但却难以获得法律保护。如江苏某县工具厂(下称工具厂)的"丹工"商标在全国同行业中享有很高的声誉,重庆某量具公司(下称量具公司)销售假冒"丹工"牌注册商标的工具产品,工具厂遂以商标侵权名义向重庆市第一中级法院起诉量具公司。二审法院终审推翻了一审判决,认为商标侵权不成立,这是为什么呢？原来工具厂所享有的"丹工"商标为文字和图形的组合商标,该商标的组合为:一实线梭形图形中有一倒写的"工"字,菱形下有"丹工"二字,再下是丹工二字的拼音大写"DANGONG"。但是工具厂在其生产的工具产品的外包装和合格证上实际使用的"丹工"商标中没有丹工二字的拼音大写"DANGONG",与其注册的"丹工"商标相对照,有着明显的区别,属于变造商标。二审法院认为该改变的商标不属于注册商标,依法不享有注册商标的专用权,不受商标法保护。量具公司假冒的"丹工"商标虽然与工具厂实际使用的商标相同,但那是工具厂自行变造后的商标,自行变造的商标并没有取得注册不受法律保护,因此量具公司并不构成侵权。

实际使用的商标与获得注册的商标不一致,属于变造商标,自行变造注册商标还将面临商标被撤销的危险。我国《商标法》第49条对此有明确的规定,自行改变注册商标使用的,由商标局责令限期改正或者撤销其注册商标。注册商标以注册证核准的为准,核准的商标有多少个元素,使用时也必须是这些元素,核准的是什么字体,使用也必须使用这种字体。总之使用的注册商标应当与商标注册证上的商标一样,否则属于自行变造注册商标,按照商标法的规定,商标局可以撤销该注册商标,这是自行变造商标面临的不利后果。实践中,很多公司对商标的使用比较随意,并不按实际注册的商标使用,变造的结果像上例中工具厂的商标一样被侵权得不到法律的保护,更为可怕的是该注册商标可能被商标局撤销。

实际上很多企业喜欢变造商标,是因为将商标作轻微改动更利于商标推广,这就要求注册时要使用一些小技巧,比如不要把文字、图形等笼统注册为商标,只要有可能把图案、文字等组合成的标志拆解为一个个独立元素,分别予以注册。这样品牌推广时就可以根据需要灵活改变图案或文字的大小、排列等,可有效避免变造商标行为导致商标被撤销或无法充分获得保护。例如,百事可乐为保护其广告标语"纯果乐果缤纷",把该广告标语拆开申请商标,纯果乐与果缤纷是两个不同的商标,二者合在一起依然是百事可乐广告标语,分开则是两个不同的商标。这样一来,没有企业可以夺取纯果乐果缤纷产生的标识意义,因为在商品、包装、说明书等地使用这两个词语或其中的任一个都将侵犯百事可乐公司的商标权。而百事可乐自己则可根据需要随意使用和组合这两个词。可口可乐也是高手,该公司产品包装上出现的英文coca-cola和中文可口可乐,波浪式飘带图案都是可口可乐的商标。这三个图案可根据需要随意组合。如此一来如果有人打算模仿可口可乐外包装,无论他截取包装图案的哪一部分都将侵犯可口可乐商标权。此处用这种方法保护标识利益,比用外观设计专利效果好得多。

(5) 处处展示。处处展示指在任何能够让商标与顾客接触处都使用商标,根据需要正确标注商标,让顾客与相关公众尽快熟悉品牌,达到增加购买目的。

这是整合营销思维在标识管理活动中的体现。依据整合观念,以较低成本有效提升品牌知名度与联想度等,可尽量借助企业内外的一切可用活动展示商标,增加消费者与商标的接触点与方式。

如果不是商标而是其他类别的品牌标记使用该方法同样有效。展示各类品牌标记时必须注意,既要符合法律需要,又应符合营销推广需要。比如,通常注册商标应该在展示的同时进行标注,但有时企业可能暂时不希望,顾客把眼前的图案或文字与商业化运作联系起来,此时就不必为商标加上注册商标等标记。又如,如果出于某种营销目的,企业不希望顾客知晓某种刚上市的新产品或新品牌为自己所生产,但又必须按照法律的规定在产品包装上标出生产厂家时,把企业的名称以相对较小的字体印制在产品包装上不显眼的角落即可。

(三) 防止商标通用化

商标名称通用化(商标退化)是指某一商标标志所具有的显著特征减弱,逐渐演变为特定商品通用名称的现象。这是因为产品长期处于垄断地位,相关公众(包括消费者、企业、政府、媒体等等)容易用商标指代产品,久而久之,产品的真实名称已被遗忘,商标退化为商品的通用名称。历史上商标通用化现象在国外非常普遍,现在一些常用的品类名称多由驰名商标转化而成。如 Aspirin(阿司匹林)被视为一种感冒药的统称,Yoyo(摇摇)被当做"溜溜球"的统称。无独有偶,我国也出现过很多商标通用化事件。譬如20世纪80年代出现的"氟利昂"与"吉普"案例便是典型的商标通用化事件。二者分别为氟制冷剂及越野车商标,在使用中被当做商品通用名称。还有深圳市朗科科技有限公司的"优盘"商标通用化案件。

商标通用化后果严重,通用化的商标已泛指产品大类不能代表个别商品,不能继续为企业独享,甚至不能继续用作商标。譬如可乐演化为汽水的一个品类后可口可乐公司就不得不与其他企业分享"可乐"一词,因为每家公司生产的可乐饮料都可以叫某某可乐。

不能为企业独享的商标价值有限。根据第一提及知名度理论,消费者购买产品时率先想到的商标被消费者购买的可能性最大。当每家公司生产的可乐饮料都叫可乐时,消费者想买可乐时率先想到的就不一定是可口可乐,很可能购买其他可乐类饮料,此时可口可乐商标的价值就会下降。

在网络环境下不能为企业独享的商标价值可能降到非常低的程度。现在在世界范围内搜索引擎推出了竞价排名服务业务,也就是企业可以购买某个关键词让消费者搜索该关键词时,我们的信息就能被消费者率先搜索到。如果我们的商标不能为企业独享,将意味着其他企业也可以将我们的商标作为关键词让消费者在搜索该商标时先搜索到另外一家企业,其直接后果就是我们的顾客极可能被引导到他人网站上,商标越出名,这种可能性就越大,当我们的商标与他人的商品频繁发生联系,以后消费者想到我们的商标联想到的就可能是别人的商品,这不过是为他人白白做了嫁衣裳,这种情形下商标价值就会越来越低,也就是商标通用化现象发生了。

有鉴于此很多跨国集团严密监视商标使用防止商标通用化现象发生,最有讽刺意味的是推出搜索引擎关键词服务导致很多商标都面临通用化危险的 Google 公司居然是防止商标淡化的典范。《韦氏大学词典》曾想把 Googl 当做动词收录,定义为"在网络上搜索"。普通公众认为 Google 公司有理由为此感到高兴——一个公司创造了一个通用的词语,其意义超越了经济层面,而且是一个免费宣传的好机会。然而 Google 公司并不这样认为,该公司给媒体发信函,请他们不要把 google 当做动词使用。Google 公司在信中说:"尽管我们很荣幸人们能够喜欢我们的名字,但它毕竟是我们最主要的商业资产,因此我们希望人们在使用它时保留它的意义和完整性。"google 拒绝被收录实际上是其防止商品淡化,乃至通用化的有效举措。

商标通用化问题充分揭示商标运作中存在的悖论,把商标运作成驰名商标的目的与结果间可能存在悖论,不把商标运作为驰名商标不能获取特殊保护而且价值有限,但把商标运作为驰名商标又可能丧失商标权,导致商标进入公有领域无法专用。这就要求商标运作过程中应避免把商标当做通用名称使用,不仅权利人自身不能做如此使用,还要防止或制止相关方把商标当做通用名称使用。具体来说要注意消费者、政府、媒体、权威机构,甚至是字典类载体等机构或个体有无把商标当做通用名称使用的行为并即使制止该行为。

1. 权利人把商标当做通用名称使用

企业不推广商标权利人在产品包装、广告资料等处使用商标时不给商标加上注册商标或其他商标标记,也不在包装、广告资料等处指明产品所属类别,最终导致众多消费者把商标当做商品通用名称使用。一旦这种情形出现,法律上商标权利人即丧失对商标的独占权利,换言之商标权利人不再独自享有商标带来的标识利益。譬如"Thermos"(热水瓶)原为美国瑟毛斯产品公司的驰名商标,于 1893 年开始使用,其商品通用名称是"真空绝缘瓶"。自 1910 年起,该公司在其散发的广告材料中将"Thermos"作为"真空绝缘瓶"的同义词,使之在公众中广泛流传。最初该公司认为消费者行为是"免费广告"纵容消费者把"Thermos"当做通用术语使用,直至发现使用不当想纠正时,为时已晚。1956—1962 年瑟毛斯公司向法院起诉,但法院认定"Thermos"已成为"家喻户晓"的商品通用名称,从此瑟毛斯产品公司丧失"Thermos"商标专用权。

2. 消费者把商标当做商品通用名使用

一些企业的商品虽然有通用名称,但过于专业化或冗长,难以取得众人的认同感,消费者容易用该商标指代商品的通用名称,从而导致商标退化。此时如果企业放任消费者以商标指代通用名称将进一步加速商标退化。这一情况在生产化工和医药产品的企业尤其突出。像"Freon"（氟利昂）商标就曾被当作一种制冷剂的通用名称,还有"阿司匹林"原为德国拜耳公司的药品商标,后来退化为止痛片的代名词。另外,Aspirin 原来也是经过注册的商标,现在却成为乙酰水杨酸通用名称,进入公用领域而无法专用。

3. 政府把商标当作通用名使用

政府部门作为公信力较强的部门,它的不当行为更容易引起商标名称通用化。譬如 1987 年注册的"21 金维他"商标,在 1989 年却被作为药品名称收入《中华人民共和国省、自治区、直辖市药品标准品种汇编》。如果权利人不加以阻止,该商标必定退化为一种药品名称。

4. 媒体、字典等误用商标

商品在介绍与推广中,一些媒体、权威机构,甚至是字典类载体对商标的错误描述也是商标名称通用化的重要原因。"Walkman"是索尼公司出品的随身听产品的商标,当该产品在奥地利销售时,由于"Walkman"被《杜登字典》收为产品的通用名称,却没有遭到索尼公司的抗议,以至于奥地利的消费只能使用 Walkman 来描述 Walkman 产品,于是法院撤销了"Walkman"商标的注册。

综观各国法律,通常只有商标所有人的作为或不作为而导致商标显著性丧失时,法律才不继续保护商标权,而不能仅仅由于商标所有人无法控制的情况变化,不予以保护。我国对此无明文规定,但也反对商标所有人无法控制情况下的商标通用化。20 世纪 80 年代,国家工商行政管理局分别发出文件,鉴于"Jeep（吉普车）"与"Freon（氟里昂）"是世界驰名商标,被当作越野车与氟制冷剂的商品通用名称使用时,为维护商标所有权人的利益,要求全国范围内禁止继续将其作为商品通用名称使用。因此在商品上正确标注商标并表明商品的通用名称,或者在其他方以可能造成通用化的方式使用商标时及时提出反对意见都是防止商标通用化的有效措施。

（四）防止商标淡化

从法律角度出发,驰名商标淡化俗称搭便车(free ride),是指无权使用人将与驰名商标相同或相近似的商标用于与该驰名商标商品不同类的商品之上,导致消费者对商品来源及其在其他与生产者有关的方面产生误认或混淆,进而使该驰名商标的吸引力与识别作用发生弱化的现象。从营销角度看,引起商标淡化的主体很多,无权使用人只是其一,实际上由商标权利人经营管理过程中造成的商标淡化现象亦很普遍,这种情形通常在品牌延伸、特许经营、品牌授权等行为过程中时常发生。

无论是那类主体导致商标淡化,从心理学角度观察淡化现象出现主要是因为商标使用范畴超越了品牌最初定位,随着商标与越来越多的产品或服务紧密相联,商标作为品牌记忆线索已经很难通过激活扩散机制唤醒相关公众对特定产品或服务的回忆,此时商标代表的特定涵义丧失,品牌价值下降。明了淡化产生的心理机制,理论上防止企业自身造成的商标淡化较为容易,只要确保商标使用范畴及使用方式符合品牌定位要求即可,也就是说品牌延伸、授权、特许经营等品牌相关活动不仅要合法还应服从品牌定位。

二、商标许可

商标许可又称商标授权,是指商标注册人通过签订商标使用授权合同,授权他人使用其注册商标的法律行为。被授权者按合同规定从事经营活动(通常是生产、销售某种产品或者提供某种服务),并向授权者支付相应的费用——权利金;同时授权者给予人员培训、组织设计、经营管理等方面的指导与协助。在商标授权合同中,被授权人其实就是商标租赁者,对他们而言通过专业化的商标授权途径,可获得商标的使用权,凭借该商标的知名度和良好的形象、经营理念,能够以较低的成本,较快的速度,较低的风险,使自身产品进入市场并被市场接受,从而可以使企业及产品快速地走向成功。商标授权人同样也可从商标授权中获取利益。一方面可以通过商标授权获取资金收益;另一方面还可以通过商标授权扩大商标知晓度,忠诚度等品牌价值。

商标许可与租赁活动应与品牌管理相结合。即商标授权活动中无论商标许可方或者商标租赁方都必须注意商标的许可或租赁必须符合品牌定位要求。商标授权他人使用也是一种展示商标的方法,如前所述一切与品牌有关的活动都必须服从品牌定位。商标许可方必须考虑被许可使用商标的企业其生产的产品从使用范畴、品质、定价、风格、目标顾客等各要素是否和企业商标的现状相冲突,否则许可行为给商标所有人带来的可能是灾难。商标租赁类似于贴牌行为,租赁方在租赁他人商标时也应该考虑品牌定位问题,通常应该寻找并租赁能够提升自己品牌价值的商标。如果某个商标在市场上声誉极高,所代表的产品种类与本企业产品属于同一类别,产品质量等又被市场认为高于本企业产品,就是能够提升企业品牌的商标。企业如果持续租赁这种商标并保留能证明该租赁行为的相关资料,将来在自己的产品上使用自己商标或其他自主品牌标记时就可以通过媒体等信息传递渠道公开证明商标租赁行为的相关资料,即可获得终端市场认可,便于迅速提升品牌价值,开拓市场。

商标许可合同中还要关注法律问题,应以合同形式充分规定双方的权利与义务,以书面形式明确约定授权期限、使用范畴、使用方式、合同终止方式等内容。前些年,我国一些知名企业在与跨国企业签订的商标授权使用合同中由于权利义务约定不够细致,一些知名商标遭遇被雪藏或冷落的命运,实在是惨痛的前车之鉴。

三、商标转让

商标转让是指注册商标所有人将该商标转让给他人的法律行为。商标转让可以是独立的转让行为,也可能是系列合同中的一部分。比如企业并购或企业业务单位转让行为中常常包含商标转让行为。但无论是哪种类型的商标转让都必须符合法律的相关规定,都必须是企业管理策略的一部分。首先应根据企业运营需要决定放弃哪些商标及相关品牌标识。其次应根据企业运营策略与商标受让方签订商标转让合同。如果企业转让商标的目的是为了永久放弃某个业务单位,并放弃与该业务单位相关的商标或其他品牌标识,商标转让合同相对较为简单。如果企业转让商标的目的是为了以此商标获取更大的利益,比如两家企业共同出资创建合资企业,其中一家企业将商标转让给新成立的合资企业就是为了以此商标获取更大利益而实施的商标转让行为。此时签订的商标转让合同非常复杂,通常会超越普通商标转让合同范畴,涉及商标推广、销售渠道、商标商品收益归属等诸多方面问题。中外合资企业中,中方企业屡屡受到合资企业打压,有一些问题就与商标转让相关协议签订不够细致有关,"达娃之战"就是典型例证。

2009年5月21日,杭州中级人民法院驳回达能公司方面要求撤销杭州仲裁委员会于2007年12月就"娃哈哈"商标转让协议所作裁决的申请,这意味着杭州仲裁委员会终审认定的娃哈哈商标归属最终有效,即"娃哈哈"商标被确认归属娃哈哈集团。[①] 广为关注的"达娃之战"终于告一段落。表面看"娃哈哈"商标归属问题是"达娃之战"的焦点问题之一,实际上商标之争之所以能成为焦点问题是因为背后的利益之争。

1996年娃哈哈与达能成立合资企业合同后,达能参股乐百氏、正广和、光明等多个同业品牌,娃哈哈集团也成立多个非合资企业。达能与娃哈哈的做法实际上都违背了达娃成立合资企业时签订的合同。"按照合资合同的要求,中方'不得从事任何与合资公司的业务产生竞争的生产和经营活动'。而对外方的要求则含糊地表述为'不损害合资公司利益'。达能表示,其参股乐百氏等企业的行为因目标市场、价位等的不同并没有损害合资公司利益,要证明其参股行为有损合资企业利益,显然有相当难度。娃哈哈与达能签订了商标转让合同,与商标许可使用合同,而娃哈哈非合资企业使用了娃哈哈商标,显然很容易证明娃哈哈行为属于从事与合资公司业务产生竞争的生产经营活动,而且也侵犯了合资企业商标所有权,由此授予达能利用法律打击娃哈哈非合资企业的把柄,具体表现为商标之争。

---

① 达能诉讼被驳回:"娃哈哈商标终审判归娃哈哈 京华时报",载《京华时报》2008年8月5日。

第四节 地理标志管理

一、地理标志涵义

地理标志用来标识某产品的来源,表示该产品来源于某个地区或国家,其特定质量、特色、信誉或者其他特征,主要由该地区的自然因素或者人文因素直接相关。地理标志对相关企业或个体具有重大意义。首先,地理标志常常与产地的自然环境或者人文因素密切相关,是消费者判断产品或服务来源地的重要标记。譬如提到阿胶,很多中国人都知道产自山东东阿阿胶镇的阿胶才是真正的好阿胶;提到大米,相信很多消费者会条件反射般地想到东北大米;提到腊肉,重庆人就会想到城口老腊肉。无论东阿阿胶、东北大米、城口老腊肉……都能明确地向顾客证明产品的来源地从而证明产品或服务质量的功效。其次,地理标志的品质保障功能,可为农民或农业企业带来巨大经济效益。这是因为消费者总是倾向于购买质量可靠的产品,产品附上地理标志后能有效地向消费者证明产品质量吸引消费者购买,当产品销路得到保证后企业或相关个人自然财源滚滚。有调查显示有地理标识的农产品价格普遍比同类产品价格高出10%-90%。

二、我国对地理标志保护的法律法规

（一）地理标志商标保护

1994年国家工商行政管理局制定《集体商标、证明商标注册和管理办法》,使地理标志在我国第一次可以作为证明商标受到保护。2001年10月27日,我国对《商标法》进行了第二次修正;2013年8月30日第三次修正的《商标法》,于2014年5月1日起正式实施。2003年4月7日,国家工商行政管理局又颁布新的《集体商标、证明商标注册和管理办法》,对地理标志的集体商标和证明商标注册保护做了进一步的充实和完善;2007年1月24日,国家工商总局发布《地理标志产品专用标志管理办法》,并于2007年1月30日起施行。

（二）农产品地理标志保护

2012年12月28日第二次修订的《农业法》第23条规定,国家支持依法建立健全优质农产品认证和标志制度,对于符合规定产地及生产规范要求的农产品可以依照规定申请使用农产品地理标志;第49条还规定,国家保护植物新品种、农产品地理标志等知识产权。2006年4月29日颁布的《农产品质量安全法》第32条规定,"农产品质量符合国家规定的有关优质农产品标准的,生产者可以申请使用相应的农产品质量标志"。2007年12月25日,农业部颁布了《农产品地理标志管理办法》,自2008年2月1日起全面启动农产品地理标志登记

保护工作。农业部农产品质量安全中心依据该办法制定了《农产品地理标志产品品质鉴定规范》等20多个配套技术规范,对农产品地理标志登记程序进行了明确的规定。

(三) 地理标志产品保护

1999年8月17日,原国家质量技术监督局发布实施《原产地域产品保护规定》,是我国第一部专门规定地理标志制度的部门规章。2001年4月1日,原国家出入境检验检疫局实施《原产地标记管理规定》,对地理标志作出了新的管理和保护规定。2005年6月7日,国家质检总局以第78号局长令发布《地理标志产品保护规定》,并于2005年7月15日开始施行。

三、地理标志发展中存在的主要问题

(一) 部门职责不明,导致混乱不清

我国现有的地理标志保护制度可以概括为两种模式、三套制度。由国家工商总局商标局核准地理标志证明商标,农业部认定农产品地理标志,国家质检总局认定地理标志产品。首先,各法律、法规和规章分别规定了地理标志产品的申报部门、审批程序以及审核方法等行政管理制度,各行政管理部门的职能发生交叉,且各部门之间往往没有工作来往,缺乏有效沟通。这一状况往往会使生产者、经营者无所适从,要么因不确定到底是申报证明商标还是地理标志而耽搁产品的申报工作,导致市场竞争优势丧失,经济利益受损;要么将同一项产品同时申报注册证明商标和地理标志,导致行政资源浪费,也加重了生产者、经营者的负担和运营成本。如四川省地理标志管理涉及多个部门:地理标志——省工商局;农产品地理标志——省农业厅,地理标志产品——省质检局;还有林产品地理标志——省林业厅,水产品地理标志——省水利厅。其次,地理标志称谓不统一,导致消费者认知模糊。我国地理标志的管理涉及多个部门,各部门对地理标志的称谓及LOGO图案也不尽相同,如国家工商总局——地理标志,农业部——农产品地理标志,质检总局——地理标志产品,其包括的内容也不相同,不要说消费者分辨不清,就是一些专业人士也难以辨别。此外,在对外双边经贸谈判中,由于我国在地理标志方面的谈判主体不明,欧盟国家往往选择不同的谈判对象,造成我国地理标志往往得不到有效保护,甚至损害到国家利益。如在中欧"10+10"地理标志产品互认试点项目中,中欧双方承诺将会为对方的10种农产品提供保护。从表面上来看,双方是平等的,互认10个地标产品但是由于产品的知名度、产值及在当地所占的市场销售比例等差异。实质上,我国与欧美的双边谈判中,并没有取得预期的效果。

(二) 地理标志申报主体不确定,在管理上出现偏差

在调研中,我们发现:地理标志的申报主体五花八门,一些地理标志的持有

者不是首先考虑如何促进区域内的产业发展,而是采取收会费,或者卖地理标志标签等手段来创收。对于没有加入协会或者不缴费的生产经营者则采取禁止使用,甚至采取一些行政手段来干预。这些地理标志的申请者大多数是政府下属的事业单位;有的是行业中的龙头企业。而真正由行业协会自己经营管理的地理标志,尽管成功的并不多,但是却很有代表性,如杭州市余杭区径山茶业管理协会("径山茶")。而我国众多的农业专业合作社,也在争取成为地理标志申报主体。但是,由于自身没有监管能力,也同时在从事市场经营活动,与民争利,不宜作为申报主体。由于地理标志注册人的主体资格不同,在产业经营中,就出现了不同的经营模式:有的注册人不准产区内没有加入协会的生产经营者使用地理标志;有的提高产品生产标准,不准不达标的生产经营者使用地理标志,从而引发纠纷。

(三)单纯追求申请注册数量,缺乏实施动力

近年来,各级政府对申报地理标志工作极为重视,出台了一系列政策,采取了许多激励措施。一些省市地理标志的申报数量在短短 3 年时间,超过了 10 倍,有的甚至达 20 倍,申报数量惊人。但遗憾的是,由于受组织、技术、生产规模、营销渠道、加工、物流等因素的影响,有些地理标志产品并没有给生产者、经营者带来所期望的经济利益,使得许多地理标志申请注册后,地理标志持有人、经营者并未对其进行大规模宣传推广,从而形成地理标志数量多,但缺乏优质地理标志产品的现象。如巫溪的"宁河土鸡",属于重庆市特有的地方品种,肉质好、营养价值高。但在成功申报地理标志后,并没进行大规模推广,销售量和知名度都不如城口山地鸡、秀山土鸡,优质的资源并没有带来丰厚的回报。

(四)品牌推广不力,影响消费者认知

消费者的需求是地理标志发展的真正动力。地理标志的发展离不开消费者,但从我们多年的研究成果来看,消费者还没有认识到地理标志所带来的真正利益。消费者在购买产品时,更多地关注有机食品、绿色食品、品牌产品或者地方特色产品等,并没有关注产品是否拥有地理标志。由于我国目前农业产业化程度不高,农产品供应主体分散,产品质量良莠不齐。有的地理标志产品被人们誉为"一流的品质,二流的包装,三流的价格",市场竞争力不强,品牌支撑作用不明显。难以统一管理和宣传,难以进行市场化运作,难以形成产业化优势。人文历史和自然条件形成的传统优势没有得到有效发挥,没有把潜在价值转化为经济价值,市场的占有率较低。受传统思想意识和传统经营模式的影响,加之一些不当的宣传,使社会各界对地理标志商标概念模糊,知之甚少甚至理解偏差。由此可见,地理标志申请注册,只是拥有了产品品牌,但是消费者没有认知,没有购买意愿,仍然不会带动销量增长。

（五）擅自扩大产地范围、改变生产技术，产品质量难以保证

一些地区为了追求生产规模，盲目扩大产地范围，如"龙井茶"成为地理标志以后，得到很大发展，生产规模从原本的龙井周边地区扩大到西湖区域，乃至杭州、绍兴等地区，生产区域扩大了，但是"龙井茶"的品质却难以保障，甚至"龙井茶"还有可能成为通用名称；另外，生产工艺的变化，难以保证产品质量。在农产品的加工过程中，传统工艺往往费时费力，有的生产者擅自改变生产工艺，导致产品质量变化。如"涪陵榨菜"，一些生产企业将传统的青菜头风干脱水程序改为盐渍脱水，生产效率提高了，但是生产的榨菜产品口感却发生了变化，消费者吃到的不再是"原来的味道"了。

四、地理标志发展对策

（一）建立统一保护机制，分工协调发展

1. 采用商标法律体系保护地理标志，遵循国际协定要求、符合我国国情

国际上地理标志的保护的确存在商标保护、反不正当竞争法保护、专门法保护三种模式，各个国家依据本国国情选择适合本国国情的法律模式。采用专门法形式保护原产地名称制、地理标志的国家都是领土小、农业高度发达的小国，地理标志（原产地名称）产品是其国家的支柱产业产品、主要出口换汇产品，关系国家安全，可以采用专门法形式保护，由国家控制和管理模式。我国依据入世承诺，修改《商标法》，将地理标志正式纳入商标体系予以注册、保护，是经过审慎论证的。而我国地大物博，地理标志产品丰富，但由于地缘因素的影响，一些地理标志产品只在区域内有名，因此我国以商标法律体制保护地理标志，符合中国国情。

2. 采用《商标法》保护地理标志，符合《立法法》的规定

根据《立法法》第 8 条第 7 款的规定，民事基本制度只能制定法律。《立法法》第 71 条规定："国务院各部、委员会、中国人民银行、审计署和具有行政管理职能的直属机构，可以根据法律和国务院的行政法规、决定、命令，在本部门的权限范围内，制定规章，部门规章规定的事项应当属于执行法律或者国务院的行政法规、决定、命令的事项。"第 72 条规定："涉及两个以上国务院部门职权范围的事项，应当提请国务院制定行政法规或者由国务院有关部门联合制定规章。"

从立法权限来看，《农业法》第 23 条规定，"国家支持依法建立健全优质农产品认证和标志制度"，对于"符合规定产地及生产规范要求的农产品可以依照规定申请使用农产品地理标志"，这其中"依法建立"，在规定中没有明确，各部门有不同的解读，但是根据现有法律法规来看，"依法"应当是指依据《商标法》，从而可以使各方意见达成一致。《地理标志产品保护规定》第 5 条明确规定，申请地理标志产品保护，应按照规定经审查批准，使用地理标志产品专用标志，必

须注册登记,并接受监督管理。这是一个行政许可,而《行政许可法》规定,只有法律、行政法规才可以设定行政许可。很明显,《地理标志产品保护规定》保护力度明显不足。

为此,对于现有地理标志保护制度中出现的两种模式、三套制度,应当提请国务院相关部门对现有法律法规进行清理。应当进一步明确采用商标制度保护地理标志,但是多部门之间应该有明确分工,如,工商部门——地理标志的申请注册,地理标志产品市场交易管理;农业部门——对地理标志产品的生产过程实施管理;质监部门——对地理标志产品质量进行监督管理。各部门应分工合作,共同促进农产品的生产和销售,增强产品的市场竞争力,提高农民的经济收入。在双边谈判中,应当明确以国家商标总局为主,商务部、农业部、质量监督总局参与,避免再次出现多部门对外的不利局面,维护国家利益。

(二) 明确地理标志申报主体,正确领会立法精神

地理标志的申报主体,应当是不以赢利为目的,具有与所监督使用的地理标志相应业务内容的团体、协会、或者其他组织。但是,目前地理标志的申报主体却是五花八门,真正由行业协会自己经营管理的地理标志,尽管成功的并不多,但是却很有代表性。借鉴其他国家的先进经验,结合我国实际,我们认为,地理标志的申报主体应该以行业协会为主。在发展初期政府应当起主导作用,对行业协会给予资金支持,并采取必要的行政措施,促使地理标志的健康发展,但是在行业协会具有造血机能后,政府应该逐步减少干预,将权力交给行业协会,由行业协会按照市场规律运行。如杭州市径山茶行业协会,经过十多年的努力,"径山茶"产业得到了大力发展,协会也实现了自我发展,维护和发展地理标志已经形成了区域内农户自发的、主动的、自觉的行为。该协会的做法,值得学习和借鉴。

此外,《商标法实施条例》第 6 条规定,以地理标志作为证明商标注册的,其商品符合使用该地理标志条件的自然人、法人或者其他组织可以要求使用该证明商标,控制该证明商标的组织应当允许。对于这一点,许多地理标志持有者,反响尤其激烈。争议的焦点主要有两点:(1) 从协会的角度来看,区域内的生产经营者不加入行业协会,行业协会管理有困难;其次是区域内的生产经营者产品质量达不到标准,影响到整个地理标志产品的品牌形象。(2) 从生产经营者的角度来看,祖祖辈辈都在从事该产品的生产经营,现在注册为地理标志产品,不许我再使用地理标志名称,的确没有道理。基于这两个方面的问题,应该充分领会地理标志的立法精神,"地理标志制度就是为了保护和发展区域内的特色产品,打击区域外的假冒产品"。从这个角度来理解,就释然许多。申言之对于区域内的生产经营者,行业协会有义务帮助生产经营者保证产品品质,共同维护和促进产业发展,这也是构建和谐社会的具体体现。

(三) 注重地理标志产品保护，调动生产经营者积极性

以"公司＋地理标志＋农户"的产业化经营模式，以地理标志作为联系企业与农户的纽带，就可以提高农民进入市场的组织化程度，成为促进农民增收、带动农村经济发展、实现农业产业化经营的有效途径。地理标志的快速发展离不开龙头企业。因此，应该加强对龙头企业的政策支持，只有龙头企业才有可能在产品生产、加工、包装以及宣传等方面起到引领和示范作用。对于区域内的生产经营者，有必要通过"行业监管、统一品牌宣传、统一基地认证、统一生产标准、统一包装标识、统一市场营销"，从而提高地理标志证明商标的生命力，促进产业健康发展。如陕西省"韩城大红袍花椒"地理标志商标，已建成了 3500 万株规模的花椒基地，年产量突破 1500 万公斤，年收入突破 3 亿元。韩城已成为全国规模最大、产量最高、效益最好的花椒生产基地。

(四) 加强地理标志宣传，促进消费者认知

没有对地理标志的认识和了解，发展和保护地理标志就无从谈起，因此政府不能仅将激励措施停留在地理标志的申报注册阶段，应当采取"政府搭台，企业参与"，积极宣传和推广地理标志，让消费者真正认识到地理标志所具有的品质保证和质量保障功能。积极宣传地理标志所标示的产品与特定的地理区域或人文因素密切相关，其独特资源在市场上具有比较强的"比较优势"，甚至会形成"绝对优势"，增强消费者对地理标志产品的认知和忠诚度，从而也激发企业运用地理标志的积极性。如举行"地理标志产品巡回展""地理标志征文大赛"，评选"最佳地理标志广告宣传片"等。最近开始运营的"中国地理标志产品商城"，为地理标志产品交易从线下搬上了线上提供了一个很好的电子商务交易平台，应该是一个很好的尝试。

(五) 挖掘地理标志文化内涵，提升品牌附加值

推动地理标志注册的目的是保护和发展，保护地理标志的实质是保护一种资源，保护一种自然和文化遗产，使之能够形成良好的发展和延续。但是保护地理标志最本质和最核心的内容应该是地理标志的经营管理者必须保证地理标志产品的特色和质量。不要为数量牺牲质量，不要为短期利益牺牲长期利益。在地理标志的生产中有三个方面的内容需要引起注意：(1) 地理标志产品由于受该地区自然环境或者人文因素的影响，产量自然会有所限制，但是，现代经济是品牌经济，品牌的基本功能就是市场识别和吸引市场注意力。地理标志更能突出品牌特色，也更能体现该产品生产区域的自然环境或人文因素，吸引消费者。当地理标志赋予文化内涵后，地理标志与文化旅游结合起来，产业得到进一步的升华，品牌附加值更为显著。(2) 由于地理标志产品品牌附加值的提升，产品利润更为丰厚，吸引了该地区的生产经营者的积极参与，该地理标志产品产量将会得到大幅度提高，当地的经济收益也会明显增加。(3) 地理标志具有显著的原

产地特征,因此可以提升为国家品牌,增强对外贸易竞争实力,出口创汇。如延安"洛川苹果",其品牌效应带来了丰厚的利润。现已形成300万亩的种植规模,惠及150万农民,市场营销网络覆盖全国28个省市,出口东南亚及欧洲等20多个国家和地区。"洛川苹果"在使用地理证明商标后,产品附加值成倍增长。"洛川苹果"已经成为当地百姓的"财富果"。

推荐阅读

1. 刘红霞:《商标资产管理研究》,中国工商出版社2009版。
2. 萧延高:《企业知识产权能力与竞争优势》,知识产权出版社2011版。

第六章　企业著作权管理

要点提示

本章重点掌握的概念:(1) 著作权的概念与特征;(2) 著作权的客体;(3) 著作权的权利内容;(4) 企业著作权获取的方式;(5) 企业著作权运用的方式;(6) 我国著作权集体管理制度的现状;(7) 企业著作权保护的途径。

本章知识结构图

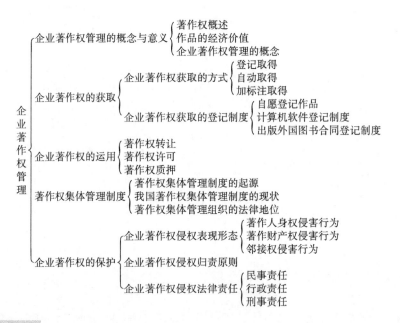

引导案例

美国梦工厂推出的《功夫熊猫1》是第一部在中国票房收入超过1亿元的动画片,《功夫熊猫2》在中国票房达到5.97亿元。截至2011年,这两部影片在全球范围的票房收入总计超过12.5亿美元。迪士尼曾在1998年6月推出了一部首次以中国题材为背景的动画片《花木兰》,该片在美国票房达到1.2亿美元,全球票房达到 3 亿美元。

第一节　企业著作权管理的概念与意义

一、著作权概述

（一）著作权概念界定

"著作权"一词最早出现于日本 1899 年颁布的著作权法之中,其本意是"复制权"或"翻印权",英文词为 copyright,也即从一份复制到多份的权利。大陆法系与英美法系国家的立法中均对著作权作了详尽的规定,但大陆法系与英美法系国家对于著作权的权利内容却各有侧重。相比较而言,大陆法系国家将著作权作为基本人权的内容,将著作权称为"作者权"（Author's Right）;而英美法系则更侧重于著作权的经济属性。

著作权可以从狭义与广义两个角度来理解。狭义上的著作权仅包括创作者对自己创作作品所享有的原始性权利;广义上讲,著作权不仅包括狭义的著作权,还包括创作者之外的其他著作权人对作品所享有的权利,例如邻接权等内容。本书在阐述著作权的相关内容时,采纳广义著作权的观点。

与传统权利相比,著作权具有反映其作为知识产权属性的下列特征：

1. 自动获得

与商标权或专利权相比,著作权具有一个明显的特征即自动获得。具体而言,著作权是在作品的创作完成的那一刻自动获取的,无须像商标抑或专利那样需向相关部门申请核准注册、登记。只要作品具备《著作权法》规定的独创性,那么自作品完成的那一刻起,无论作品本身是否发表,创作人即获得了该作品的著作权。

2. 地域性

著作权是一项垄断性权利,一般来讲其效力范围取决于一国著作权法的效力范围。著作权与商标权和专利权不同的在于,由于世界上越来越多的国家加入了《伯尔尼公约》,而该公约要求成员国对著作权实施自动保护,并对其他成员国的著作权实施国民待遇原则。因而《伯尔尼公约》一个成员国内形成的著作权可以在所有成员国范围内获得法律保护。这也构成了对著作权地域性的一种超越。

3. 时间性

著作权由精神权利和财产权利构成。精神权利的法律保护不受时间限制,而财产权利的法律保护则有一定的期限性。包含著作权法在内的知识产权法的立法主旨是在权利人与社会公共利益之间找到平衡点,著作权是一种垄断性权利,但应当对其行使财产性权利的时间予以限制,这样便于文学艺术作品得到更好的传播,有益于全人类的福祉。

4. 可复制性

著作权是一种无形的权利,虽然附着于有形的载体,但无法像物一样直观被感知。作品与作品的载体是两个法律概念,分别是著作权与物权保护的客体,一个是无形,一个是有形,相互关联而又彼此独立。基于著作权客体的无形性,因而可以被无限的复制与重复利用,但不会发生有体物一样的损耗。

(二) 著作权的客体与表现形式

著作权的客体是作品。《著作权法实施条例》第2条规定,作品是在文学、艺术和科学领域内具有独创性的,并能够以某种有形形式复制的智力创作成果。判断一项创作成果能否成为著作权法意义上的作品,主要是看该成果是否具备"独创性"。著作权的客体具有多种表现形式,主要包括以下方面:

(1) 文字作品。文字作品是指用文字或其他等同文字的各种符号来表达思想情感的作品,如小说、诗歌、散文、剧本、乐谱、论文、教材、文书、书信、日记等等。

(2) 口述作品。口述作品是指以口头方式创作的,尚未以物质载体固定的语言作品,如讲课、演说、法庭辩论、祝词、说书等,但并非所有的口头表达都构成作品,口头表达需要相对完整,并且同时符合独创性要件。

(3) 音乐作品。音乐作品是指能够演唱或演奏的、用有组织的乐音来表达思想感情的、带词或不带词的作品,如声乐作品歌曲、器乐作品交响曲等。

(4) 戏剧、曲艺作品。戏剧作品是指话剧、歌剧、地方戏等供舞台演出的作品;曲艺作品,是指相声、快书、大鼓、评书等以说唱为主要形式表演的作品。

(5) 舞蹈作品。舞蹈作品是指通过各种动作、姿势、表情的设计与编排来表达某种思想感情的作品。

(6) 杂技艺术作品。杂技艺术作品是指通过各种有独创性的技艺的编排设计表现某种思想观点形成的作品。

(7) 美术作品。美术作品是指以各种色彩、线条、造型等方式创作的平面或立体形式的艺术作品,如绘画、书法、雕刻及工艺美术品等。

(8) 建筑作品。建筑作品是指在外观、装饰或设计上具有独创性的建筑物本身以及建筑设计图与模型,是人们以某种方式创作完成的、创造性地表达和反应对于永久或固定的建筑物(或构筑物)的设计构思和内外空间特征的、可以被有形复制的智力成果。

(9) 摄影作品。摄影作品是指借助摄影器材和科技手段,以拍摄独特的技巧和角度,记录和显示事物的影像以表达某种情感的艺术作品。

（10）电影和以类似摄制电影的方法创作的作品。电影作品和以类似摄制电影的方法创作的作品又称为影视作品,是指摄制并记录在一定的介质上,由一系列伴音或无伴音的活动图像组成,并可借助于适当的装置重新放映、播放的作品。

（11）工程设计图、产品设计图、地图、示意图等图形作品和模型作品。图形作品是指为施工、生产绘制的工程设计图、产品设计图,以及反映地理现象、说明事物原理或者结构的地图、示意图等作品。模型作品是指为展示、实验或者观测等用途,根据物体的形状和结构,按照一定比例制成的立体作品。

（12）计算机软件。计算机软件是指计算机程序及其有关文档。

（三）著作权的内容

著作权的内容是指著作权人就其作品所享有的由法律赋予的各项权利。具体而言,著作权包括著作人身权与著作财产权。

1. 著作人身权

著作人身权,是指作者基于作品依法享有的以人身利益为内容的各项权利。依照大陆法系国家的著作权理论,著作权是基本人权之一,是作者人格权的具体延伸。具体而言,著作人身权包括发表权、署名权、修改权和保护作品完整权。我国《著作权法》第10条第1款规定,发表权是指决定作品是否公之于众的权利。署名权为表明作者身份,在作品上署名的权利。修改权即修改或者授权他人修改作品的权利。保护作品完整权是指保护作品不受歪曲、篡改的权利。上述四项权利共同构成了著作人身权的权利内涵。通常来说,作者的著作人身权不受时间的影响,且不可转让。根据我国《著作权法》第20条的规定,作者的署名权、修改权和保护作品完整权的保护期限不受限制。

2. 著作财产权

著作财产权,又称著作经济权,是著作人身权的对称,是指著作权人自己使用或者授权他人以一定方式使用作品而获得物质利益的权利。各项具体的著作财产权包括复制权、发行权、出租权、表演权、展览权、放映权、广播权、信息网络传播权、摄制权、改编权、翻译权、汇编权、许可他人使用并获得报酬的权利、转让权以及应当由著作权人享有的其他权利。

二、作品的经济价值

对于作品经济价值的认识,东西方存在一定差异。我国的传统观点认为,"盖文章,经国之大业,不朽之盛事",文章、书籍是传承文明、思想的载体,具有极高的社会价值,但是经济价值却未能受到充分的尊重。其原因主要有两点:一是我国自古以来就存在轻视商业的传统,传统的文人坚持"君子以义为上"的道德观念,耻于"言利",作品创作往往仅仅从"著书立说""名流千古"的精神层面出发，较少涉及经济利益。直至 1910 年，清末《大清著作权律》颁布，我国历史上才首次承认了著作权。新中国成立后，对著作权的保护也是一路坎坷，直到 1990 年我国《著作权法》才颁布实施，著作权成为法律正式认可的法律权利，受到全面保护。而西方则不然，1525 年，德国宗教改革领袖马丁·路德曾就印刷商盗印其手稿的行为出版了《对印刷商的警告》，并认为未经作者同意非法盗版的行为与拦路抢劫如出一辙。1709 年，世界上第一部版权法《安妮女王法令》的立法宗旨就是维护作者及其他权利人的经济利益，体现出明显的"重商主义"色彩。当代国外的著作权法，特别是英美法系国家的著作权法尤其重视对著作权人经济利益的保护，也一定程度上影响了世界著作权立法的思想潮流。[1]

当今世界，各主要国家和地区纷纷将著作权纳入产业化的发展道路[2]，并引出了"著作权产业"（版权产业）的概念。版权产业是指以著作权为生产要素和盈利资源的产业。根据世界知识产权组织的标准，版权产业可以分为四大类：核心版权产业、部分版权产业、边缘版权产业以及交叉版权产业。核心版权产业是指以原创、生产、发行或展览版权产品为主要目的的产业，主要包括：报纸、图书、期刊、摄影、录音、音乐出版、广播和电视播放、商用及娱乐软件等；部分版权产业是指部分产品为版权产品的产业，包括纺织品、珠宝首饰、家具、玩具、游戏等；边缘版权产业包括将受版权保护和部分不受版权保护的产品发行为商家和消费者的产业，包括为发行版权产品服务的运输服务、电讯业、批发商和零售商，但这些行业产生的全部产值中只有一部分被视作版权产业的产值；交叉版权产业是指主要目的是促进有版权的作品的创造、生产或者使用的设备的产业，包括制造业、CD 机、电视机、VCR 机、个人电脑和批发商和零售商，此外这些设备还包括空白磁带和打印纸。[3]

美国政府在衡量版权产业对经济的贡献率的过程中，主要是通过对国内生产总值的净产值、提供就业岗位以及外贸出口收入三个方面加以考量。据统计，2005 年美国的全部版权产业产值为 13.9 万亿美元，其中核心版权产业产值为 8.19 万亿美元，占美国 GDP 比重的 6.56%。2002 年—2005 年，美国核心版权产业和全部版权产业每年的增长率达到了 7%，几乎达到了同期美国国民经济增长率的两倍。据美国国际知识产权联盟发布的《美国经济中的版权产业（2003—2007）》显示，2007 年美国版权产业增加值达到 1.5 万亿美元，同比增长 7.9%，同期美国国内生产总值增长率为 2%，美国版权产业对经济增长的贡献

---

[1] 曾德国主编：《知识产权管理》，知识产权出版社 2012 年版，第 152—155 页。
[2] 袁华卿：《世界经济中的版权产业——主要国家和地区版权产业报告综述》，http://article.chinalawinfo.com/ArticleHtml/Article_33432.shtml，访问日期：2013 年 11 月 30 日。
[3] 斯蒂芬·斯维克：《美国版权产业缘何能唱经济'主角'》，胡知武、蒋言斌译，http://www.sipo.gov.cn/dtxx/gw/2007/200804/t20080401_353569.html，访问日期：2013 年 11 月 30 日。

率甚至达到43%。在提供就业岗位方面,2005年美国核心版权产业的雇工人数达到了538.04万人,全部版权产业雇工人数为1123.56万人。同年,美国核心版权产业每个工人年平均薪酬为6.27万美元,而当年全美的年平均收入为4.98万美元。在出口贸易方面,录音业、电影业、计算机软件业和非软件出版业四个核心版权产业的海外销售收入总额2004年达到了106.23亿美元,2005年达到了110.82亿美元。根据国际知识产权联盟于2011年11月发布的"美国经济中的版权产业报告"2011版,2010年美国核心版权产业创造整体产值达到了9318亿美元,占美国经济的6.36%;整个版权产业的总产值达到了16,270亿美元,占2010年美国国内总产值的11.1%。从2007年至2010年,虽然这段时间美国经济持续低迷,但核心版权产业每年的增长率仍然达到1.1%,超过了美国经济同期0.05%的年增长率。2010年,美国核心版权产业解决了美国近510万人的就业问题,占到了美国劳动人口的3.93%,整个版权产业为1060万美国人提供了就业岗位,占整个国家就业人口的9.91%。另外,2010年美国版权产品和服务销售额达到了1340亿美元,比2007年增长4%,明显高出其他产业部门的销售额。[①]

美国国际知识产权联盟总裁艾瑞克·史密斯在评价美国版权产业时谈到:"美国的这一创造性产业所取得的经济成果,已经跨过了一系列重大的里程碑。当我们进一步跨入信息时代的时候,像商业软件和娱乐软件业、电影业、电视和录像业、音乐和录音业、书刊出版业等产业,都是宝贵的国家财富,也是美国全球竞争力的源泉。"[②]不仅仅是美国,世界范围内的版权产业在过去的数十年中都以极快的速度发展。

三、企业著作权管理的概念

企业著作权管理的上位概念是企业知识产权管理。企业知识产权管理是指从规范企业知识产权工作角度出发,充分发挥企业中知识产权的重要作用,促进企业自主创新,推动企业强化对知识产权的有效开发、保护、运营而对企业知识产权进行的计划、组织、指挥、协调、控制等活动。[③] 企业著作权管理是指以有效整合企业的著作权资源为目的而实施的,针对著作权的获取、维护和应用等环节的专业化组织、协调工作。

目前与著作权管理相关的法律规范主要有《著作权法》《著作权法实施条例》《计算机软件保护条例》《信息网络传播权保护条例》《著作权集体管理条

---

① 李霄:《美国发布2011版权产业报告》,载《全国新书目》2011年第12期。
② 李明德:《版权产业与知识经济》,http://www.iprcn.com/IL_Lwxc_Show.aspx?News_PI=1737,访问日期:2013年11月30日。
③ 冯晓青:《企业知识产权管理》,中国政法大学出版社2012年版,第11页。

例》等。我国最高人民法院还颁布了相关的司法解释,例如《关于审理涉及计算机网络著作权纠纷案件适用法律若干问题的解释》。

我国国家版权局也颁布了相关的部门规章,例如《作品自愿登记试行办法》、《著作权质押合同登记办法》《关于出版境外音像制品著作权合同登记工作有关问题的通知》《计算机软件著作权登记办法》等规范性文件。

除此之外,还有一些行政法规与规章。行政法规包括《出版管理条例》《电影管理条例》《音像制品管理条例》《传统工艺美术保护条例》。行政规章例如《著作权行政处罚实施办法》《出版物市场管理规定》《出版物条码管理办法》《电子出版物管理规定》《出版物印刷管理规定》等。

另外,我国还加入了相关的国际条约,具体包括:《世界知识产权组织版权条约》《世界知识产权表演和录音制品条约》《保护文学和艺术作品伯尔尼公约》。

第二节　企业著作权的获取

引导案例

广东原创动力公司于2005年推出了动画片《喜羊羊与灰太狼》。该动画片成为目前中国最成功的动画片之一,其中喜羊羊、灰太狼等动漫形象在服饰、文具、玩具、电子产品、家居广场等领域得到广泛使用,广东原创动力公司也因此获得了巨大的商业成功。①

一、著作权获取的方式

根据著作权取得方式的不同,可以分为登记取得、加注标记取得与登记取得三种方式。

(一) 登记取得

一些国家实施的著作权法规定创作人若要获得著作权需要到相关部门办理版权登记,就登记行为而言,又分为强制登记与选择登记两种。

在一些拉美、非洲的国家,实施作品强制登记原则。作品创作成功后只有到版权管理部门进行登记之后才能获得版权保护。如果在规定期限内未到版权管理部门登记的,创作人丧失著作权。而大多数国家并不强制性要求创作人就其作品进行登记,不登记并不影响著作权的取得。我国著作权法并未规定强制登记制度,各类作品根据创作人的主观意愿选择是否进行登记,但只有经过登记的

---

① 黄志杰:《解密"喜羊羊与灰太狼"幕后》,载《瞭望东方周刊》2011年第4期。

作品才可以通过海关备案。另外,在面临诉讼纠纷时,经过登记的作品更具有证明力,对于查明作品归属具有重要意义。

(二) 自动取得

《伯尔尼公约》与《知识产权协定》规定著作权随着作品创作完成依法产生,而不以登记或公开为获取著作权的必要条件。但作品完成后是否应当获得著作权还应该结合其他几个标准判断:(1) 作品类型应当属于《著作权法》规定的作品类型范畴;(2) 创作人应当是我国公民,如果是外国人或者无国籍人的,且其所属国或者经常居住国与我国签订协议或者共同参加国际公约,该外国人或无国籍人有权就其作品享有著作权;(3) 根据《伯尔尼公约》,作品首次出版地国为《伯尔尼公约》成员国的,那么该作品的著作权人可以在其他成员国对该作品享有著作权。

(三) 加标注取得

加标注取得是指创作人在其创作的作品上加上"不许复制""版权保留"或加上"©"标识或者在音像制品上加上"℗"的标识,并且标明版权人姓名或名称信息以及作品出版的年份,则表示其为该作品的著作权人,其作品受到法律保护,他人未经许可不得擅自使用。加标注取得的方式能够直观地现实一项作品的权利归属,便于社会公众的辨识,能够有效避免版权纠纷的发生。

二、著作权登记制度

(一) 自愿登记作品

根据我国《作品自愿登记试行办法》的规定,作品实行自愿登记。作品不论是否登记,作者或其他著作权人依法取得的著作权不受影响。各省、自治区、直辖市版权局负责本辖区的作者或其他著作权人的作品登记工作。国家版权局负责外国以及我国台湾、香港和澳门地区的作者或其他著作权人的作品登记工作。

作品登记申请者应当是作者、其他享有著作权的公民、法人或者非法人单位和专有权所有人及其代理人。属于下列情况之一的作品,作品登记机关不予登记:(1) 不受著作权法保护的作品;(2) 超过著作权保护期的作品;(3) 依法禁止出版、传播的作品。有下列情况的,作品登记机关应撤销其登记:(1) 登记后发现有《作品自愿登记施行办法》第5条所规定的情况的;(2) 登记后发现与事实不相符的;(3) 申请人申请撤销原作品登记的;(4) 登记后发现是重复登记的。

作者或其他享有著作权的公民的所属辖区,原则上以其身份证上住址所在地的所属辖区为准。合作作者及有多个著作权人情况的,以受托登记者所属辖区为准。法人或者非法人单位所属辖区以其营业场所所在地所属辖区为准。

作者或其他著作权人申请作品登记应出示身份证明和提供表明作品权利归

属的证明(如:封面及版权页的复印件、部分手稿的复印件及照片、样本等),填写作品登记表,并交纳登记费。其他著作权人申请作品登记还应出示表明著作权人身份的证明(如继承人应出示继承人身份证明;委托作品的委托人应出示委托合同);专有权所有人应出示证明其享有专有权的合同。

登记作品经作品登记机关核查后,由作品登记机关发给作品登记证,作品登记证按本办法所附样本由登记机关制作。登记机关的核查期限为一个月,该期限自登记机关收到申请人提交的所有申请登记的材料之日起计算。

作品登记表和作品登记证应载有作品登记号,作品登记号格式为作登字:(地区编号)—(年代)—(作品分类号)—(顺序号)号,国家版权局负责登记的作品登记号不含地区编号。各省、自治区、直辖市版权局应每月将本地区作品登记情况报国家版权局。作品登记应实行计算机数据库管理,并对公众开放,查阅作品应填写查阅登记表,交纳查阅费。录音、录像制品的登记参照该办法执行,计算机软件登记按《计算机软件著作权登记办法》执行。

(二) 计算机软件登记制度

为了贯彻实施《计算机软件保护条例》(以下简称《条例》),国家版权局于2002年颁布了《计算机软件著作权登记办法》,对计算机软件版权登记制度做出了明确规定。该办法适用于软件著作权登记、软件著作权专有许可合同和转让合同登记。

软件著作权登记申请人应当是该软件的著作权人以及通过继承、受让或者承受软件著作权的自然人、法人或者其他组织。软件著作权合同登记的申请人,应当是软件著作权专有许可合同或者转让合同的当事人。申请人或者申请人之一为外国人、无国籍人的,适用该办法。国家版权局主管全国软件著作权登记管理工作。国家版权局认定中国版权保护中心为软件登记机构,经国家版权局批准,中国版权保护中心可以在地方设立软件登记办事机构。

1. 登记申请

申请登记的软件应是独立开发的,或者经原著作权人许可对原有软件修改后形成的在功能或者性能方面有重要改进的软件。合作开发的软件进行著作权登记的,可以由全体著作权人协商确定一名著作权人作为代表办理。著作权人协商不一致的,任何著作权人均可在不损害其他著作权人利益的前提下申请登记,但应当注明其他著作权人。申请软件著作权登记的,应当向中国版权保护中心提交以下材料:按要求填写的软件著作权登记申请表;软件的鉴别材料;相关的证明文件。

申请软件著作权登记的,应当提交以下主要证明文件:自然人、法人或者其他组织的身份证明;有著作权归属书面合同或者项目任务书的,应当提交合同或者项目任务书;经原软件著作权人许可,在原有软件上开发的软件,应当提交原著作权人的许可证明;权利继承人、受让人或者承受人,提交权利继承、受让或者承受的证明。

软件著作权登记时,申请人可以申请将源程序、文档或者样品进行封存。除申请人或者司法机关外,任何人不得启封。软件著作权转让合同或者专有许可合同当事人可以向中国版权保护中心申请合同登记。申请合同登记时,应当提交以下材料:按要求填写的合同登记表;合同复印件;申请人身份证明。

申请人在登记申请批准之前,可以随时请求撤回申请。软件著作权登记人或者合同登记人可以对已经登记的事项作变更或者补充。申请登记变更或者补充时,申请人应当提交以下材料:按照要求填写的变更或者补充申请表;登记证书或者证明的复印件;有关变更或者补充的材料。

2. 审查和批准

中国版权保护中心应当自受理日起60日内审查完成所受理的申请,申请符合《条例》和本办法规定的,予以登记,发给相应的登记证书,并予以公告。有下列情况之一的,不予登记并书面通知申请人:表格内容填写不完整、不规范,且未在指定期限内补正的;提交的鉴别材料不是《条例》规定的软件程序和文档的;申请文件中出现的软件名称、权利人署名不一致,且未提交证明文件的;申请登记的软件存在权属争议的。

中国版权保护中心要求申请人补正其他登记材料的,申请人应当在30日内补正,逾期未补正的,视为撤回申请。国家版权局根据下列情况之一,可以撤销登记:最终的司法判决;著作权行政管理部门作出的行政处罚决定。中国版权保护中心可以根据申请人的申请,撤销登记。登记证书遗失或损坏的,可申请补发或换发。

3. 软件登记公告

除该办法另有规定外,任何人均可查阅软件登记公告以及可公开的有关登记文件。软件登记公告的内容如下:软件著作权的登记;软件著作权合同登记事项;软件登记的撤销以及其他事项。

(三) 出版外国图书合同登记制度

自1987年以来,国家版权局曾对有关涉外图书出版合同的审核登记作了若干规定。这些规定对于规范著作权贸易,保护著作权人的合法权利,帮助著作权人和使用者明确权利义务关系,减少侵权与合同纠纷曾起到了重要的作用。1995年,国家版权局颁布了《关于对出版外国图书进行合同登记的通知》的规定,特对以图书形式出版外国以及台湾、香港和澳门地区作品的合同登记办法重新作出了规范。

凡图书出版单位出版外国图书(包括翻译、重印出版),应与外国作品的著作权人签订出版合同,并将合同报著作权行政管理部门进行登记。各省、自治区、直辖市版权局(以下简称地方版权局)负责对本地区的(包括中央级出版社)出版外国作品合同进行登记。图书出版单位应在合同签字之日起7日内将出版合同正本送地方版权局登记。地方版权局在合同上加盖合同登记章后,退回国内出版单位。合同登记号由图字:(地区编号)—(年代)—(顺序号)号组成。

地方版权局应在7个工作日内完成登记,并在完成登记后7日内将合同复印件和所发合同登记号报国家版权局。国家版权局定期将合同的主要事项(包括合同双方当事人、授权内容等,不涉及商业秘密)予以公告。国内图书出版单位应在图书上注明合同登记号。

对于为配合出版外国图书而出版音像制品的合同,亦由地方版权局进行登记。对未按规定进行登记的图书出版单位,地方版权局将给予警告、通报批评和罚款等行政处理,并建议出版行政管理部门给予行政处理。对未进行合同登记造成侵权的,国家版权局将根据著作权法及其实施条例,从重给予行政处罚。

对于我国公民、法人和非法人单位授权外国出版我国作品,原则上不进行合同登记。但当事人提出要求合同登记的,地方版权局可以对授权合同进行登记。对以图书形式出版台湾、香港和澳门地区作品的合同进行登记,参照前述规定办理。

第三节 企业著作权的运用

引导案例

美国Marvel(惊奇)公司拥有包括《蜘蛛侠》《钢铁侠》《金刚狼》《X战警》《绿巨人》《神奇四侠》《美国队长》等超过5000个漫画版权,许多漫画形象被拍成好莱坞电影,广受欢迎。2009年,Marvel授权深圳天讯信息技术有限公司作为其亚洲地区动漫形象制定版权代理公司,负责将上述知名动漫形象在Digital和Mobile领域进行推广。[1]

企业著作权的运用主要通过三种方式:著作权转让、著作权许可使用与著作权质押。

一、著作权转让

著作权转让是指著作权人在著作权有效期内,将其所有的法律许可转让的财产权全部或者部分转让给他人所有的法律行为。根据《著作权法》第10条的

---

[1] 唐珺:《企业知识产权战略管理》,知识产权出版社2012年版,第200页。

规定,著作权人可以全部或者部分转让该法第 10 条第 1 款第 5 项至第 17 项规定的权利,即复制权、发行权、出租权、展览权、表演权、放映权、广播权、信息网络传播权、摄制权、改编权、翻译权、汇编权等,著作人身权不允许转让。因此,著作权转让本质上属于财产权的转让。

著作权中的各项财产权内容既可以一并转让,也可以分别转让,例如将出版权转让给出版社,将表演权转让给表演团体,将录制权转让给音像公司,将播放权转让给广播电台等等。即使是针对一种财产权,例如翻译权也可以将不同语种的权利转让给不同主体。同时,一种著作财产权还可以向不同法域分别转让,例如著作权人可以将其作品的英文版翻译权分别转让给美国、日本以及英国的出版社。例如作为法国三大出版集团之一的法国拉加德尔集团与美国知名赫斯特杂志集团达成转让协议,转让其分布于世界上的包括中国和美国在内的 15 个国家,共计 102 个品牌杂志的国际版权,其中包括在西班牙的 17 个杂志,日本的 11 个杂志,美国的 7 个杂志以及中国的《世界时装之苑——Elle》《嘉人》《名车志》《心理月刊》等,交易总金额达到 6.51 亿欧元。①

传统财产权的变动需要一定的公示方式,例如动产的转让以交付为要件,不动产的转让一般以登记为要件。著作权的客体具有无形性的特征,著作权的转让更加有风险。依照我国现行法律的规定,商标权与专利权的转让需要满足登记要件,而著作权变动不以登记为要件,因而更容易引发法律纠纷。如歌曲《老鼠爱大米》的作者网络歌手杨臣刚曾与 2002 年 7 月 13 日和 2003 年 3 月 1 日两次与北京太格印象文化传播有限公司签订歌曲《老鼠爱大米》的版权转让协议,2002 年 11 月 6 日,杨臣刚又与北京音乐人田传均签订了《老鼠爱大米》的版权传让协议,另外杨臣刚还在 2004 年 10 月 10 日授权广东飞乐影视制品有限公司独家使用《老鼠爱大米》的词曲。后北京太格印象文化传播公司将广东飞乐影视制品有限公司、贵州文化音像出版社告上法庭,请求赔偿损失、停止侵权。2005 年 11 月 17 日,北京市海淀区人民法院作出判决:(1)被告广东飞乐影视制品有限公司、被告贵州文化音像出版社立即停止未经原告北京太格印象文化传播有限公司许可使用歌曲《这样爱你》(又名《老鼠爱大米》)词曲制作录音制品的行为;(2)本判决生效之日起 20 日内,被告广东飞乐影视制品有限公司、被告贵州文化音像出版社赔偿原告北京太格印象文化传播有限公司经济损失 15 万元;(3)驳回原告北京太格印象文化传播有限公司其他诉讼请求。②

之所以会产生上述案件,一个非常重要的因素就在于著作权转让交易并不

---

① 建庚:《法国传媒巨擘淡出传统纸媒》,载《环球财经》2011 年第 3 期。
② 彭玉冰、陈坚:《网络歌曲〈老鼠爱大米〉著作权纠纷案审结》,http://www.chinacourt.org/article/detail/2005/11/id/186918.shtml,访问日期:2013 年 10 月 3 日。

以交付或者登记作为对外公示的手段。之所以采用当前的立法模式,其主要原因有二:(1)作为著作权客体的作品具有无形性,客体的使用具有非排他性,也即"客体共享利益排他"。[①] 因而著作权转让中,无法通过对客体的转移占有而杜绝交易风险。(2)大陆法系传统知识产权理论认为,作品是作者人格的延伸,作者理所当然对其作品享有权利,作品完成后只要符合作品的独创性要求,无须办理相应手续便可以获得著作权,这样更有利于对版权人的保护。既然著作权的产生不以登记为要件,那么著作权的转移自然也无须以登记为要件。正是基于上述原因,现实中著作权的转让难以为第三人所知晓,才发生了作品"一女多嫁"的纠纷。

对于上述问题的解决,需要在借鉴国外立法经验的基础上采取有针对性的措施。《日本著作权法》第77条规定,著作权的转让,必须在文化厅著作权登记簿上登记,否则对第三方无效。《加拿大著作权法》第40条规定,未经登记的著作权转让不能对抗在后的已付出相应对价的转让,但第一次转让已在第二次转让前登记的除外。《美国著作权法》第205条也规定,备案是著作权受让人提起侵权诉讼的必要条件,并且当先后进行的几次转移发生冲突时,以已备案的转移优先。上述国家的立法均将备案作为解决著作权转移冲突的重要依据。笔者认为,我国的著作权立法应对著作权转让的登记对抗效力问题作出进一步明确,即法律应当规定著作权转让合同应当到著作权管理机关进行登记。著作权转让合同未经登记,虽然不影响转让合同的效力,但不得对抗善意第三人。

二、著作权许可

著作权许可是指著作权人在一定的期限和地域内,就其享有的著作财产权允许他人行使的行为。我国现行《著作权法》第24条规定,使用他人作品应当同著作权人订立许可使用合同,本法规定可以不经许可的除外。许可使用合同包括下列主要内容:(1)许可使用的权利种类;(2)许可使用的权利是专有使用权或者非专有使用权;(3)许可使用的地域范围、期间;(4)付酬标准和办法;(5)违约责任;(6)双方认为需要约定的其他内容。著作权许可制度是著作权人实现著作财产权,获取经济收益的重要手段,同时也为使用者使用作者提供了渠道,对于激励创作,促进作品传播具有重要意义。

著作权许可分为一般许可与集体许可,一般许可分为专有许可与非专有许可。集体许可分为"一揽子许可"与"中心组织许可"。一揽子许可是指著作权人组织集中授权给使用者组织并收取使用费的许可形式,中心组织许可是指著作权人组织分别针对个体使用者进行许可并收取使用费的许可形式。典型的著

[①] 朱谢群:《创新型智力成果与知识产权》,法律出版社2004年版,第145页。

作权许可行为例如公开场所播放他人的音乐作品即涉及对著作权人表演权的使用,应当向音乐著作权协会缴纳著作权使用费。在酒店、餐厅或者超市播放他人享有著作权的音乐作品的,虽然播放音乐并非上述主体的核心服务内容,但对其经营起到了帮助作用,有助于营造良好的消费环境,进而提升商家的商业利润,属于对音乐作品间接获利的商业使用行为。在中国,目前已经有数百家三星级以上的宾馆、饭店、超市,包括家乐福、沃尔玛、麦当劳、肯德基等均与中国音乐著作权协会签订了有偿使用协议,国航、东航、南航、海航、厦航等航空公司也为飞机客舱的背景音乐定期付费。[①]

关于合作作品的许可使用,《著作权法》第13条规定,两个人以上合作创作的作品,著作权由合作作者共同享有。如果合作完成的作品可以分割使用的,作者对各自创作的部分可以单独行使著作权。《著作权法实施条例》第9条规定,合作作品不可以分割使用的,其著作权由各合作作者共同享有,通过协商一致行使,不能协商一致的,又无正当理由的,任何一方不得阻止他方行使除转让权以外的其他权利,但是所得收益应当合理分配给所有合作作者。《著作权法实施条例》第14条规定,合作作者之一死亡后,其对合作作品享有的《著作权法》第10条第1款第5项至第17项规定的权利无人继承又无人受遗赠的,由其他合作作者享有。

不同的著作权载体在许可时往往有不同的要求。以图书期刊的著作权许可为例,图书出版者出版图书应当和著作权人订立出版合同,并支付报酬。图书出版者以及转载、刊登作品的报社、期刊对著作权人有付报酬的义务。使用作品的付酬标准可以由当事人约定,也可以按照国务院著作权行政管理部门会同有关部门制定的付酬标准支付报酬。当事人约定不明确的,按照国务院著作权行政管理部门会同有关部门指定的付酬标准支付报酬。国家版权局1994年4月颁布了《出版文字作品付酬规定》,按照该规定,有印数稿酬、版税、一次性付酬三种方式,双方当事人可以选择适用。

三、著作权质押

根据我国《物权法》的相关规定,质押权的标的物可以为动产也可以为特定无体财产权。学界通说认为,权利质权标的应当具备以下条件:(1)应当为财产权;(2)应当为可转让之财产权;(3)应当符合质权性质的财产权。[②]我国担保物权体系受到德国法影响颇深。《德国民法典》规定质权分为动产质权与权利质权,权利质权的标的可以分为债权、股权、证券等无形财产权利。我国现行法

[①] 王婧:《北京法院受理我国首例超市音乐背景音乐侵权案》,载《法制日报》2008年5月11日。
[②] 谢在全:《民法物权论》,中国政法大学出版社1999年版,第802—803页。

律将知识产权质押划入权利质权的范围。权利质权与动产质权相比,具有显著的区别,主要体现在权利质押不以交付为要件。登记或交付均为公示之手段,可以产生权利推定的效果,第三人基于公示的效力从而相信动产的占有人或者权利的登记人对标的享有相关权益。然而著作权的客体具有无形性的特征,无法通过交付实现公示,而仅能依靠登记的方式。著作权法规定,以著作权出质的,由出质人和质权人向国务院著作权行政管理部门办理出质登记。

知识产权质押采通常均采登记生效主义模式,然而著作权质押却有其特殊性。著作权质押采登记生效主义模式存在的问题在于以下几点:(1)登记生效主义模式有增加交易成本的现实障碍;(2)在著作权领域,权利的取得实行自动取得原则,著作权的转让和许可尚未采用登记对抗主义模式,著作权质押直接采用登记生效主义模式容易造成著作权保护标准上的混乱。2000年我国台湾地区在进行所谓的"著作权法"修订时之所以将所有与著作权登记相关的内容删除,其中一个原因就在于著作权登记可能会让民众产生"有登记方有权利"之误解,扭曲了创作保护主义。虽然这种立法的合理性值得商榷,但也值得我们反思著作权质权登记制度。正是基于这些考虑,笔者赞同部分学者的观点,即著作权质押应采登记对抗主义模式。①

第四节 著作权集体管理制度

引导案例

2004年,中国音乐著作权协会认为太平洋影音公司自2003年以来制作、出版、发行并由北京图书大厦销售的《流淌的歌声》套装CD合辑中使用了《夕阳红》等16首中国音乐著作权协会会员作者的音乐作品,而太平洋影音公司事先未经中国音乐著作权协会或相关权利人许可,事后又拖延支付著作权使用费,其行为构成著作权侵权,并将太平洋影音公司告上法庭,请求太平洋影音公司就其侵犯著作权的行为向原告赔礼道歉;赔偿原告损失150万元,包括原告因诉讼支出的合理费用。案件经过一、二审,法院判决:被告太平洋影音公司基于使用《夕阳红》等14首音乐作品向原告中国音乐著作权协会支付许可使用费71538元;驳回原告中国音乐著作权协会的其他诉讼请求。

一、著作权集体管理制度的起源

著作权法意义上的"集体管理"来源于英文collective management,即权利人

---

① 苏平:《知识产权变动模式研究》,载《法商研究》2011年第2期。

联合起来,以集体的方式行使权利,包括使用授权、收取使用费以及提起诉讼等。世界上首个著作权集体管理组织是法国的戏剧立法局,由戏剧家博马舍(曾创作《费加罗的婚礼》)于1777年7月成立,之后逐渐演变成为法国戏剧作者、作曲者协会(SACD)。1851年法国成立了音乐著作权集体管理组织。1847年法国著名作曲家比才在巴黎一家咖啡厅喝咖啡时,听到咖啡厅的背景音乐在播放他的作品,遂起诉到法院要求咖啡厅向其支付作品使用费。该案件引起了法国音乐作者的极大关注,之后一些音乐家联合起来,成立了法国音乐作者作曲者出版者协会(SACEM)。到了20世纪30年代,欧洲各个国家基本上都成立类似的著作权管理组织。1926年,18个国家的代表在巴黎成立了国际作者作曲者协会联合会(CISAC)。CISAC的成立有助于解决本国的作品在外国使用或外国作品在本国使用的授权问题。各国的音乐著作权人先授权给本国的集体管理组织进行管理,而各国之间的集体管理组织再相互进行授权,从而可以实现某个国家的创作人的著作权在其他国家也可以得到有效的保护。另外,针对其他类型作品的著作权集体管理组织也纷纷成立,例如德国文字与科学作品集体管理协会、法国多媒体作者协会等。受到著作权集体管理组织管理的作品类型从最初的音乐作品、文学作品逐步扩大到摄影、美术、电影等范围,其管理的权利也从传统的表演权、广播权、复制权扩大到了出租权以及信息网络传播权等。[①]

二、我国著作权集体管理制度的现状

2004年12月28日,时任国务院总理的温家宝签署第429号国务院令,颁布《著作权集体管理条例》(以下简称《条例》),自2005年3月1日实施。该《条例》共7章48条,对著作权集体管理机构的设立、内部构成、集体管理活动以及对集体管理组织的监督等作出了相对全面的规定。《条例》第2条规定,集体管理是指著作权集体管理组织经权利人授权,集中行使权利人有关权利并以自己名义进行相关活动。我国第一个著作权集体管理组织是由国家版权局和中国音乐家协会于1992年12月17日共同发起成立的中国音乐著作权协会(MCSC),主要管理音乐作品的录制权、表演权、广播权。除此之外,我国还成立了中国音像著作权集体管理协会、中国文字著作权协会、中国摄影著作权协会、中国电影著作权协会等。我国的著作权集体管理组织接受业务主管机关国家新闻出版广播电影电视总局与民政部的指导与监督管理。

(一)中国音乐著作权协会

中国音乐著作权协会(简称"音著协")是专门维护作曲者、作词者和其他音乐著作权人合法权益的非营利性机构。音著协设立主席、副主席、总干事以及副

---

① 杨东锴、朱严政:《著作权集体管理》,北京师范大学出版社2010年版,第5页。

总干事等岗位,下设会员部、作品资料部、表演部、广播权部、复制权部、法律部、信息宣传部、分配部、财务部等职能部门。音著协实施会员制,凡具有中国国籍的音乐著作权人,例如作曲者、作词者、音乐改编者、音乐作者的继承人以及获得音乐著作权的出版者和录制者,只要有一首音乐作品发表,双方签订入会合同便可入会。音著协管理的权利内容主要来源于:(1)协会会员的授权。授权内容包括表演权、复制权、广播权、信息网络传播权等。(2)音著协与其他国家和地区的同类组织签订相互代表协议获得海外作品的授权。除此之外,经国家版权局授权,音著协还承担音乐作品法定许可的使用费收转工作以及权利人授权代理的业务。

1994年4月音著协加入了国际作者作曲者协会联合会(CISAC),并于2004年成为正式会员。2007年,音著协加入了国际影画乐曲复制权协理联会(BIEM)。按照CISAC的要求,音著协与世界上50多个国家和地区的同类组织签订了相互代表协议,并将协会会员名单和作品资料分别录入CAE(国际作者、作曲者、出版者名录)与WWL(世界作品名录),从而实现了中国音乐著作权人作品的国际识别。

音著协目前对音乐作品的收费方式有两种,一种是有作品明细的使用方式,如出版物、互联网、有节目单的演唱会等,这种使用方式由于有明确的使用目录,便于统计著作权人,一般采取直接收费、直接将使用费交给相应著作权人的方式。而另一种使用方式则是没有作品明细的随机使用方式,例如商场、超市、宾馆中播放的背景音乐,由于播放曲目不固定,很难统计每天播放的作品属于哪些著作权人,因此对于这类使用,音著协一般采取国际通行的"一揽子许可"方式,即按照年费等形式收取,在分配时参照广播、电视、互联网上音乐作品的使用次数、以及音乐作品的CD发行数量来计算。一般来讲,播放频率较高、CD发行较多的音乐作品,作为背景音乐播放的次数也较多。近几年音著协通过对卡拉OK以及商场、通讯公司等企业的维权诉讼,有效遏制了音乐作品侵权的趋势,对于保护音乐著作权人的合法权益起到了非常重要的作用。[①]

(二) 中国音像著作权集体管理协会

中国音像著作权集体管理协会(简称"音集协")是经国家版权局正式批准成立(国权[2005]30号文)的我国唯一音像集体管理组织,依法对音像节目的著作权以及与著作权有关的权利实施集体管理。中国音集协的宗旨是:遵守我国法律、法规和我国参加的国际著作权条约,本着提供服务、反映诉求、规范行为的精神,维护会员的合法权利,规范音像节目的合法使用,促进我国音像市场的发展。

---

① 中国音乐著作权协会网站,http://www.mcsc.com.cn/,访问日期:2013年12月10日。

音集协管理音像作品著作权人就音像节目的表演权、放映权、广播权、出租权、信息网络传播权、复制发行权以及其他适合集体管理的音像节目著作权和与著作权有关的权利。音集协实行会员制，凡是依法享有音像节目著作权或者与著作权有关的中国公民、法人或者其他组织，通过与该协会签订音像著作权合同，即成为音集协的会员。音集协的业务范围包括依法与会员签订音像著作权集体管理合同；根据会员的授权以及相关法律法规，与音像节目的使用者签订使用合同，收取使用费；将收取的音像著作权使用费向会员分配；就侵犯音集协管理的音像节目著作权的行为，向著作权行政管理部门申请行政处罚或者提起法律诉讼及仲裁；为促进中国音像节目著作权在海外的权利受到保护，以及海外音像节目在中国内地的权利受到保护，与海外同类组织签订相互代表协议；为权利人和使用者提供有关的业务咨询和法律服务，并向国家立法机关和著作权行政管理部门提出相关建议。通过上述工作的开展，促进我国音像著作权水平的提高，规范市场行为，加强与音像节目权利人和使用者的联系，发布音像节目和有关音像著作权集体管理的信息，开展有关的奖励、研讨、交流活动，开展其他与音集协宗旨一致的相关活动。①

（三）中国文字著作权协会

中国文字著作权协会（以下简称"文著协"）是由中国作家协会、国务院发展研究中心等12家著作权人比较集中的单位以及500多位我国各个领域的著作权人共同发起，于2008年10月24日在北京成立。文著协的宗旨是维护著作权人合法权益，属于从事著作权服务、保护与管理的非营利性社会团体。

文著协同样实行会员制。凡在文学、艺术和科学等领域以文字形式创作作品，依法享有著作权的公民、法人或者其他组织，通过与协会签订《文字作品著作权集体管理合同》，都可以成为文著协会员。文著协的业务范围包括为集体管理目的，进行文字作品的登记和著作权相关的合法权利；就该协会管理的会员文字作品的使用，与使用者签订许可使用合同、发放使用许可证并收取使用费；向文字作品著作权人分配作品使用报酬；代为收转非该会会员文字作品的使用费；对侵犯该协会管理的文字作品著作权的行为，依法采取维权行动，提请著作权行政管理部门作出行政处罚或者提起相应的法律诉讼；与国外的著作权集体管理机构签订相互代表协议；开展文字著作权保护的调查研究工作，了解国内外文字著作权保护的动态与发展，向国家立法机关和著作权行政管理机关提出著作权保护的建议；增进文字作品著作权人和使用者对著作权保护的认识与尊重，为社会提供关于文字著作权方面的咨询与法律服务；开展著作权保护与著作权集体管理方面的宣传、推广和培训；开展其他与协会宗旨一致的相关活动。

---

① 中国音像著作权集体管理协会网站,http://www.cavca.org/,访问日期:2013年12月10日。

文著协对下列作品类型进行管理:报纸、期刊、图书、电子出版物和数字化制作等各种传媒使用的文字作品;通过信息网络传播方式使用的文字作品;通过广播方式使用的文字作品;以汇编方式使用的文字作品;以机械表演或现场表演方式使用的文字作品;依法定的其他许可方式使用的文字作品;其他适合集体管理的对文字作品的使用;为集体管理目的,对未加入协会的文字著作权人,该协会也为其向使用者收取法定许可情形下的使用费并向其分配。①

(四) 中国摄影著作权协会

中国摄影著作权协会(以下简称"摄著协")于2008年11月21日在北京成立,是经国家版权局批准,由中国摄影家协会联合众多摄影团体与一百多位著名摄影家共同发起,经民政部登记注册并报国务院核准成立的著作权集体管理组织。

摄著协的宗旨与任务包括遵守中华人民共和国宪法、法律、法规以及国家政策,遵守社会道德风尚,依照《著作权法》以及《著作权集体管理条例》,维护摄影作品权利人及其相关权利人的合法权益,通过对著作权及其相关权利的集体管理,促进摄影作品的创作、传播与使用,推动摄影事业的发展和繁荣。

摄著协同样实行会员制,凡是依法享有摄影作品著作权或者与著作权有关权利的中国公民、法人或者其他组织,通过与协会签订摄影著作权协议,授权协会管理其摄影作品的单项或多项权利,即可成为协会会员。摄著协的主要职责是管理该协会会员摄影作品的著作权,维护其著作权及相关合法权益;就该会管理的会员摄影作品的使用,与使用者订立使用许可合同并收取使用费;就该会管理的会员摄影作品的使用,向权利人分配使用费;代为收取、分配非会员摄影作品的使用费;对侵犯该会管理的摄影作品著作权的行为,向著作权行政管理部门申请行政处罚,提起仲裁或法律诉讼;积极开展有关摄影著作权保护及相关问题的调查研究工作,了解国内外著作权保护动态,并向国家立法机关和著作权行政管理部门提出建议;宣传推广著作权及相关知识,提高会员和社会对著作权的认识及尊重;积极促进国内摄影作品在境外的保护,以及境外摄影作品在国内的保护,为此目的与境外同类机构建立,在著作权保护方面开展合作;向提出请求的非会员权利人提供与著作权相关的法律及其他方面的咨询服务;进行摄影作品著作权登记与认证。

摄著协经摄影作品权利人授权,对摄影作品的复制权、发行权、展览权、放映权、广播权、信息网络传播权以及其他适合集体管理的摄影著作权以及与摄影著作权有关的权利实施保护与管理。②

---

① 中国文字著作权协会网站,http://www.prccopyright.org.cn/,访问日期:2013年12月10日。
② 中国摄影著作权协会,http://www.cpanet.cn/plus/list.php?tid=976,访问日期:2013年12月10日。

(五) 中国电影著作权协会

中国电影著作权协会(简称"影著协")是经原国家广播电影电视总局批准并报原国家新闻出版总署(国家版权局)审核,于2009年7月由中国电影版权保护协会(行业维权组织)转变为的著作权集体管理组织。2009年10月,经民政部审批,中国电影版权保护协会正式更名为中国电影著作权协会。

影著协的会员包括中国电影行业主要的制片单位,基本宗旨与主要任务是根据《著作权法》以及《著作权集体管理条例》的规定,经权利人授权集中行使权利人有关权利,并以协会名义与使用者签订著作权许可使用协议,向使用者收取使用费,向权利人转付使用费,进行涉及著作权及与著作权有关权利的诉讼、仲裁,保护权利人合法权利,推动中国电影事业发展与繁荣。[①]

三、著作权集体管理组织的法律地位

(一) 著作权集体管理组织的作用定位

对著作权集体管理组织作用的认识,必须基于一个基本的出发点,即著作权集体管理组织是由著作权人为了实现其意志和合法权益所创设的自治性组织。在此基础之上,著作权集体管理组织的作用定位主要体现在以下方面:

1. 著作权集体管理组织搭建了著作权人表达集体意志的平台

世界上绝大多数国家的著作权集体管理组织均规定著作权人组成的会员大会或者会员代表大会为集体管理组织的权力机构。我国《著作权集体管理条例》第17条规定,著作权集体管理组织会员大会为著作权集体管理组织的权力机构。关于著作权集体管理组织章程的制定和修改、许可收费标准的制定和修改、许可使用费分配办法等重大事项均须经会员大会按照程序审核通过方为有效。会员大会通过选举产生理事会,理事会对会员大会负责。理事会下设以总干事为首的执行机构,成员主要由著作权人担任。总干事由理事会选举产生,对理事会负责。通常而言,重大事项只能由会员大会或者会员代表大会决策通过,总干事领导的工作团队的主要工作也是为了落实会员大会的相关决策。

2. 著作权集体管理组织有助于全面、高效维护著作权人合法权益

发展会员、许可收费与分配使用费是著作权集体管理组织的主要工作内容,其中最核心的内容在于许可收费。通过许可收费,著作权人的辛勤创作才能得到相应回报,进而进一步激发作者的创作热情。许可收费包括事先收费,也包含对未经许可使用的行为通过侵权诉讼进行收费。单凭著作权人个人能力当面对层出不穷的侵权行为时常常无能为力,而著作权集体管理组织通过专业的维权人员可以及时、有效地针对侵权行为人提起诉讼,维护著作权人的合法权益。

---

① 中国电影著作权协会网站,http://www.cfca-c.org/,访问日期:2013年12月10日。

3. 著作权集体管理组织是政府实现文化领域社会管理的必然要求

文化领域的社会管理是政府履行职能的重要内容之一,因此著作权集体管理组织也一定程度上体现了国家意志。世界范围内诸多国家的著作权管理组织均是由国家法律明确其制度,由国家行政机关支持其运作的,有些国家的著作权案集体管理组织,例如意大利的作者与出版商协会本身即是由政府运作。我国的著作权集体管理组织,由《著作权法》第8条以及国务院颁布的《著作权集体管理条例》加以规范。按照《著作权集体管理条例》的规定,我国著作权集体管理组织的组织设立、主要领导任免、财务管理、许可收费标准设定、工作规范化等诸多方面均需要接受相关政府部门的批准和监督。

(二) 著作权集体管理组织与相关主体的法律关系

著作权集体管理组织在履行职责的过程中,主要与作品权利人以及作品的使用者产生各种法律关系,本部分内容的探讨也主要从上述两类主体的角度展开。

1. 著作权管理组织与作品权利人之间的法律关系

我国《著作权法》第8条规定:"著作权人和与著作权有关的权利人可以授权著作权集体管理组织行使著作权和与著作权有关的权利。著作权集体管理组织被授权后,可以以自己的名义为著作权人或者与著作权有关的权利人主张权利,并可以作为当事人进行涉及著作权或者与著作权有关的权利的诉讼、仲裁活动。"由此可以看出,著作权集体管理组织与作品权利人之间属于委托合同关系,著作权集体管理组织行使相关权利必须以作品权利人的授权为前提条件。著作权集体管理组织与作品权利人之间还存在服务关系,具体包含两类,一类是事务性服务,例如登记、注册、沟通、及时分配使用费等;另一类是利益性服务,即保障权利人利益最大化,实现其作品的有效传播,并获得相应报酬。

2. 著作权集体管理组织与作品使用者之间的法律关系

按照《著作权集体管理条例》的相关规定,著作权集体管理组织有权与使用者订立作品使用合同,向使用者收取使用费,进行涉及著作权或者与著作权有关的权利的诉讼、仲裁等。由此可以得出,著作权集体管理组织与使用者之间包含合同关系以及代表作品著作权人与作品使用者因作品使用而产生的诉讼关系。一些学者还认为,著作权集体管理组织与使用者之间还存在相互服务的关系,著作权集体管理组织对使用者进行针对作品以及相关知识产权保护的宣传、倡导、培训等工作;作品使用者对著作权集体管理组织提供行业培训以及方便版权管理的服务。[1]

---

[1] 杨东锴、朱严政:《著作权集体管理》,北京师范大学出版社2010年版,第33—34页。

第五节　企业著作权的保护

引导案例

在顾然地 Randolph Hobson Guthrie III(中文名顾然地)等人非法经营案中，上海市第二中级人民法院经审理查明，被告人顾然地于 2003 年 11 月 3 日至 2004 年 7 月 1 日期间，在没有《音像制品经营许可证》的情况下，在其上海住处内用电脑与国际互联网联网，通过 3 美元 DVD 网站，向境外发送销售 DVD 信息。当境外客户确认了所需 DVD 名称、数量与价格等信息，并向被告顾然地在中国设立的账户汇款后，顾然地低价购进侵权复制的 DVD 然后向境外发送，累计 13.3 万余张，销售金额折合 330 万元，违法所得 97 万余元。上海市第二中级人民法院审理后认为，被告人顾然地的行为严重侵犯了著作权人的著作权和市场秩序，已构成销售侵权复制品罪，判决被告顾然地有期徒刑 2 年 6 个月，并处罚金 20 万元，驱逐出境;违法所得财物和犯罪工具予以没收。①

一、企业著作权侵权表现形态

著作权侵害行为主要可以分为著作人身权侵害行为与著作财产权侵害行为。

(一) 著作人身权侵害行为

1. 侵犯发表权的行为

侵犯发表权的行为是指未经著作权人同意，擅自公开作者未曾公开的作品的行为。一般情况下，擅自发表他人享有著作权的作品的行为构成侵权。但是，在有些情况下，未经作者同意公开作品的行为不构成侵权。如美术作品原件受让人向公众展览作品，视为已经取得了作者的同意。之所以这样规定，一是考虑到交易习惯，二是为了兼顾社会公共利益。我国《著作权法》也作了类似规定。由此可见，侵犯发表权的成立应当具有两个条件:一是未经著作权人的同意而擅自发表了其作品;二是不存在法定的免责事由。

2. 侵犯署名权的行为

未经作者同意，任意篡改作者的署名，或者署上未创作作品的人的姓名，均构成对作者署名权的侵犯。出版、销售、出租、表演、广播或以其他方式传播此类侵权作品，也构成对作者署名权的侵犯。当作品所显示的侵犯他人署名权的主

---

① 参见《上海市人民检察院第二分院诉顾然地等人非法经营案》，载《中华人民共和国最高人民法院公报》2005 年第 9 期。

体与实际实施侵权行为的主体不一致时,应以实际实施侵权行为的主体为准。

3. 侵犯作品完整权的行为

未经作者同意,擅自删改作品内容、增添材料,损害作品真实含义和表现形式的行为,是对保护作品完整权的一种侵犯。但是一些特殊情况下对作品改变的行为则不构成侵权。例如《日本著作权法》第20条第2款规定:"为了将之刊载于教科书或学校节目而使用作品而不得不改编作品字词时,根据作品性质和使用目的不得不改变的,不视为侵犯保护作品完整权的行为。"此外,在保护修改权的国家,例如意大利和俄罗斯等国,如果作者在作品再版时要求修改作品而出版者不同意,则出版者的行为构成侵权。

(二) 著作财产权侵害行为

按照著作权法的规定,使用他人作品,原则上应当取得著作权人的同意并支付报酬。在无法律规定的豁免情形下,未经著作权人同意而使用其作品构成侵犯著作财产权的行为,具体有以下几种:

1. 擅自使用

未经著作权人许可,无法定免责事由,以复制、发行、表演、播放、展览、摄制电影或电视、录像或改编、翻译等方式使用他人作品。在这些行为中,非法复制是最严重的一种侵权行为,往往致使盗版作品充斥市场,也是各国著作权法必不可少的保护著作权人财产权利的重要内容。

2. 剽窃

剽窃是指将他人作品的全部或者部分作为自己的作品予以发表。剽窃有两种形式:(1) 照搬照抄他人作品的全部或部分内容;(2) 将他人作品转换句子顺序,更换个别词句后融入自己作品。剽窃行为具有一定的复杂性,其认定较为困难。美国在司法实践中总结出了一套判断剽窃的具体标准。首先,判断版权作品的独创性;其次,使用了有版权作品的事实;再次,与原作品的相似之处。许多美国法院都坚持复制或模仿应达到一定的程度,达到"实质性"的侵权标准,但关于量的标准却难以达成一致意见。在判断"实质性相似"时,有的法院采取风格测试或者观(听)众测试法,请专家或者观(听)众测试两部作品是否相似。如果法院发现两部作品中存在共同错误,则认定被告抄袭行为则更为便捷。在日本,判断音乐作品是否剽窃,必须考虑音乐的旋律、和声、节奏和形式色各要素。

(三) 邻接权侵害行为

邻接权侵害行为也包括对人身权与财产权的侵害。侵害邻接权中人身权的行为有:隐藏、变更表演者的身份,对表演者的形象进行歪曲等。侵害邻接权中财产权的行为有:擅自使用其表演、音像制品、广播节目等行为。例如,擅自从现场转播表演者的表演,擅自将表演制成音像制品,擅自将表演拍成电影,都构成对表演者权利的侵犯;擅自复制或发行音像制作者制作的音像制品,擅自播放音像制品,都侵犯了音像制作者的权利;擅自转播广播组织制作的节目,擅自录制广播组织的节目制成唱片并予以发行,都侵犯了广播组织的邻接权。①

二、企业著作权侵权归责原则

归责是指行为人因其行为或者物件致他人损害的,应依何种根据使其负责。归责原则是指判定侵权行为人承担民事责任的基本规则,是侵权行为人应承担法律责任的依据。②

通常来说,归责原则分为三种:过错责任原则、严格责任原则与无过错责任原则。过错责任原则适用于一般侵权行为,是指行为人是否需要承担民事责任取决于其是否存在主观过错。严格责任原则是指行为人是否承担民事责任和其是否具有主观过错无关的责任承担原则。无过错责任原则是指对于一些特殊侵权行为,即使行为人没有过错,法律也直接规定其需要承担民事责任的归责原则。知识产权侵权行为并非特殊侵权行为,不适用无过错责任原则,其归责原则构成以严格责任为原则,以过错责任为补充。一般而言,只要行为人实施了版权侵权行为就应当承担停止侵害、消除影响、赔礼道歉的侵权责任,而针对损害赔偿责任而言,则需要认定行为人的过错要件。

三、企业著作权侵权法律责任

(一) 民事责任

依照我国《著作权法》第47、48条的规定,侵犯他人著作权的,应当根据情况,承担停止侵害、消除影响、赔礼道歉、赔偿损失等民事责任。

1. 停止侵害

停止侵害是我国《民法通则》第134条规定的一种民事责任方式,也是知识产权侵权人通常应承担的责任形式。停止侵害责任的适用应具备以下条件:

(1) 原告诉请。原告诉请是指原告在起诉时或在诉讼过程当中,请求法院判令被告承担某种形式的民事责任。在我国,民事诉讼遵从"不告不理"原则,法院审理的范围以原告诉讼请求为限,不得为超出诉讼请求之判决。著作权制度的目的在于作品权利人的著作权不受非法侵犯,因此,当著作权受到侵害时,权利人向法院主张判令停止侵权,一般能够得到支持。

(2) 侵害正在进行或者有再次发生之虞。如果在判决时,认定被告的行为构成侵权,并且侵害行为仍在持续,或者权利人已经获得了诉前禁令或者诉中禁令,在权利人请求被告承担侵权责任的情况下,法院一般予以支持。但是如果被

---

① 吴汉东:《知识产权基本问题研究》,中国人民大学出版社2009年版,第174—177页。
② 齐爱民:《知识产权法总则》,武汉大学出版社2011年版,第292页。

告在诉讼开始之前或者诉讼过程中已经停止了被控侵权行为,或者侵权行为已经结束,而原告又提出了判令被告停止侵权的诉讼请求,出于确定在先侵权行为违法性的需要,以及防止被告再次实施侵权行为,实践中人民法院往往依然判令被告停止侵权。

2. 消除影响、赔礼道歉

我国《著作权法》第47、48条规定了侵权人消除影响、赔礼道歉的责任形式。消除影响与赔礼道歉是两个相互独立的责任形式,且使用条件有所不同。

赔礼道歉一般仅适用于侵犯人格权的情形。因此,当著作权人对其作品享有的人身权受到侵害时,有权要求被告承担赔礼道歉的责任,法院应当支持该请求。如果原告依据《著作权法》第25条受让著作权人对某一作品享有的全部或则部分财产权利,当权利受到侵害时,其无权要求被告承担向其赔礼道歉的责任。同样,与著作权人签订委托管理合同的著作权管理组织,在以其自己名义提起著作权侵权诉讼时,其提出的要求被告赔礼道歉的请求不应得到法院支持。

行为人实施侵权行为侵害了自然人或法人的人格权,对其所造成的影响应当在其影响所及的范围内消除不良后果。根据我国《民法通则》第118条的规定,消除影响是侵犯知识产权的民事责任方式之一,但不是侵犯知识产权所必然应当承担的民事责任。但是,在实践中的问题在于,如何理解"影响"?是否仅限于侵害了原告的人格权?通常而言,消除影响适用的条件是侵权行为造成了不良影响,不论是对原告商誉造成的影响,还是蒙蔽、误导了消费者而形成的不良影响。因此,请求消除影响不仅仅局限于自然人,而且包括企业等知识产权人。但是,原告需要举证证明被告造成了不良影响的事实,并由法院最终认定。

3. 损害赔偿范围

赔偿范围,是指加害行为给其造成的损害有多大,亦即赔偿义务人须对赔偿权利人受到的何种损害负赔偿责任。[①] 著作权兼具人身性与财产性,因此对著作权损害赔偿范围应包括财产的实际损失和精神利益的实际损害。

(1) 财产损害。财产损害分为直接损害与间接损害,直接损害是指侵权行为造成的权利人现有利益的减少,间接损害是指侵害行为人造成权利人可得利益的损失。[②] 具体而言,间接损害是指著作权处于生产、经营、转让等增值状态过程中的预期可得利益的减少或丧失的损失。著作权是权利人被授予的在市场上的排他权,根据著作权,权利人拥有利用其创作作品而获得市场利益的独占权利。侵权行为的发生,造成了权利人不能正常利用该著作权进行经营活动,使市场利益的独占权利减少。市场利益的损失构成著作权侵权损害的主要内容。

[①] 曾世雄:《损害赔偿法原理》,台湾三民书局1996年版,第179页。
[②] 王利明、杨立新:《侵权行为法》,法律出版社1996年版,第326页。

(2) 精神与商誉损害。2006年5月,北京市高级人民法院对"郭敬明小说抄袭案"一案终审判决被告赔偿原告精神损害1万元[①],这是我国法院首次在著作权侵权案件中支持了原告精神损害赔偿请求。《侵权责任法》第22条规定,侵害他人人身权益,造成他人严重精神损害的,被侵权人可以请求精神损害赔偿。我国著作权法上的人身权具体包括署名权、修改权和保护作品完整权,当这些权利受到侵害并造成权利人严重精神损害时,权利人就可以主张精神损害赔偿。

4. 损害赔偿计算方法。《著作权法》第49条规定,侵犯著作权或者与著作权有关的权利的,侵权人应当按照权利人的实际损失予以赔偿;实际损失难以计算的,可以按照侵权人的非法所得给予赔偿;赔偿数额还应当包括权利人为制止侵权行为所支付的合理开支;权利人的实际损失或者侵权人的违法所得不能确定的,由人民法院根据侵权行为的情节,判决给予50万元以下的赔偿。按照侵权责任法"填补损害"的基本原则,应当首先按照权利人的实际损失确定赔偿额,但如果侵权人所获得利益大于著作人受到损失的,则应赋予权利人不当得利请求权主张返还,否则无异于助长侵权行为的发生,不利于侵权法防止侵权行为发生之宗旨的实现。

(二) 行政责任

1. 行政处罚对象与责任类型

国家版权局2009年颁布《著作权行政处罚实施办法》,规定了行政处罚的范围。该办法所称的违法行为是指:(1)《著作权法》第47条列举的侵权行为,同时损害公共利益的。(2)《计算机软件保护条例》第24条列举的侵权行为,同时损害公共利益的。(3)《信息网络传播权保护条例》第18条列举的侵权行为,同时损害公共利益的;第19条、第25条列举的侵权行为。(4)《著作权集体管理条例》第41条、第44条规定的应予行政处罚的行为。(5) 其他有关著作权法律、法规、规章规定的应给予行政处罚的违法行为。

对该办法列举的违法行为,著作权行政管理部门可以依法责令停止侵权行为,并给予下列行政处罚:(1) 警告;(2) 罚款;(3) 没收违法所得;(4) 没收侵权制品;(5) 没收安装存储侵权制品的设备;(6) 没收主要用于制作侵权制品的材料、工具、设备等;(7) 法律、法规、规章规定的其他行政处罚。

2. 行政处罚的管辖与时效

该办法列举的违法行为,由侵权行为实施地、侵权结果发生地、侵权制品储藏地或者依法查封扣押地的著作权行政管理部门负责查处。侵犯信息网络传播

---

① 李文:《"郭敬明抄袭案"警示文学造假》,http://www.gmw.cn/01wzb/2007-04/26/content_598479.htm,访问日期:2013年12月1日。

权的违法行为由侵权人住所地、实施侵权行为的网络服务器等设备所在地或侵权网站备案登记地的著作权行政管理部门负责查处。

著作权行政管理部门发现查处的违法行为,根据我国刑法规定涉嫌构成犯罪的,应当由该著作权行政管理部门依照国务院《行政执法机关移送涉嫌犯罪案件的规定》将案件移送司法部门处理。著作权行政管理部门对违法行为予以行政处罚的时效为两年,从违法行为发生之日起计算。违法行为有连续或者继续状态的,从行为终了之日起计算。侵权制品仍在发行或仍在向公众进行传播的,视为违法行为仍在继续。违法行为在两年内未被发现的,不再给予行政处罚,但法律另有规定的除外。

3. 处罚程序

对《著作权行政处罚实施办法》列举的违法行为,著作权行政管理部门可以自行决定立案查处,或者根据有关部门移送的材料决定立案查处,也可以根据被侵权人、利害关系人或者其他知情人的投诉或者举报决定立案查处。投诉人就该办法列举的违法行为申请立案查处的,应当提交申请书、权利证明、被侵权作品(或者制品)以及其他证据。著作权行政管理部门应当在收到所有投诉材料之日起15日内,决定是否受理并通知投诉人,不予受理的,应当书面告知理由。

立案后办案人员应当及时进行调查,并要求法定举证责任人在著作权行政管理部门指定的期限内举证。当事人提供的涉及著作权的底稿、原件、合法出版物、作品登记证书、著作权合同登记证书、认证机构出具的证明、取得权利的合同,以及当事人自行或者委托他人以订购、现场交易等方式购买侵权复制品而取得的实物、发票等,可以作为证据。

著作权行政管理部门拟作出行政处罚决定的,应当由本部门负责人签发行政处罚事先告知书,告知当事人拟作出行政处罚决定的事实、理由和依据,并告知当事人依法享有的陈述权、申辩权和其他权利。当事人要求陈述、申辩的,应当在被告知后7日内,或者自发布公告之日起30日内,向著作权行政管理部门提出陈述、申辩意见以及相应的事实、理由和证据。当事人在此期间未行使陈述权、申辩权的,视为放弃权利。

著作权行政管理部门负责人应当对案件调查报告及复核报告进行审查,并根据审查结果分别作出下列处理决定:(1)确属应当予以行政处罚的违法行为的,根据侵权人的过错程度、侵权时间长短、侵权范围大小及损害后果等情节,予以行政处罚;(2)违法行为轻微并及时纠正,没有造成危害后果的,不予行政处罚;(3)违法事实不成立的,不予行政处罚;(4)违法行为涉嫌构成犯罪的,移送司法部门处理。对情节复杂或者重大的违法行为给予较重的行政处罚,由著作权行政管理部门负责人集体讨论决定。

著作权行政管理部门作出罚款决定时,罚款数额应当依照《中华人民共和国著作权法实施条例》第36条、《计算机软件保护条例》第24条的规定和《信息网络传播权保护条例》第18条、第19条的规定确定。

当事人对国家版权局的行政处罚不服的,可以向国家版权局申请行政复议;当事人对地方著作权行政管理部门的行政处罚不服的,可以向该部门的本级人民政府或者其上一级著作权行政管理部门申请行政复议。当事人对行政处罚或者行政复议决定不服的,可以依法提起行政诉讼。

(三) 刑事责任

我国《刑法》第217条侵犯著作权罪规定:"以营利为目的,有下列侵犯著作权情形之一,违法所得数额较大或者有其他严重情节的,处3年以下有期徒刑或者拘役,并处或者单处罚金;违法所得数额巨大或者有其他特别严重情节的,处3年以上7年以下有期徒刑,并处罚金:(1) 未经著作权人许可,复制发行其文字作品、音乐、电影、电视、录像作品、计算机软件及其他作品的;(2) 出版他人享有专有出版权的图书的;(3) 未经录音录像制作者许可,复制发行其制作的录音录像的;(4) 制作、出售假冒他人署名的美术作品的。"《刑法》第218条销售侵权复制品罪规定:"以营利为目的,销售明知是本法第217条规定的侵权复制品,违法所得数额巨大的,处3年以下有期徒刑或者拘役,并处或者单处罚金。"《刑法》第220条规定:"单位犯本节第213条至第219条规定之罪的,对单位判处罚金,并对其直接负责的主管人员和其他直接责任人员,依照本节各该条的规定处罚。"

企业著作权犯罪行为一般由公安机关进行侦查,人民检察院提起公诉,由人民法院刑事审判庭进行审理。任何公民、法人或其他组织发现有著作权犯罪行为的,有义务及时向公安机关提出侦查线索,协助侦查机关调查犯罪事实。

著作权管理行政机关在执法过程中发现有著作权侵权行为情节严重,足已构成犯罪的,将移交公安机关处理。著作权犯罪的受害人可以在刑事诉讼中提起刑事附带民事诉讼,主张被告人承担民事赔偿责任。

推荐阅读

1. 杨东锴、朱严政:《著作权集体管理》,北京师范大学出版社2010年版。
2. 冯晓青:《企业知识产权管理》,中国政法大学出版社2012年版。
3. 曾德国:《知识产权管理》,知识产权出版社2012年版。

第七章 企业商业秘密管理

要点提示

本章重点掌握的概念:(1) 商业秘密的主要特征与侵权行为;(2) 商业秘密的管理体系;(3) 商业秘密权与专利权的选择;(4) 商业秘密的人事管理;(5) 商业秘密的信息管理;(6) 商业秘密的空间管理;(7) 商业秘密管理应注意的问题;(8) 如何合法地获取商业秘密。

本章知识结构图

企业商业秘密管理
- 商业秘密基础知识
- 商业秘密管理概述
- 商业秘密之人事管理
  - 内部员工管理
  - 外部员工管理
- 商业秘密之信息管理
  - 传统信息资料的管理
  - 数字化信息资料的管理
- 商业秘密之空间管理
  - 物理空间的管理
  - 虚拟空间的管理
- 商业秘密管理专题

引导案例

中美企业交锋:从专利到商业秘密[①]

如果企业间专利纠纷更多是技术实力的交锋,那么商业秘密纠纷更像是一种策略的运用。据不完全统计,近年来美国企业针对中国企业的商业秘密纠纷案每年增加约10%,超过了专利纠纷案件的增长速度。

近日,美国超导公司以"窃取商业秘密"为由,向中国华锐风电科技(集团)股份有限公司(下称华锐风电)提出 600 万美元的索赔。这是继今年 10 月,美国国会称中国华为公司、中兴通讯可能因"窃取"商业秘密威胁美国国家安全后,中美企业之间的又一次交锋。有关专家认为,"窃取商业秘密"正在成为继

[①] 赵建国:《中美企业交锋:从专利到商业秘密》,中国知识产权报资讯网,http://www.cipnews.com.cn/,访问日期:2012 年 12 月 18 日。

专利战后一些跨国公司阻挠中国企业"走出去"新的手段,必须予以高度警惕,同时中国企业须筑牢自身的知识产权根基。

与专利纠纷相比,美方针对我国企业提起的商业秘密诉讼更加致命。国家知识产权局有关专家表示,专利纠纷更多是企业间的民事纠纷,而商业秘密由于涉及内容宽泛和制裁手段严厉,更具杀伤力。一旦这种打击手段得逞,大批美国企业将群起效仿,其影响将不可估量。因此,商业秘密纠纷数量快速增加应引起中国企业高度警惕。

随着知识经济的到来,知识在社会经济中的地位与价值越来越高。商业秘密,作为保密在公司内部的优质知识资产,是公司的核心竞争力的重要来源,对商业秘密的管理与保护越来越成为我国企业不可忽视的工作。有资料显示,在美国年销售收入超过10亿美元的公司,已经有60%以上的企业建立了专门的竞争情报系统。在我国,对于商业秘密保护的对象,立法上先后使用过专有技术、非专利技术、商业秘密的概念,经历了一个逐步清晰的探索过程。除了1993年发布的《反不正当竞争法》全面确立了商业秘密保护制度外,最高人民法院2007年公布实施的《关于审理不正当竞争民事案件应用法律若干问题的解释》,也是审理侵犯商业秘密纠纷的主要法律依据。为此,对企业而言,应该首先明确什么是商业秘密?企业应当如何对商业秘密进行管理与保护。

第一节 商业秘密基础知识

一、什么是商业秘密

对商业秘密的理解在实践中有很多,一些企业管理者认为只要是企业没有对外公开的东西就是企业的商业秘密。但一些大众认为是商业秘密的东西,可能并不能受到我国法律的保护。受法律保护的商业秘密是要满足一定的条件的,这些条件也构成了商业秘密的基本特征。我国《反不正当竞争法》第10条将商业秘密的界定为:"本条所称的商业秘密,是指不为公众所知悉,能为权利人带来经济利益,具有实用性并经权利人采取保密措施的技术信息和经营信息"。该定义界定了受我国法律保护的商业秘密的范围,即只有具备了秘密性、价值性与保密性三大基本特征的商业秘密才构成受我国法律保护的商业秘密。同时,也说明商业秘密既包括技术信息,也包括经营信息。商业秘密的管理,就是要针对企业有价值的技术信息与经营信息,让它们满足法律保护的构成要件,并从技术、法律与管理等多个方面对这些无形资产进行保护。

商业秘密作为企业的无形资产,其具体表现形式较多,总体而言,主要包括以下几种:

（1）产品。企业开发的新产品,在既没有申请专利,又未投放市场之前,是企业的商业秘密;有些产品即使公开面市,但是产品的组成方式也可能是商业秘密。

（2）配方。工业配方、化学配方、药品配方等是商业秘密常见的形式,包括化妆品配方,其中各种含量的比例也属于商业秘密。

（3）工艺程序。产品由于投放市场可能完全公开,但生产产品的工艺程序,特别是生产操作的知识和经验,是重要的商业秘密。许多技术诀窍即是这类典型的商业秘密。

（4）改进的机器设备。在公开的市场上购买的机器设备不是商业秘密,但企业提出特殊设计而订做的设备,或设备购买后企业技术人员对其进行改进之处,也属企业的商业秘密。

（5）图纸。产品图纸、模具图纸以及设计草图等,都是重要的商业秘密。

（6）研究开发的文件。记录新技术研制开发活动内容的各类文件,比如会议纪要、实验结果、技术改进通知、检验方法等,都是商业秘密。

（7）客户情报。客户名单是商业秘密非常重要的组成部分,若被竞争对手知悉,可能危及公司生死存亡。

（8）其他资料。其他与竞争和效益有关的商业信息,如:采购计划、供货渠道、销售计划、会议财务报表、价格方案、分配方案、计算机软件、重要的管理方法等,这些信息能使企业在竞争中有一定优势,并经企业有意进行保密的信息,都应当是商业秘密。

二、商业秘密的特征

商业秘密具有以下三个基本特征:秘密性、价值性与保密性。[①]

（一）秘密性

商业秘密的秘密性,是指作为商业秘密的信息是不为公众所知悉的。商业秘密的这一特征所反映的是某种信息的客观状态。如果一种技术信息或者经营信息是相关领域的技术人员或者经营者能够在公共渠道以普通方式获得的,且任何人都可以自由使用,那么,这样的技术信息或经营信息就是公共信息,不属于商业秘密的范围。商业秘密则不然,它是处于保密状态的,相关领域的技术人员或经营者只能以某种法律方式与商业秘密持有人签订许可协议获取,或者通过自主研发、反向工程等手段获取,不可能在公共渠道以普通方式获得。

（二）价值性

商业秘密的价值性是指作为商业秘密的信息具有实用性,并能够为权利人

---

① 吴汉东:《知识产权法》,法律出版社2011年版,第326页。

带来经济利益。商业秘密是一种相对独立的、完整的、具体针对现实问题的可操作性方案,其本身就包含着商业价值,可以为持有者带来无限商机,包括现实的和潜在的竞争优势。一方面,如果一项技术或信息能使企业降低成本或者提高产品质量,或者增加新的市场需求,增加企业的竞争优势,那么,该项技术或信息就是具有价值性的;另一方面,如果企业所拥有的技术或信息为其竞争对手所期待,也应该认为该项技术或信息具有价值。那些已经为公众所周知,没有任何保密价值的信息不能被认为是商业秘密。

(三)保密性

商业秘密的保密性,是指秘密持有人对其技术信息或经营信息所采取的合理的保密措施。商业秘密的生命在于它的秘密性,而要维持秘密的秘密性,就需要采用适当的保密措施。保密措施包括装配各种硬件设施,如保险柜、电子眼监控等,也包括采用多种软件措施,如建立保密制度,与员工签订图纸保密协议等。

三、商业秘密权

商业秘密权是指权利人对其商业秘密的占有、使用、收益与处分的权利。从禁止权来看,商业秘密权是指权利人禁止他人通过不正当手段获取商业秘密或者擅自披露商业秘密的权利。

商业秘密权的特征主要表现在:

(一)商业秘密权的权利主体不是唯一的

同样的商业秘密可能既为一方所掌握,也可以为另一方所掌握,并且二者均采取了保密措施,则同一商业秘密的多个权利主体都可以对商业秘密进行占有、使用、处分和收益。

(二)商业秘密权的客体——技术信息和经营信息——本身也具有其个性

一般的智慧创作物均具有一定的创造性,而在商业秘密中,技术秘密的创造性有高有低,经营信息通常无明显的创造性,在确定一项信息是否属于商业秘密时,其秘密性的价值性成为关键。

(三)商业秘密权的保护期限具有不确定性

商业秘密权的保护期限在当选上没有规定,期限的长短取决于权利人的保密措施是否得力及商业秘密是否被公开,只要商业秘密不被泄露出去,其就一直受到法律的保护。但专利权、著作权等知识产权通常具有一定的时间限制,当法定的保护时间届满,该权利就不再受到法律的保护。

(四)商业秘密的确立无须国家审批

自商业秘密产生之日自动取得。与此不同的是,专利权、商标权等知识产权的取得,需要经过国家机构的审批,具有国家授予的特点。

四、商业秘密的侵权行为与合理使用行为

(一) 侵犯商业秘密的行为

常见的侵犯商业秘密的行为有两种:一是通过不正当手段获取商业秘密;二是违反保密义务而擅自披露商业秘密。

1. 通过不正当手段侵犯商业秘密主要有三种表现形式:

(1) 以盗窃、利诱、胁迫或者其他不正当手段获取权利人的商业秘密。

(2) 披露、使用或者允许他人使用以前期手段获取的权利人的商业秘密。所谓"披露"是指公开散布不当获取的商业秘密;"使用"是行为人将非法猎取的商业秘密直接用于生产经营中;"允许他人使用"是指行为人将非法获取的商业秘密以有偿或无偿的方式提供或转让给他人使用。

(3) 第三人明知或者应当知道侵犯商业秘密是违法行为,仍从那里获取、使用或者披露权利人的商业秘密,这是一种间接侵权行为。

2. 违反保密义务而擅自披露商业秘密的行为主要包括以下三种形式:

(1) 与权利人有业务关系的单位和个人违反合同约定或者违反权利人保守商业秘密的要求,披露、使用或者允许他人使用其所掌握的权利人的商业秘密。

(2) 权利人的职工,包括在职与离职员工,违反合同约定或者违反权利人保守商业秘密的要求,披露、使用或者允许他人使用其所掌握的权利人的商业秘密。

(3) 当事人在订立合同过程中,以及订立合同以后,以及合同发行过程中知悉商业秘密,泄露或者不正当地使用该商业秘密给对方损失的,应当承担损害赔偿责任。

(二) 合理使用行为

我国法律明确规定了以下行为不构成侵犯商业秘密行为,这些行为是对商业秘密的合理使用。

1. 反向工程

反向工程是指通过对终端产品的分析研究,找出该产品的生产方法或配方。商业秘密权的权利人投放到市场上流通的产品中所蕴涵的商业秘密信息,一旦被竞争对手通过反向工程分析研究获得(法律限制的某些产品除外),则其秘密性相对丧失,原拥有者也推动了相应的独占权。

2. 善意使用或披露

如果第三人不知道所涉及信息为他人商业秘密而加以使用或者披露,则因其无过错而不构成《反不正当竞争法》第10条第2款针对第三人所规定的侵犯商业秘密的行为。

3. 自行研发

由于商业秘密权势效力具有相对性,并且法律也并不排除在同一商业秘密之上有两个和两个以上的权利人。因此,商业秘密权利人不能禁止他人自行开发研究出相同的商业秘密,也不能禁止他人对自行研制出来的商业秘密采取商业秘密权保护。相反,如果一旦有其他人对该商业秘密申请专利保护或者进行了著作权登记,则原商业秘密权人会丧失商业秘密权。

(三) 侵犯商业秘密权的法律责任

根据我国《反不正当竞争法》《民法》《刑法》等法律的规定,侵权人应当承担以下法律责任:

(1) 侵权人应停止侵害、消除影响、赔礼道歉。

(2) 给权利人造成损害的,应当承担损害赔偿责任。

(3) 侵权人应承担受害人因调查侵权行为所支付的合理费用。

(4) 监督检查部门可情节处以侵权人 1 万元以上 20 万元以下的罚款。

(5) 披露、使用或者允许他人使用其所掌握的商业秘密的,给商业秘密的权利人造成重大损失的,处以 3 年以下有期徒刑或者拘役,并处或者单处罚金;造成特别严重后果的,处 3 年以上 7 年以下有期徒刑,并处罚金。

第二节 商业秘密管理概述

一、什么是商业秘密管理

商业秘密是企业重要的无形资产。对于商业秘密的保护,仅仅依靠法律保护途径是不够的。这是因为当商业秘密被侵犯之后,其法律救济存在一些弊端,一是举证比较困难,成本较高,并且在举证过程中难免要披露商业秘密,特别是刑事诉讼中,在一定范围公开商业秘密存在风险;二是损失不易计算,如果商业秘密还未披露,权利人的实际损失可能为零,如果商业秘密已经泄露,成为了社会公知技术,甚至被他人抢先申请了专利,则其损失难以估量。因此,对商业秘密的保护,主要是实行以法律手段为威慑,以管理手段为主的保护模式,强调建立与企业发展相适应的商业秘密管理体系和执行机制,以侵权预防为主,以侵权后的司法救济为辅。

商业秘密管理就是对商业秘密的确认、存储、使用与保护的过程,其核心在于针对企业有价值的技术信息与经营信息,从技术、法律与管理等多个方面对这些无形资产进行保护。

二、商业秘密权与专利权的选择

(一) 商业秘密权与专利权的比较

商业秘密权和专利权在保护技术信息时各有利弊。对于商业秘密权来说，允许多个权利主体同时拥有相同的信息作为商业秘密，因此，在决定用商业秘密权保护一项技术成果时，可能存在以下风险：(1) 他人独立地研制开发同年技术时，并不构成对商业秘密权的侵害，而一旦他人将相同的技术申请专利并获得专利权之后，商业秘密权人则因技术成果的公开丧失商业秘密权，甚至不能继续使用该项技术成果；(2) 商业秘密的保护依赖于保密措施，且不能免防止他人以正当手段破解该商业秘密，因此权利的存在可能处于不稳定状态。

反过来，选择以专利权的方式保护某一技术也有弊端。主要表现在：(1) 一方面，并非所有的技术都满足获得专利权的实质条件；另一方面，即使获得了专利权，专利权的保护期限也是有限的；(2) 专利必须公开，这使得专利技术更容易遭受他人的侵害，专利权人在寻求法律保护时要付出很高的代价。

(二) 影响商业秘密权与专利权选择的因素

通常，企业管理者在决定是采用专利保护还是商业秘密保护时，要综合考虑多个方面的因素，主要考虑因素如下：

1. 技术信息是否易于研发

如果产品的技术不是很复杂，很容易被破解，或通过反射工程来获取，则应考虑采用专利保护。比如，米其林轮胎能够成功地用商业秘密来保护其关键技术，原因可能是这种轮胎的质量能够得以保证的关键技术是生产工艺技术，如果竞争者不到公司生产现场仔细分析，很难把这种技术学到手，两种同样原材料的产品，因为工艺不同，其质量水平就完全不同。

2. 技术信息是否能达到申请专利所要求的条件

如果无法达到专利所要求的新颖性、创造性和实用性，则应采用商业秘密保护。

3. 技术信息的寿命长短

如果一项技术的经济寿命比较短，适用于采用商业秘密保护，因为申请权利权的期限比较长，尤其是发明专利申请，通常要2年到3年时间，等到获得专利权，其技术已经过时了。同时，如果一项技术的经济寿命如果很长，也可考虑采用商业秘密保护，因为专利权的保护最长为20年，而商业秘密如果保护得当，可以无期限限制。例如可口可乐公司已经是百年老店，但其产品的配方仍然是商业秘密，如果公司成立时其产品配方采用专利权保护，则现在可口可乐的配方早已是公众所知的技术了。

4. 技术信息的效益程度

如果一项技术信息所能带来的经济效益有限,则较适宜采用商业秘密保护,因为维持专利有效需要缴纳年费,而且随着专利维持期的增加,其专利年费是加速增加的。反之,如果一项技术所能带来的经济效益很高,或者公司花了巨大的研发成本进行技术的开发,如果采用商业秘密保护,其商业秘密泄密风险可能是公司所不能承受的,这时采用专利权保护将是公司更好的选择。例如,以药品研发为例,世界制药巨头葛兰素史克公司1997年至2011年间平均每项新药的研发费用已达到82亿美元,而新药的市场价值又非常高,因此药品行业通常采用专利权的形式来保护自己的新产品。

5. 当地的知识产权保护的力度

如果当地的知识产权保护力度较弱,则适用于商业秘密的保护,因为专利文献需要公开技术信息,如果被他人知晓并擅自使用,又不能得到合理的司法救济,则应该考虑使用商业秘密的保护形式。反之,如果当地的知识产权保护力度较大,则可考虑更多地使用专利权的保护形式,专利保护的稳定性更高。

由于专利权与商业秘密权的保护各自有其优点与不足。在实践中,对企业核心技术的保护通常采用专利权与商业秘密权相结合的保护形式。专利权人在申请专利之时,可以将容易破解的技术内容申请专利,而对那些关键技术或核心技术,可以通过技术秘密的方式加以保护,或者有一般的技术方案替代企业的核心技术或关键技术部分,其替代程度以满足专利申请的要求为准。这样,即使部分技术内容因为申请专利而被公开,企业的竞争对手也只能了解一些非核心技术。

三、商业秘密管理体系

商业秘密保护管理体系应该包括三个方面:一是对人的管理;二是对信息资料的管理;三是对空间的管理。这三个方面的管理相辅相成,构成一个有机的整体。对人的管理是商业秘密管理的重点与难点,因为知晓商业秘密的人就是商业秘密的高级载体,管理好了商业秘密相关人,商业秘密的管理就成功了一半。对人的管理包括对公司内部员工与公司外部人员的管理。对信息的管理包括对传统信息的管理与对数字化信息的管理。对空间的管理是指对存放信息资料或其他涉密场所的管理,包括对物理空间与虚拟空间的管理。商业秘密管理体系如图7-1所示。

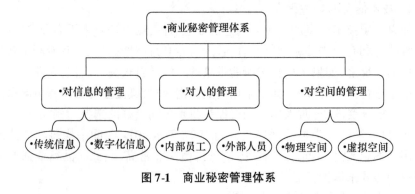

图 7-1 商业秘密管理体系

第三节　商业秘密之人事管理

在商业秘密管理中,人事管理的目标主要有三个方面的内容:(1) 防范公司员工或者合同当事人违反保密协议而擅自披露商业秘密;(2) 使公司外部人员或公司员工不能够或者不能够轻易地通过不正当手段获取本公司的商业秘密;(3) 即使公司的商业秘密被公司外部人员或员工所侵犯,公司也能够得保留证据,并能够得到合理的法律救济或其他方式的救济。商业秘密的人事管理可以分为对内部员工的管理与对外部人员的管理两个环节。

一、对内部员工的管理

企业员工是商业秘密产生、流转、使用、保护的特殊"载体",也是商业秘密泄露最主要的风险源。据最高人民法院统计显示,目前我国企业单位 90% 以上的商业秘密泄密案件皆因员工跳槽引起。因此加强员工管理,确保人才有序流动,是降低商业秘密泄露风险的根本性措施。

(一) 加强关键岗位员工的入职管理

企业人才来源一般以外部招聘为主,为防止品质不良人员或商业间谍进入企业,人力资源管理部门在招聘前应做好以下工作:(1) 要全面分析掌握招聘职务和岗位涉及商业秘密的情况,根据岗位需求确定招聘条件和考察评价标准;(2) 在确定聘用目标后,对应聘者要重点进行背景调查和信誉考察,查验身份、证件、证书、履历表的完整性和真实性;(3) 对跳槽频率较高的人员,要进行必要的走访考察。重点了解是否已与原单位解除劳动合同关系,在原单位是否负有保密义务和和签订有竞业限制协议及其履行情况;(4) 了解应聘人员是否有泄密或非法携带商业秘密辞职的不良行为。对于在原单位负有保密义务或签订有竞业限制协议而擅自辞职、跳槽的人员,要审慎聘用,即便聘用也不要安排在商业秘密集中的岗位。

相对外部招聘来说，内部调剂聘用人员的泄密风险相对较小，但当员工转岗、职务晋升或在工作中需要接触核心商业秘密信息时，企业同样需要对其进行信用考察和岗位培训，防止员工因不胜任岗位或调岗出现的其他原因导致泄露商业秘密。在实践中，企业的技术、经营骨干集体离职，利用在原单位掌握的核心技术和客户资源"另起炉灶"，低价倾销同质产品，导致"老东家"市场急剧萎缩，甚至破产倒闭的司法判例时有发生，企业招聘、聘用人员应引以为戒。

（二）注重在职员工的过程管理

为降低职员工泄密风险，企业人力资源部门和业务部门要统筹协调，建立科学的员工管理机制，对关键岗位员工实行全过程管理。

1. 明确岗位职责

企业应明确岗位商业秘密保护职责，规定在岗员工商业秘密保护内容，并纳入员工绩效考核，把商业秘密保护确定为员工的分内工作，具体要求包括：遵守国家法律法规和企业保密行为规范，履行岗位保密职责，妥善保管经手的商业秘密信息，不得擅自抄录、复制、披露、传输、销毁记录商业秘密的数据资料，发生泄密事件或发现泄密隐患及时向管理部门汇报等。

2. 签订保密协议

与员工签订保密协议，是保密成本最低、警示效果最好的保密措施之一，为广大企业所普遍采用。企业在与员工签订保密协议时，要注意以下几点：(1) 保密协议要根据员工的涉密程度和岗位职责制订不同版本；(2) 所签订的保密协议不能侵犯员工的人身自由和合法择业的权利；(3) 协议要明确保密的对象、范围、内容，使之具有可操作性；(4) 单项保密协议要符合企业商业秘密保护体系和管理机制的基本要求。

3. 将商业秘密知悉范围控制到"最小"

企业应根据"需要则知道"的原则，将商业秘密的知悉范围控制到"最小"。控制知悉范围的方法：(1) 分割拼图法，将一项工作任务拆分成若干部分，不由一人掌握全部。只有不同部门、员工从事的工作拼在一起，才能得出"拼图"全貌。(2) 代码替代法，如将产品原料、配方含量等以代码使用，代码设计以操作工人不知道具体内容可正常工作为准。(3) 隔离法，将企业各部门、工序、区域进行分割封闭，对处理商业秘密的计算机及其网络与互联网等公共网络实行物理隔离；逻辑隔离主要用于企业的计算机网络，如将本单位的计算机网络划分成不同的"域"，各"域"之间通过防火墙、绑定 MAC 地址等实施逻辑隔离，部门之间未经授权无法相互查看信息。

4. 加强行为审计和考核监督

企业一方面要检讨保护机制是否脱离实际情况，影响了业务的连续性，避免保密制度流于形式；另一方面要综合运用技术和管理手段，提高行为审计和泄密行为、事件发现能力,及时对违规员工一视同仁地进行监管,督促员工养成良好的保密习惯。

(三) 实行离职员工契约约束

现代企业一般都规定了员工离职的管理措施,包括离职面谈、核准离职申请、业务交接、办公用品及公司财产移交等。人力资源部门在为员工办理离职手续时,要强化对知悉、掌握核心商业秘密员工离职的契约约束。①

1. 重申保密义务

员工的保密义务不因劳动合同的解除而终止,保密期限直至商业秘密公开或消失为止。因此,在离职面谈时,人力资源部门要向员工重申保护商业秘密的义务,要求员工另行作出书面保密承诺。

2. 签订并启动竞业限制协议

根据目前的情况来看,将近八成的商业秘密泄露事件是由于公司员工流动而产生的。尽管可以签署保密合同来阻止因人才流动而导致的泄密行为,但对于离职之后的员工,如何执行保密义务,往往是一个令人头痛的问题。因此,为了配合保密义务的执行,有的公司会选择与一些重要的职员签订竞业禁止合同。所谓竞业禁止,即要求员工在离职后一定期间内,禁止经营或从事与原公司业务性质相同或有竞争关系的事业,从而切断员工使用原雇主的商业机密为新雇主服务,或为自己独立营业时所利用的可能性。②

人力资源部门首先要审查与离职人员签订的竞业限制协议,未签订的有必要进行补签。签订竞业限制协议的范围不宜过宽,一般仅限于掌握核心商业秘密的数人,协议条款规定不得限制员工离职后使用属于与自身人格不可分离的知识、经验和技能;竞业限制的行业、地域范围不能超出本单位商业秘密所产生的经济利益或实现竞争价值的领域,最长不得超过 2 年。要特别规定的是,在劳动合同正式解除之日起,企业必须按月向离职员工支付竞业限制补偿金。

3. 做好交接工作,撤销办公权限

企业应指定专人负责离职员工的交接工作,详列交接清单,并明示离职员工不得复制、毁损文件、资料和设施。此外,还要通知相关部门,撤销该员工办公网络访问权限和工作区域的通行权限。

4. 通知业务相关方和员工新就职单位

企业应将员工离职的情况通知曾与其联系的供货商、经销商、采购商、外协加工等单位,避免员工离职后仍以本单位名义继续从事相关交易。掌握核心商

---

① 张素英:《降低员工泄露商业秘密的风险》,中国保密在线,http://www.baomi.org/,访问日期:2013 年 6 月 8 日。
② 袁真富:《商业秘密的风险管理——面向公司员工的管理视角》,载《中国高校科技与产业化》2008 年第 9 期。

业秘密的员工到竞争对手一方就职的,应将员工在本单位的工作性质和业务范围书面通知对方单位,明确告之其不得非法使用本单位的商业秘密。

5. 做好尽职调查

在员工离职的最初 1 年内,企业要密切关注市场动向,调查市场份额是否急剧下降,有没有同类产品低价上市及其渠道,有没有同质企业在短期内异军突起,以此判断员工是否履行了竞业限制协议,是否向其"新东家"披露了原工作单位的商业秘密。

在现实生活中,无论多么严苛的保密措施,也无法完全阻止员工的故意泄密行为。因此,企业在加强人员管控的同时,还应注重企业文化建设,营造和谐的工作环境、打造优化个人空间,让员工在工作中有尊严、有安全感、归属感和受重视感,以稳定员工队伍、减少人才流失。苹果公司是企业保密文化建设和运用最为成功的典范,值得企业管理者借鉴。这家公司到处都是监视摄像头和门禁,员工稍不注意保密就可能被炒鱿鱼,如此严苛的保密要求并未引起员工的反感,反而认为苹果公司"是一个有趣的地方",研发工程师为自己的保密能力而自豪,员工能自觉地认识到泄露企业商业秘密是不负责任的表现。

二、对外部人员的管理[①]

在市场经济条件下,企业不可避免地要与他人进行交易或者交流,如技术合作、产品贸易、技术授权等,在对外交易或交流中的管理不善也可能导致企业在交易过程中商业秘密的流失。因此,企业应该加强管理,以防止外部人员以交易或交流的方式获取企业的商业秘密。

(一)与合作对象订立商业秘密权属协议

在委托他人研发或者与他人合作研发时,为了防止因为商业秘密的权利归属而发生纠纷,企业应委托研发合同或者合作研发合同中对因研发而获得的商业秘密的权属作出约定。

(二)签订保密协议或保密条款

如果在进行贸易或合作的过程中,要涉及企业的商业秘密,则应该在对方接触到自己的商业秘密以前就与对方签订一份保密协议或保密条款,规定对方的保密义务、保密范围以及相应的责任等,以防止那些借谈判、合作之名来窃取商业秘密之人。在签订正式的贸易或合作合同时,也应该签订保密协议或保密条款。

(三)在谈判、考察、参观、交流进防止商业秘密的泄露

企业进行贸易或合作、谈判、参观或者考察是正常的业务活动,但企业必须

---

① 朱雪忠:《知识产权管理》,高等教育出版社 2010 年版,第 372 页。

注意那些假借谈判之名来窃取商业秘密的人。有些企业在谈判、参观或者考察的过程中透露的信息过多，而使对方掌握了相关的商业秘密，此时，企业的商业秘密对对方已经没有吸引力了，合作或贸易也可能就此结束；有的企业在接待外单位参观时，缺乏警惕性，或急于谈判成功，过于热情，最终造成商业秘密被泄露。例如，某外国企业到中国某工厂购买某种型号的五金工具，谈判之前，外文提出要参观中方的工艺流程，中文很热情地接待这个外国客户。在参见的过程中，外文人员进行了照相和摄像，还参观了关键技术的生产流水线。通过这些活动，外方已经完全掌握了中文的技术。事后他们非但没有购买中文的产品，反而将窃取到的技术申请了专利，并开始生产同种型号的产品，因此，我国的企业必须要吸取这样的教训。实际上，只有保密的技术或产品才会对对方有吸引力。

在谈判中，应尽量不透露商业秘密的任何信息，确实需要透露部分信息的，也只能限于非核心、非关键的信息；参观或者考察时，要限制参观人员的行为，一般应禁止参观人员拍照和摄像，一些关键的场所，不允许进入，提供样品时，也要谨慎。

第四节 商业秘密之信息管理

商业秘密的信息管理主要是对与商业秘密有关的信息资料的管理。当今世界，计算机及网络已经成为企业经营活动和日常工作的必备办公工具，相应的，企业的信息资料可以分为传统信息资料与数字化信息资料两种类型。传统信息资料是指是指非数字化信息资料，包括纸质的公文、书刊、函件、图纸、报表，以及胶片、幻灯片、打印出来的照片等信息资料。数字化信息资料是指电子文档、图片、视频等电子资料，这些资料通常存储于计算机硬盘、光盘、U盘等数据存储器中。

一、传统信息资料管理

（一）商业秘密文件密级的划分及标识

对于属于商业秘密的文件应针对涉密的不同层次进行分类，并施以统一标识，对我国企业管理者而言，熟悉而简单的分类就是"绝密""机密""秘密"三个等级，并在文件首面加盖"绝密""机密""秘密"字样的印章。

（二）商业秘密文件的收发管理

涉密文件都应建立登记制度，每份文件应注明编号、份数、制作日期，建立收文和发文制度，防止涉密文件在收、发过程中流失。

（三）商业秘密文件的保管

对于商业秘密文件应采取一定物理性保管措施，指定专门的档案存放场所。

绝密级文件应当放在保险柜里,机密级文件应当存放在保险柜或铁制文件柜里,秘密级文件应当存放在专用的普通文件柜里,因工作需要由使用者个人保管的商业秘密文件,应由有审批权限的主管领导批准,并确保文件的安全。

(四) 商业秘密文件的查阅复制

管理者首先应当对商业秘密文件的阅读权限进行划分,并形成制度。查阅涉密文件,应限制在最小的范围内。绝密级文件只允许在保密室内查阅,不得擅自阅读不应该阅读的文件。所有商业秘密文件的复制都必须在企业内进行,并必须填写登记,由具有审批权限的领导审批。绝密级文件不得复制,确有必要必须复制的,应该由企业法定代表人批准,并有两名以上的主管领导签字。

(五) 商业秘密文件的销毁

涉密文件不再需要时,应当清退或销毁,企业应当规定清退或销毁的审批权限和程序,并形成记录。

二、数字化信息资料管理

随着科学技术的发展,计算机及网络已经成为企业经营活动和日常工作的必备装置,越来越多的企业广泛通过网络进行信息处理和信息交流,形成大量的电子信息。很多企业的商业秘密和信息以数字化的形式储存在计算机硬盘中或者其他数字化储存载体中,必须要重视对数字化信息资料的管理。

(一) 数字化信息资料的泄密方式

由于电子信息依附于计算机及网络,管理中需要技术支持,因此同纸质的商业秘密对比,其泄密的隐患更大,且难控制。所以必须了解其泄密方式,才能有效制定控制措施降低电子商业秘密信息泄密的风险。其泄密的方式主要有:

(1) 信息管理不到位。由于电子信息依附存于网络产生和存在,其产生具有速度快、数量大。因此在电子信息的商业秘密识别中会出现识别不全面、不及时的现象,导致涉密信息没有及时按照密级要求进行管理,或者降低密级管理,造成信息泄密。

(2) 责任人分工不明。电子信息形成、传递和存储中均有不同的责任人。因此在其产生到报废阶段涉及过多的责任人,易造成责任分工不清混淆,产生无人监管的现象,造成泄密。

(3) 网络泄密。电子信息易通过依附的网络泄密。由于电子信息是在网络设备的运行过程中产生的,通过网络设备进行信息传递和交换,依靠网络设备进行存储,因此网络设备自身存在的涉密风险隐患,会导致有关电子商业秘密泄密。

(4) 技术手段不强。电子信息的防护中需要采用相应的技术手段。如果对技术管理信息的防护手段不健全,也会间接导致电子信息的泄密。如采取加密技术,其密钥管理不善,也会导致信息泄密。

(5) 权限设置不当。由于网络的普及程度高,电子信息接触的范围大,接触信息人员的权限控制不当,使低密级的权限人员接触到高密级的电子信息。

(6) 介质泄密。电子信息主要储存于计算机硬盘以及可移动介质中,而且存储量较大,而且受存储环境的影响,因此在存储中可通过介质泄密。

(7) 报废处理不到位。用于保存电子信息的装置在出现故障维修以及装置报废时,电子信息的清除不彻底,会导致信息泄密。

(二) 数字化信息资料的保密管理

(1) 对移动数据储存器的管理。对于光盘、U盘等存储电子信息资料的可移动数据存储器,应依照传统信息管理的方式进行管理,包括对移动存储器密级进行划分及标识、建立对移动存储器的使用与保管制度、建立移动存储器中文件的查阅复制制度,以及对光盘等移动存储器的销毁制度等。

(2) 加强涉密电子文档的保护。对涉密或敏感文档进行加密保护,同时,通过对文档进行读写控制、打印控制、剪切板控制、拖拽、拷屏/截屏控制、和内存窃取控制等技术,防止泄漏机密数据。

(3) 对储存于计算机网络及硬盘中的电子信息的管理。

对于储存于计算机网络与硬盘中的大量的电子信息,应建立电子文档安全管理系统,利用硬件与软件相结合的文件加/解密系统、电子签名、身份认证、电子时戳、电子印章、密钥管理、文件安全传送、文件管理等多种安全功能集成在一起,以实现各类敏感信息的安全管理与传送的系统将有极大的应用价值和市场用户群。在基本不改变现有用户的使用习惯的前提下,实现用户身份认证、自动签发文档、网络加密传输、文档安全管理的目的。

第五节　商业秘密之空间管理

一、对物理空间的保密管理

对于企业来讲,对物理空间的保密主要指对一些重要的办公场所的保密。按照保密程度的不同,还可以细分为"重要办公场所的保密"和"一般办公场所的保密"。

(一) 重要办公场所的保密

企业的重要办公场所,主要包括公司某些重要人物的办公室,如董事长、总裁、副总裁、总监、经理等的办公室,对于这些重要人物的办公室,企业应当规定,未经这些办公室使用者的同意,任何外部人员以及企业内部无关的人员均不得随意进出,这些人员也应当养成随身佩带办公室钥匙以及出门关门、锁门的习惯,其内部的文件柜应保证在不用或者办公室无人的情况下均处于上锁状态。此外,这些重要人物的办公室应做比较好的隔音设计,防止里面的谈话内容被办公室外的人员听到。①

除了重要人物的办公室外,其他办公场所,如财务部门、法务部门、知识产权部门、实验室、技术部门、采购部门、生产车间、市场销售部门、档案库、人力资源部门、客户服务部门、战略规划部门等,也是企业比较重要的办公场所。对于这些重要场所,企业也应当规定外部人员及企业内部无关人员不得随意进出。这些部门的工作人员也应当自觉管理好文件,带有保密信息的文件不得放在别人可轻易看到或者拿到的地方。此外,如果这些办公场所有单独的、可封闭的办公区域,最后一个离开的员工应确保该办公区域牌处于关门或者上锁的状态。重要办公场所,尤其是那些保密信息较多的场所,最好能在门口安装摄像头,可随时监控。

(二) 一般办公场所的保密

一般办公场所是指企业占有的全部空间,一般是指从企业占有的全部空间,一般指从门卫或者前台开始,由外及内的全部办公场所,尤其前述重要办公场所以外的其他办公场,例如前台、会议室、走廊、公共活动空间、公共办公区域等。一般办公场由于大多是企业内部的公共空间,保密效果较弱,因此对于一般办公场所,企业及员工均不应放置任何与保密信息有关的文件,或者说在一般办公场所中,所旋转的资料、文件等物品,应当都是没有保密价值的,即使是有些具有保密价值的文件、资料需要在这些区域使用,例如装订、复印、扫描、记录等,也应是暂时性的,用完后就应当存放到其他带有保密措施的区域。此外,一般办公场所的文件、物品,相关的自觉摆放齐整。外部人员来公司参观、开会或员工的家属、朋友前来探访的时候,应当由门卫或前台向企业内部员工确认后方可放行,其在企业的行程应由内部人员全程陪同。

二、对虚拟空间的保密

当今的企业都是自动化、网络化办公,这对企业的网络安全带来了极大的挑战,保护虚拟空间的秘密信息,其重要性不亚于对物理空间的保密工作。对虚拟空间的保密,主要是要防止计算机系统和网络系统遭到未经授权的非法攻击、存取或破坏。关于虚拟空间的保密,不同的企业由于对保密的需求和企业文化的不同,在保密的措施,保密的严密程度上可能会有一些区别。我们分别以必备的保密措施和可选的保密措施来描述。

---

① 洪小鹏:《中小企业知识产权管理》,知识产权出版社2010年版,第115页。

必备的保密措施主要包括：

1. 对企业服务器的管理

对虚拟空间的保密都必须要确保企业的服务器可以防止外部人员未经授权的进入，如果能够做到"反黑客"级别或"银行"级别，当然更好。这是对企业虚拟空间进行保密的基本要求，其作用类似于现实世界中的前台或者门卫，但是其智能化水平以及保密功能远胜于前台或者门卫。

2. 企业员工电脑的管理

为员工配备的电脑，每一台电脑都应设置开机密码，以确保除了该员工以外，其他员工都无法打开该员工的电脑(信息技术管理人员除外)。

3. 企业对外交流信息的职责

企业的信息技术管理部门应当承担网上巡视员的职责，定时或不定时地检查进出的电子邮件或者及时沟通信息，如果发现可疑信息，予以追查。

4. 企业对外部人员的管理

外部人员在企业内部确有必要使用网络资源(包括企业内部的无线网络、有线网络、服务器等)时，应获得内部接待人员的同意，甚至需要内部接待人员向企业的信息技术管理人员征求保密意见，或者征求信息技术管理人员的准予。

第六节　商业秘密管理专题

一、商业秘密管理应注意的主要问题

在商业秘密管理的实践中，应该注意如下八个主要问题：

(一) 不重视保密政策的讲解

企业通常要求新晋员工与企业签订一系列的法律协议或者条款，来保护企业的商业秘密。例如，与新晋员工签订保密协议，除非员工得到企业的授权，否则不能对外披露或者擅自使用某些信息；与员工签订竞业禁止协议，规定企业员工离职之后的一定期限内不能到企业的竞争对手那里去工作；对员工规定一些"进入限制"方面的条款，要求员工不能进入企业的一些特定区域，不能使用或拷贝一些敏感性的文件，以及不能使用某些特定的电脑或通讯工具等。有些企业还制定了一些保密操作流程，例如提示企业员工当接触到企业的商业秘密时该如何处理。[①]

上述合同或政策通常在员工新加入企业的时候签订并告知，但是，在常规的

---

① David R. Hannah, *Keeping Trade Secrets Secret*, MITSloan Management Review, spring 2006,47(3).

新晋员工职前培训的时候,却常常没有足够的时间对这些保密政策与要求进行讲解。并且,新晋员工在刚到企业时,通常要与企业签订各种各样的法律合同,了解各种企业的政策与规章,例如劳动合同,企业薪酬制度的规定,还要填写许多与人事档案相关的资料。在这种情况下,与保护企业商业秘密相关的法律合同或条款就被淹没在其他同样重要甚至对员工而言更加重要的合同或文件之中,对于保密条款的规定,员工通常仅仅模糊地记得有相关的限制性的规定,但具体细节却通常被遗忘了。因此,企业与新晋员工之间的商业秘密保护的协议或要求,除了在员工来企业报道之时签订之外,还应该在员工职前培训时进行较详细的讲解。

(二) 不注意经常性的与员工沟通

一些企业管理者通常错误地认为对员工保密要求的宣传与讲解主要是针对新晋员工的,主要在职前培训中进行。实际上,这种思路是错误的,对员工的保密教育是长期性的工作。当然,过度地对员工进行保密政策的讲解与提示,可能使员工厌恶与反感,反而起到相反的效果。但是,公司应该考虑一年至少二次与保密相关的工作会议,确保员工了解公司保密政策的最新变化,并使员工熟悉这些政策。公司也可以使用电子邮件或保密政策手册等方式,其目的是强化员工的保密意识,同时也使员工知道如果要了解公司的保密政策,可以从哪些地方获取。通过与员工经常性的沟通与交流的措施,防止员工平时忽视保密的规定,而一旦不小心泄密,又使自己陷入较高的法律风险,这时悔之晚矣。

(三) 保密政策让员工感觉自己不被信任

当对员工进行保密教育或与员工签订保密相关的协议时,一些公司通常强调员工该做什么,不该做什么,如果违反规定,将受到何种处罚等等。但是这种方式可能会起到相反的效果。研究表明,当员工感觉自己不被公司所信任时,他们很少认为保守公司的商业秘密是自己应尽的义务。

针对特定的保密措施而言,公司尤其要注意"限制进入"的相关规定,这种规定将向员工暗示他们缺少必要的谨慎或信任度来保守公司的敏感性信息。相反,告知员工在接触到公司敏感信息后该如何处理的一些措施,如告知员工保密信息处理程序等,则向员工暗示他们是值得公司信任的人。通常员工越熟悉公司的"进入限制"措施,越不认为保密公司秘密是自己的义务,而员工越熟悉公司的"保密信息处理程序",越认为保密公司秘密是自己的义务。当然在许多场合,"进入限制"仍然是公司重要的保密措施之一。但是在执行这一保密措施时,经理人员应向员工解释为什么要采取这一措施,并且需要向员工说明他们可以获取哪些以及如何获取与自身工作相关的其他的机密信息。

(四) 对企业员工以处罚代替帮助

研究表明,员工如果认为公司的一项规定的目的是为了抓住并处罚员工,他们通常会对这项规定产生抵触情绪,而如果他们认为一项规定的目的是为了帮助他们更有效地完成工作,他们通常会主动地遵守该项规定。因此商业秘密保护制度的出发点应该主要去帮助员工而不是去处罚员工,至少制度不应该不必要地阻碍员工的正常工作。

为了达到上述目标,商业秘密保护制度的制定应确保员工能够尽可能快地获取他们工作所需要的信息。公司的每一个涉密部门应该有一个既具有相关的技术背景,又接受过法务知识培训的涉密工作人员,他能够尽可能迅速并且明智地决定本部门员工对涉密信息的获取请求是否符合公司规定。但一些公司的法务部门要求公司的销售人员如果要与客户分享任何还未上市的新产品信息,都要经过法务部门同意,这显然不必要地阻碍了销售人员的销售工作。此外公司还应该每年对公司的涉密信息进行重新审核,对一些不需要再保密的信息资料,降低或解除其保密等级。

(五)管理层在保守商业秘密方面没有起到表率作用

如果企业经理要求员工保守企业的商业秘密,那么他自己就应该首先带头保守企业的商业秘密,否则这些保密规定就会遭到员工的耻笑。

曾经有一个企业,要求员工保守企业的某项机密信息,结果却发现企业的总经理却恰好在财富杂志上披露了该项机密信息。企业员工们不明白的是,为什么自己要花费精力来保守企业的商业秘密,而他们的总经理却不遵守保密义务。为了避免这种情况发生,企业应委任一高层管理人员来负责企业保密政策的制定与执行,这位高管可以是企业的首席知识官。他应该有权利来处理任何违反企业保密规定的人,无论这个人的管理职位有多高。

(六)忘记明确企业知识的权利归属

当研发人员或设计人员创造了新的发明或新的设计,他们或许会觉得这些发明或设计是属于他们的,他们拥有合法的权利按照自己的意愿去处理这些新发明或新设计。他们或许会觉得自己可以自由地与同事分享这些自己搞出的新东西,与企业外的朋友分享相关信息,甚至当他们离开企业之后,也可以使用或处理相关的信息。因此,企业有必要采取相应措施来明确或澄清员工发明创造的产权归属。

首先,企业应与员工签订相关的合同条款或发放相关的工作手册,来说明员工的职务发明或职务作品的所有权是法定的属于企业的权利;其次,企业应确保员工了解并遵守对企业职务发明或职务作品的保密管理规定;再次,企业应明确告知研发人员创造新的发明创造或新的设计是他们的工作的一部分,例如可以在员工的岗位说明书中进行明确的说明。这会让研发人员理解企业支付给他们薪酬的目的及他们的工作职责,从而更容易接受为什么这些新发明或新设计的不是他们个人,而是企业的;最后,企业应该对创造出新发明或新设计的员工进行物质上及精神上的奖励,企业甚至还可以将企业拥有的职务发明的知识产权的一部分授予给发明人,以调动他们的积极性。

(七) 对企业商业秘密的范围界定过窄

通常人们都认为企业研发成功的未公开的技术成果是企业的商业秘密,但是却忽略了研发失败的技术也是企业的商业秘密,失败的经验教训是企业非常有价值的知识,无论是成功的技术方案,还是失败的技术方案,都可以是企业有价值的商业秘密。例如,企业应该告诉研发人员,通过企业研发与试验证实了行不通的技术方案,可能给企业带来很大的竞争优势,前提是竞争对手并不知道这种技术方案是行不通的,然后依然投入大量时间与资源去开发这种技术。

(八) 不注意处理好离职的员工的保密事务

在人的职业生涯里面,常常会有一次或多次的变换工作单位的经历。对企业而言,不幸的是这些员工的离开通常会带走企业有价值的商业秘密中的重要信息。企业应该采取措施并提醒离职员工他仍然需要承担保守原企业的商业秘密的义务,这应该成为企业的一项常规管理流程,而不是针对某个员工,以免引起不必要的猜疑与矛盾。

企业可以要求离职员工呈交所有他所拥有的企业信息资料,实践中一些企业内已开始使用知识管理系统,员工在日常工作中就例行地记录了对企业有价值的信息,对于这些企业而言,在与离职员工的谈话时就仅仅需要检查该员工曾经接触过的重要信息,并向员工强调保密的义务。即使是没有使用上述知识管理系统的企业,要求员工呈交他所拥有的企业信息资料也是很重要的,这能够向员工表明,企业是非常重视商业秘密保护的,泄露企业的商业秘密可能会面临追责。

对于那些被企业开除的员工,企业应该采取特殊的措施,因为企业遭受这些员工泄密的风险很高。当一名员工知晓企业非常关键的商业秘密,并且离开企业时与企业的关系非常不和,这时企业应该考虑采取先发措施,例如可以向离职员工新去的企业发律师函件,申明如果该员工在该企业工作中泄露并使用了原企业的商业秘密,该企业也可能要承担相关的损害赔偿责任。

二、如何合法获取商业秘密

企业获取商业秘密固然不允许使用不正当竞争手段,但并不意味着不能用合法的手段获取并拥有。在实践中,存在以下合法获取商业秘密的几种方法[①]:

(一) 通过商业秘密权利人主动告知而获取商业秘密

因某种原因,商业秘密权利人主动透露出一些商业秘密,是企业正常获得商

---

① 谢根成:《企业合法获取商业秘密的主要途径》,载《企业活力》2002 年第 8 期。

业秘密的一种途径。在这种情况下,即使因商业秘密的使用费发生纠纷,也不能认为是对商业秘密的侵权。

(二) 通过商业秘密权利人的疏忽而获取商业秘密

在商业秘密权利人疏忽的情况下,第二人通过正当途径取得商业秘密的行为是合法的。亦即商业秘密权利人在并未声明保密的情况下泄露其商业秘密而为另外的主体获得的行为并不被视为侵权行为。比如某商业秘密的权利主体在公共场所或交通工具等地方随便谈论某些产品的生产方法和某种商品的销售渠道等信息,被他人听到,从而无意中掌握了商业秘密。有的商业秘密权利主体的研究人员,在媒体上或学术性杂志上有意或无意披露,被他人发现,从而掌握的商业秘密。第二人从这些合法渠道得到的商业秘密都视为合法。

(三) 通过对情报分析综合获取商业秘密

对搜集来的情报进行分析和综合是获取商业秘密的重要方法。这种方法对经营秘密信息尤为有效。大家知道,企业的活动存在于社会现实环境,其内在的、非公开的一些经营秘密信息必然会在业务往来、经营运作中透射出来,即使保密措施严密,也不可能全无形迹可察。情报工作瞄准明确的目标,通过长期、持续的跟踪、调查、搜集和积累,然后运用科学的分析、综合方法,就可以勾勒出竞争对手商业秘密的轮廓,揭示出商业秘密的底蕴。这也是企业合法获取商业秘密的有效途径。

(四) 通过独立研究开发获取商业秘密

某一主体商业秘密的取得并不能排除另外的主体以相同或相近的研究开发途径获取同样的商业秘密,尤其是技术秘密,先取得商业秘密的主体没有权力禁止后取得同样商业秘密的主体使用,即如果商业秘密是独立开发的,便不构成不正当获取,商业秘密权不像专利权那样具有专有性,后来经自行创造、独立构思而取得商业秘密的主体与前已取得同样商业秘密的主体都享有商业秘密权。通过独立研究开发商业秘密的方法,同样是获取商业秘密的重要途径。

(五) 通过反向工程获取商业秘密

反向工程是对于从合法渠道取得的产品进行解剖分析,从而获知产品技术秘密的一种方法。由反向工程取得的技术秘密可以构成进行反向工程的主体自己的商业秘密,原权利人无权干涉。不过值得注意的是,实施反向工程的必要前提是商品获得的途径必须合法。同时也必须注意到有些特殊产品的法律限制。如世界知识产权组织与美国等一些国家制定的法律法规,对于集成电路行业中的布线设计实施反向工程,限于对他人产品的布线设计分析研究,不得简单复制,否则违法。反向工程需要取得竞争对手产品的样品,情报信息工程中实物情报的收集获取对反向工程有重要的意义。反向工程涉及敏感的技术秘密,容易产生纠纷、诉讼。除了在情报工作中注意保存好有关反向工程解剖对象取得的合法证据,如供货合同、产品发票等以外,还要注意对于反向工程实施过程进行详细的文字记载及录像等。一旦发生纠纷,进行诉讼,这些资料都是打赢官司的有力证据。

(六)通过善意方式获取商业秘密

第三人在不知情的情况下,从侵犯商业秘密的行为人那里获取、使用商业秘密的行为不构成侵权,因为第三人是善意的,没有主观上的过错。但是善意第三人对权利人商业秘密的使用,要支付合理使用费并承担保密义务。

(七)通过计算机模拟获取商业秘密

企业商业秘密的计算机模拟是利用数据的多层次、多方位、多角度的模拟,对企业的商业秘密解密。但在应用统计数据处理模拟软件中,应以时间、单位、分级(主栏)、指标(宾栏)四种字典作依据,以库表形式存放和管理数据,将各种数据堆积起来,作多次随机组配,分析组配结果具有的效能、特点,从而分析出企业商业秘密,特别是技术秘密。

三、商业交易中的商业秘密保护合同

对外经济交往是企业生存和发展的必要条件,没有对外交往,就不能进行交易,企业作为营利组织的目的就不能实现,所以,企业与其他企业、组织和个人进行经济交往是市场经济的必然要求。但也正因为交往的存在,所以伴生着商业秘密被泄露的风险。克服这种风险最有效的法律手段就是签订合同,即不管从事何种交往行为,只要存在企业商业秘密有泄露的可能,就签订商业秘密保护合同。而合同保护则是民法保护的主要手段。现列举几种主要的合同制度保护方法,供企业参考:

(一)合作开发合同

合作开发合同,是指当事人各方就技术秘密共同开发所订立的合同。合同开发完成的技术秘密,除合同另有约定的以外,应归合作开发各方共有,因此,共有各方均有保守技术秘密的义务。

(二)委托开发合同

委托开发合同,是指当事人一方委托另一方进行技术秘密的研究开发所订立的合同。委托开发所完成的技术秘密,除合同另有约定的以外,技术秘密归研究开发人,即受托人所有。建议在合同中约定开发完成的技术秘密归委托方所有,受托人负保密义务。

(三)技术秘密转让合同

技术秘密转让合同,是指技术秘密成果的权利人或者其授权的人作为让与人将技术秘密提供给受让人,明确相互之间技术秘密成果使用权、转让权,受让人支付价款或者使用费所订立的合同。许可的方式包括独占许可、排他许可、变

通许可、交叉许可、分许可和混合许可等。不论签订何种方式的许可方式,许可方与被许可方均要签订保密合同,或者是在许可合同中明确约定保密条款。

(四) 商务咨询及服务合同

商务咨询及服务合同,企业在经营中遇到专门问题,可能求助于专业的咨询服务机构,如产品设计、生产、经营策略、企业形象设计、财务制度的建立及法律事务、资产评估等。上述机构在从事咨询及服务的过程中可能知悉企业的商业秘密,也有可能同时为竞争企业提供咨询和服务,所以非常有必要签订保密合同,或者在咨询合同或者服务合同中约定明确的保密条款。但须特别注意的是,企业与上述机构大多签订书面的合同,也约定了保密条款。但这些合同均是事先由中介机构事先拟就的格式合同条款,对企业不利,特别是对商业秘密保护的条款大多比较笼统,对企业不利。如果不另行签订保密合同,也应对保密条款进行修改,使其更容易操作,公平地保护企业的商业秘密。

(五) 正式合同订立前的商业秘密合同

企业在进行技术转让、联合投资、企业购并等情形下,存在将企业的商业秘密交给相对方进行论证和评价,这时主合同是否签订尚不能确定,企业可以与相对方签订对商业秘密的评价合同,约定保密和不使用义务。值得说明的是根据《合同法》第 42 条第 3 款、第 43 条的规定,在合同订立过程中违反诚实信用原则,将其知悉的商业秘密泄露或者不正当地使用,给企业造成损失的,应当承担缔约过失责任。该责任是一种法定责任,不以是否有保密合同的存在为必要。这是企业可以利用的一种重要的法律武器,但从更有效保护企业商业秘密的角度出发,在签订合同过程中,对于对方知悉的商业秘密另行签订保密合同,比缔约过失责任的规定更为有效,更有利于得到保护。

推荐阅读

1. 吴寿仁:《保护商业秘密手册》,人民邮电出版社 2008 年版。
2. 《中华人民共和国反不正当竞争法》。

第八章 企业知识产权管理保障体系

要点提示

本章重点掌握的概念:(1)企业知识产权管理内部保障的内容;(2)企业知识产权管理外部保障的内容。

本章知识结构图

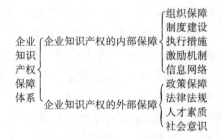

引导案例

斯坦福大学的知识产权经营的成功之道

大学聚集着各个学科的高端研发人员,科研资源相当丰富。在知识经济日益发达的今天,每个大学都必须面对和思考这样的问题:如何避免科研项目有成果无市场的局面,使科研成果真正创造经济效益和社会效益?位于美国硅谷的斯坦福大学以其在技术转化方面的卓越表现,为世界各国的大学如何使创新成果全面与市场接轨、为社会创造价值提供了一种新的思路。20世纪70年代以来,斯坦福大学已经转让技术近2600件,收取权利金近10亿美元,不仅缔造了Google、Yahoo、惠普这样顶级的跨国企业,目前还保持着知识产权转让年收入4000万美元的纪录,为硅谷提供了巨大的技术创新支持,堪称大学与产业界有效合作的楷模。①

---

① 参见《典型个案:斯坦福大学的知识产权经营的成功之道》,法律快车,http://www.lawtime.cn/info/zhuanli/zlnews/2011072169503.html,访问日期:2013年12月30日。

由此可见，知识产权的创造需要有好的制度保障，并采取积极的激励机制，鼓励科技人员创新，促进科技成果转化。

为了对企业知识产权管理保障体系有一个比较清晰的认识，我们将其分为内部保障和外部保障两大部分来阐述。

第一节　企业知识产权管理内部保障

企业知识产权管理的内部保障尤其重要，主要包括组织保障、制度建设、执行措施、激励机制、信息网络等五个方面。

一、组织保障

组织保障体现为建立有效的企业知识产权管理组织体系。建立知识产权管理组织体系，明确知识产权管理部门的职能，这是企业知识产权管理部门开展知识产权工作的前提条件和重要保障。企业知识产权管理和企业知识产权战略一样，与企业经营管理具有十分密切的联系，因为企业知识产权的开发、利用、运营与企业技术开发、产品市场流转、经营管理战略往往是联系在一起的。基于此，在组织保障上，企业应注意加强其内部各职能部门之间的联系与沟通，如在横向沟通方面，应注意生产部门、研发部门、市场营销部门、法务部门等就产品、技术、市场、法律保护、资源配置等方面的问题经常保持联系与交流；在纵向沟通方面，需要经常在企业子公司、各职能部门的分部和知识产权本部之间保持业务上的联系。在组织保障上，企业还应将知识产权管理置于企业领导层开展活动，特别是对企业具有重大价值的知识产权的转让、投资等事宜需要由企业决策层作出。这是因为，企业知识产权管理涉及企业经营战略问题，对企业的生存和发展事关重大，对企业知识产权开发、运营方面的重要决策，自应当由企业高层作出。在实行公司制的企业，则适宜于由董事会作出决策。

同时，组织保障离不开知识产权的专门管理机构和专门人员负责。在具备条件的企业，设置知识产权管理的专门机构具有很大的必要性。这一机构的设立目的在于对企业拥有的知识产权资源进行有效地计划、组织、领导和控制使之符合企业战略发展需要，以实现企业最佳经济效益。在组织建构体系中，企业知识产权管理机构的主要任务是制定企业知识产权战略和关于知识产权管理的规章制度；实施企业决策层关于知识产权问题的重大决策；协调企业内部与企业和其他单位之间的知识产权事宜；查处对本企业的知识产权侵权，解决企业知识产权侵权纠纷；搜集、分析与整理与本企业经营管理有关的知识产权信息，并作出相关结论，供企业决策层参考；及时进行市场调查，弄清楚其他企业知识产权战略意图,为本企业实施或调整知识产权战略提供建议;宣传普及企业知识产权保护和战略意识,加强企业知识产权意识培养,特别是关于企业知识产权价值和企业知识产权权利归属的认识等。另外,在组织保障上,除了企业决策层组织和企业知识产权管理机构外,与企业知识产权管理直接相关的一些专业机构,如技术开发、市场营销、产品设计、商标设计、情报机构等也属于组织保障体系的范围,企业知识产权管理机构应注意与之密切配合。

二、制度建设

制度建设是企业知识产权管理的关键。从企业知识产权管理的内在层级分析,企业知识产权管理制度作为规范、制度层面,处于为企业知识产权管理提供人财物方面的物质技术条件保障的基础层级与企业知识产权管理的核心层级,即企业知识产权管理理念和目标之间。其基本使命是保障企业沿着企业知识产权管理目标和理念的指引,充分挖掘和利用企业现有的资源,使企业知识产权活动朝着预期的方向发展。以中兴公司为例,公司建立了两级知识产权制度体系:一是公司级制度,用于规范公司内所有员工的活动,保障知识产权业务在公司范围内发展;二是业务级规范,主要针对各项具体业务进行实体和程序上的规范,保障各项业务在整体框架下有序发展。当然,对特定的企业来说,并非应建立上述所有制度。但原则上说,企业需要通过建立一系列的知识产权管理制度指导企业具体的知识产权管理活动,使企业知识产权管理工作有章可循,以保障企业各项知识产权管理事务落到实处。

企业知识产权管理制度具体可包括:

(一) 知识产权信息检索与利用制度

知识产权信息检索与利用制度主要是指在企业进行知识产权创造时,通过知识产权检索系统(如商标与专利),或委托专门的检索机构,进行知识产权的信息查询、收集、整理、分析,以获取已有或过期技术,避免重复开发,提高研发水平,节省产品开发经费的一种制度安排。

(二) 知识产权保护教育与培训制度

知识产权保护教育与培训制度既可以向员工传授企业的知识产权目标,使员工明确企业的知识产权管理流程与要求,进而推进企业知识产权文化建设,又可以通过培训提升员工的知识层次,提高员工的知识产权意识,满足员工的精神教育需要。知识产权保护教育与培训制度主要包括:新进员工的法制教育制度和培训制度。企业对员工的培训制度可以灵活采用以下三种方式:知识产权管理部门定期安排相关课程对员工进行知识产权相关业务培训,选派员工参加外部培训和聘请专家到企业进行专题报告。

（三）知识产权评估制度

由于知识产权的独占性、合法性，使得知识产权成为企业的重要无形资产。知识产权不仅是企业保护自己权利的方式，通过有效的运营，把知识产权商品化、资本化、资产化，更是企业的重要增值手段。所以企业必须对其拥有的无形资产进行定期评估。正确及时地进行知识产权评估对知识产权的转让、许可、使用等都有不可替代的作用。通过知识产权的评估，清楚企业知识产权的结构层次，明确企业知识产权的优势和不足，使企业在进行知识产权的转让、许可、使用时，更能把握主动权，发挥自己的长处，避免知识产权贬值。

（四）知识产权检查与侵权预防制度

知识产权检查与侵权预防制度是指在产品的采购、生产和销售过程中，企业知识产权管理部门需要对其中的知识产权相关问题进行全面检验，防止在产品中隐含侵权瑕疵，避免侵犯他人的知识产权。检验的内容包括技术检验、零部件检验、广告宣传书、产品包装装演检验、合同检验等。知识产权侵权预防制度具体可以采取预留侵权保证金的方式，即在企业采购零部件和技术引进等技术贸易过程中，当对方企业无法提供相关的知识产权证明文件，来说明产品或技术的合法性时，就需要支付一定金额作为日后防范知识产权侵权的保证金。保证金的数额由双方约定，保证金一般由双方协议保管，或者是由第三方如银行保管。一旦发生侵权，受让方凭保证金应对相关争议，防止侵权责任转嫁到自己身上，避免给本企业带来损失。

（五）知识产权纠纷应对制度

知识经济时代企业所面对的知识产权侵权纠纷越来越普遍，这些纠纷大致包括两类：一类是本企业的知识产权受到侵害；另一类是企业被控侵权。因此，企业除了建立知识产权侵权预防制度，还应当建立知识产权侵权纠纷应对机制，一旦知识产权侵权纠纷发生，能够迅速作出反应，防止损害后果的扩大、减少损失，维护自己的合法权益。知识产权纠纷应对制度具体包括：积极做好知识产权诉讼准备，科学收集侵权证据；灵活掌握证据提交的时间和方式；及时、合理地运用诉前禁令、财产保全、证据保全等诉前临时措施；综合选择抗辩措施，如证明对方滥用知识产权，对方知识产权已过期或无效，对方恶意取得知识产权，对方知识产权已用尽，自己的先用权及自己的行为是科学研究与试验性使用，证明自己实施的技术是通过技术转让从第三方合法取得的，证明自己是在不知他人已申请知识产权、非故意的情况下侵犯他人知识产权等。

（六）知识产权保密制度

知识产权是企业重要的无形资产，由于知识产权的无形性、高投入性等特殊性质，对知识产权管理的保密制度也就有特殊的要求。现代企业知识产权保密制度包括知识产权相关员工的保密制度、知识产权相关信息的保密制度、知识产权管理资料的保密制度三方面的内容。企业必须全方位地完善知识产权的保密制度,在企业管理中建立起一张密不透风的知识产权保密制度网,才可以保证企业在投入大量人力物力开发知识产权时可以安枕无忧,没有后顾之患。具体可以采取如下措施:在企业文化上提升员工对企业的忠诚度,在各种制度上严格要求员工,防患于未然;对新进员工的知识产权背景进行调查;根据员工所在的不同岗位与其签订不同种类的知识产权协议;对员工的职务发明(作品)和非职务发明(作品)作出规定,确定知识产权的归属,明确各自的权利和义务,避免日后人员流动时其带走在本企业期间取得的成果,侵害企业的利益;树立技术信息的"产权"概念,对企业开发的技术要申请专利保护,对不适宜申请专利的商业秘密要签订保密协议;确保和离职人员签订保密协议和竞业限制协议;对企业的各类保密信息,制定知识产权保密信息分级管理制度和知识产权保密信息全程管理制度。

三、执行措施

执行措施是在落实管理机构、管理制度、管理人员的前提下,协调企业内部管理部门之间的管理,利用知识产权制度提供的保护手段,从知识产权的确认、保护到行使、管理的整个知识产权运营过程。在企业知识产权工作中,大量地体现为对日常知识产权事务的组织与协调。在企业知识产权管理职能保障方面,主要是履行好决策职能、计划职能、组织职能、指挥监督职能和协调控制职能。以决策职能和协调控制职能为例,前者是企业知识产权管理首要职能,企业知识产权管理涉及一些决策环节和内容,科学决策是提高企业知识产权管理效率和效能的主要保障;后者是在企业知识产权管理活动中对各种关系进行调整,整合企业内部资源,使企业知识产权管理正常有序地进行。根据学者的研究,就企业知识产权实际管理过程来说,需要协调和控制的关系涉及:知识资产的研究开发、确权、利用好与收益活动中人们之间的相互配合和相互协作机制的调整与约束;调整知识资产的创造者和产品之间的关系;解决企业在知识资产的商品化和市场化过程中反馈和控制问题。另外,为发挥企业知识产权管理职能,适时加强知识产权的"惯性管理"也是必要的。所谓惯性管理,是企业在处理日常的知识产权事务中表现出来的管理习惯。企业知识产权的惯性管理是在逐渐摸索管理经验的基础上,形成惯常的管理模式、风格的基础之上产生的,它对于保障企业知识产权管理职能,具有不可忽视的重要意义。

四、激励机制

知识产权制度本身既是一种促进创新的机制,也是一种激励机制,是保护和激励企业技术创新的基本法律制度和有效机制。但这种激励机制在企业中的体现和发挥作用还需要企业有相应的激励知识创造的制度和机制保障。为此企业需要建立激发科技人员以研究新技术和新产品并形成自主知识产权为目标的激励机制,并同时制定和实施企业的发明创造者、实施者、拥有者对企业贡献的奖励措施和收益分配的奖励政策。企业可以对在知识产权管理与保护中作出突出贡献的人员予以表彰和重奖,以激发企业员工的知识创造热情,关心企业的知识产权问题。在知识产权创造激励制度中可运用的激励手段一般包括三个方面:(1)精神奖励,如表扬、表彰、授予称号、颁发奖章等;(2)物质奖励,如股权、奖金、住房、交通、物品等;(3)情感奖励,这类奖励既非单纯的精神奖励,又非简单的物质奖励,而是一种独立的更具价值的奖励方式,运用恰当能够获得比前两类奖励更好的激励效果,如解决子女就业、解决配偶调动、出外度假、进修学习等。至于奖励的范围种类和具体要求,企业知识产权管理部门必须联合人力资源部门制定出合理有据的规章制度,明文规定,依章办事。

五、信息网络

知识产权信息管理也是企业知识产权管理的重要内容,特别是在当今信息网络社会,基于知识产权的客体本身作为一种信息,知识产权信息管理在企业知识产权管理中的地位越来越高。通过对知识产权信息进行分类管理,对国内外竞争对手的知识产权状况进行追踪,了解同行业知识产权项目的空白点,并建立起与政府有关部门和国内外知识产权信息服务机构的联系与交流渠道,有利于更好地利用知识产权为企业服务。总体上,企业知识产权的信息管理既涉及企业内部的知识产权信息管理,也涉及企业外部的知识产权信息管理。无论是涉及企业内部还是企业外部,企业知识产权信息管理都需要借助信息技术的运用、知识产权信息资源的开发与利用、知识产权信息网络的有效运行、知识产权信息管理人才培养等手段。这些手段既是企业知识产权管理信息化的重要标志,也是构成知识产权信息管理的主要环节,而企业知识产权信息管理水平是企业知识产权管理信息化的重要体现。此外,对中小企业而言,建立大型、独立的知识产权信息网络存在一定的困难,在相当大的程度上需要由大型企业或相关部门提供合作与帮助。

第二节　企业知识产权管理外部保障

企业知识产权管理外部保障包括的内容很多,主要包括政策保障、法律法规、人才素质及社会意识等几个方面的内容。

一、政策保障

政策是党和国家为了完成某一时期的任务而制定的各种行动计划和方案，通常以纲领、决议、方针、指示、宣示、命令、申明、领导人讲话或报告的形式表现出来。政策的范围非常广泛，内容也异常丰富。政策按照不同的标准可以进行不同的分类，本书着重以政策所涉及的社会生活领域为标准，将政策分为政治政策、经济政策、社会政策、科技政策和文化政策等。当前，我国政府已经充分认识到各类政策与知识产权之间的密切关系，并陆续出台了许多知识产权保护与管理的相关政策，为企业的知识产权管理提供了切实的保护。

（一）经济政策与知识产权管理

经济政策涉及面比较广，其下属的产业政策、金融政策、税收政策、财政政策、工业政策、农业政策、商业政策、外贸政策等，都与知识产权即知识产权管理有着或多或少的联系。其中，企业融资政策与知识产权管理更是密不可分。由于研发、引进、实施技术缺乏资金和没有风险转移机制，许多企业缺乏新技术、新产品开发、实施的资金支持，因而产品没有多大的市场竞争力。为了解决企业知识产权开发、实施的资金短缺问题，国家知识产权局已将促成风险融资市场的创建、促成知识产权交易所的创建纳入日程。因此，企业要定期分析政府对本行业融资的政策，在此基础上合理分配企业资金，以确保知识产权工作的有效开展。虽然我国当前还没有全面构建起有力的知识产权政策导向，但政府已经通过财政、税收、金融、政府采购等许多政策措施，激励市场主体加大对自主创新的投入、形成自主知识产权等方面，并取得了显著成效。

（二）文化政策与知识产权管理

我国的文化政策主要包括：文化事业发展战略和规划、文化产业规划和战略、文化市场发展规划、社会文化事业发展规划、图书馆事业管理促进政策等。促进社会文化的发展，自知识产权制度产生之时便始终成其为重要目标，文化政策作为国家社会文化的基本政策，也自然与知识产权管理的保障紧密相连。在文化事业的发展和规划中，知识产权战略问题是不可避免的考虑方面。文化产业规划和政策主要考虑在加大文化产品的市场化和产业化力度。文化市场发展规划和政策，充分考虑了知识产权管理的保护。

（三）教育政策与知识产权管理

与知识产权相关的教育政策主要包括高等学校的知识产权促进和管理政策、知识产权人才培养政策。为有效保护高等学校的知识产权，鼓励广大教职工和学生发明创造和智力创造的积极性，相关部门目前已经制定了专门的政策对此予以管理。

(四) 科技政策与知识产权管理

与知识产权管理相关的科技政策主要包括科技投入政策、科技管理政策以及科技创新政策。

企业知识产权的有效保护离不开政府的支持。如果政府对知识产权保护的有效性较差,被侵权企业惩处侵权的成本和风险太高,专利侵权诉讼时间过长,就会严重挫伤企业申请专利的信心;如果专利审批周期太长就会大大降低申请专利的经济价值,也会降低企业申请专利的积极性;如果专利部门收费过高且服务较差,就会打消企业进行国内知识产权保护的积极性。因此,如果企业申请知识产权程序复杂、周期漫长、费用高昂,企业知识产权管理机构就有必要加大资金及人力的配备力,反之亦然。

二、法律法规

知识产权管理的一个基本原则就是"依法管理原则"。该原则要求各项知识产权管理工作必须遵循国家颁布的各项法律法规来进行。这些法律法规对知识产权管理起着指导、控制、协调和保障作用,与我国"依法治国"原则相一致。改革开放以来,我国制定和颁布了大量与知识产权管理有关的法律法规,为我国知识产权事业发展提供了有利法制保障。这些法律法规大致可以分为科技法、知识产权法和刑法三大类。

(一) 科技法

科技法是我国法律体系中的一个重要组成部分。科技法是指国家对科技活动所产生的各种社会关系进行调整的法律规范的总称。其调整的对象包括:国家在科技管理过程中发生的纵向关系;不同科技部门、不同科技领域之间在研发、开发、写作和管理过程中所发生的横向关系;科技机构内部和科技人员之间发生的权利和义务关系;国际科技合作过程中所发生的关系。

(二) 知识产权法

知识产权法是调整因知识产权产品而产生的各种社会关系的法律规范的综合,它是国际上通行的确认、保护和利用著作权、工业产权以及其他智力成果的一种专门法律制度。几百年来,根据智力劳动成果和社会关系的性质不同,各国先后建立了专利法、商标法、著作权法等一整套法律制度。这些法律规范相互配合,构成了有关知识产品的财产关系和人事关系的法律规范体系——知识产权法。

(三) 刑法

我国运用刑罚手段保护知识产权起步较晚。1979 年刑法之规定了家猫注册商标罪,后来立法机构先后制定了《中华人们共和国专利法》《关于惩治假冒注册商标犯罪的决定》《关注惩治侵犯著作权的犯罪的决定》等。加入世贸组织后,我国进一步加强了知识产权的刑法保护力度。

三、人才素质

高素质的人才是我国各项事业顺利进行的必备条件,知识产权事业同样需要大量的知识产权人才。知识产权人才是一类专门人才的总称。依据知识产权人才在社会和经济生活中法律的功能和作用,可将知识产权人才细分为5类,即知识产权创造人才、知识产权研究人才、知识产权管理人才、知识产权实务人才和涉外知识产权人才等。要加强企业知识产权的人才保障,必须从这五个方面进行,培养更多专业型知识产权人才。此外,在知识产权管理机构的人员构成上,应秉持多元化原则。建立起具有较高专业素质的管理团队,在人才的使用上,应尽量并使团队内部拥有管理、技术及法律等各个方面专业背景的人才。企业知识产权管理人员通常应该由企业的高管、市场人员、知识产权事务人员、法律专员和具有技术背景的员工构成。高管层依据企业的整体战略规划,为企业的知识产权管理制定相应的战略,在部门中扮演领导、协调和决策的角色;市场人员的工作内容使他们可以直接接触市场,在这种接触过程中,他们能够充分认识知识产权产品的市场状况和前景,可以为企业制定知识产权战略提供较为精准的参考;知识产权事务人员主要管理企业现有的知识产权的日常事务,并检索、分析知识产权方面的文献,为企业知识产权战略的建立提供定性和定量的数据;法律专员主要的职责是为企业申请专利、商标以及版权等,拟定知识产权交易合同,处理知识产权方面的纠纷;拥有技术背景的人员可以从专业的视角,结合专利中所需要的技术要求,研发新技术、新产品议。在这些专才之外,如果有兼具技术、法律、管理等综合素质的复合型人才(通才),也将是企业知识产权管理机构中不可多得的人才。

四、社会意识

现阶段虽然许多企业有一些甚至是比较多的技术创新,但由于缺乏一种知识产权的意识,并没有申请专利;有一些企业意识到采用知识产权保护自身的发明创造,但却因为不了解申请专利等知识产权的程序、必要条件或者因为缺乏申请专利的资金而延迟了专利的申请,致使已存在的技术创新得不到应有的法律保护。要做好这些工作,除了企业自身的努力之外,还要取得全社会的支持。社会对知识产权的支持主要表现为全社会形成一种尊重他人知识产权,不故意侵犯他人知识产权的风气,并建立各种高效的知识产权专业服务平台。

(一)构建知识产权公共服务平台

知识产权公共服务平台应集专利、商标、版权、植物新品种、集成电路布图设计等知识产权相关内容于一体,其建立的目标应包括:按照科学规划、精心设计、缜密组织、有序推进的原则,有效整合各种资源,搭建标准统一、服务规范的知识产权公共服务平台,使企业和社会在知识产权的创造、占有、运用、管理、保护等各个环节都能得到全方位的便捷、准确、规范、优质的服务,使知识产权信息、技术、人才流动更便捷、更高效,加快知识产权产出、转化、应用和扩散,从而推动经济持续快速发展。

(二)突出产学研联合,塑造创新主体

政府各部门应把通过科技进步带动地方经济的持续发展放在主要位置,着力于解决关键技术、共性技术,特别关注技术的集成,并以此带动重要产品的开发和提升传统产业的科技含量,增强支柱产业、新兴产业、基础产业和都市产业的竞争力。为此,政府各部门应加强对产学研结合的研究和探索,进一步提升企业创新能力。(1)强化产学研联盟模式的研究,组建一批专业性强、覆盖面广的技术推广机构,把企业的技术需求与高校、科研系统的创新优势结合起来。(2)加大科研攻关项目向企业的倾斜,加快新的技术标准(特别是对重要高技术产业、重要进出口产品)的研究,占领标准高地。在重大专项和重大科技攻关项目征集中,更多地要以企业牵头或以产学研结合方式共同参与,集中对重点企业重点产品的关键共性工艺技术的改进进行择优扶持。政府要继续支持科技型企业的发展,设立创新资金予以扶持。(3)建立企业技术中心,要以企业技术中心建设为核心,以重点项目为依托,整合资源推进产学研联合,提升企业技术创新能力。

推荐阅读

1. 袁建中:《企业知识产权管理理论与实务》,知识产权出版社2011年版。
2. 宋伟:《知识产权管理》,中国科学技术大学出版社2010年版。

第九章 企业知识产权的国际管理

要点提示

本章重点掌握的概念:(1) 知识产权的地域性;(2) 巴黎公约;(3) 专利合作条约;(4) 专利合作条约;(5) 马德里体系;(6) 伯尔尼公约;(7) TRIPs;(8) TPP协议;(9) 专利的海外布局;(10) 海外尽职调查。

本章知识结构图

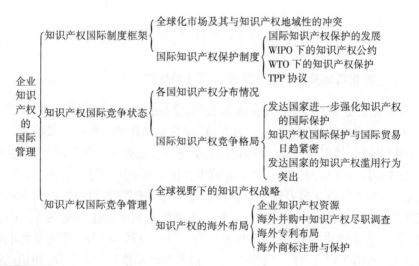

引导案例

近年来,我国的知识产权国际保护形势严峻。据统计,我国已经连续多年成为遭遇美国"337调查"案件数量最多的国家。自2006年以来,我国企业遭遇美国"337调查"的案例大幅增加。相关数据显示,2006年至2010年,共有56起关于中国企业遭遇美国"337调查"的案例,仅5年时间案例总数就超过前20年的总和。2010年,美国共发起56起"337调查",同比2009年大幅增长近1倍,其中涉及中国的案例共18起,占比32.1%,位居首位。2011年,美国共发起"337

调查"69起,比上年的56起增长23.2%,涉案国家(地区)达22个。发起数量为历年之最,其中涉华数量继续维持高位且与2010年持平。

中国面临严峻的知识产权保护挑战。一方面,随着国际贸易的发展,特别是产业转移,使得知识产权保护在中国更加突出。但侵权产品是一个产业链的问题,既有生产、出口,也有进口、销售和消费,这个产业链不是一个国家的问题,而是一个国际性问题。另一方面,随着互联网技术的发展,中国相关法律制度的设计已经不能更好地适应出现的许多新情况,互联网假冒和盗版日益严重,政府的行政执法部门需要更加有效的执法手段和监管模式。[1]

知识产权是是人类智力活动的无形资产,知识产权的国际保护是在遵守国际公约和国际协定的基础上,一个国家履行知识产权保护的国际公约和国际协定的义务。随着全球性贸易的发展,知识产权的国际管理日益成为一些跨国公司甚至国家在全球范围内进行国际贸易必须面对的问题。利用好国际公约和国际协定,履行好知识产权保护的义务,建立起国际性的知识产权保护制度,对于企业参与全球竞争、获得全球市场具有举足轻重的作用。

第一节 知识产权国际制度框架

一、全球化市场及其与知识产权地域性的冲突

20世纪最显著的特征是经济和贸易的全球化,随着世界范围内的分工与合作,各国在经济中的相互融合进一步加强,经济全球化的趋势进一步明晰。特别是20世纪90年代以来,经济全球化的趋势进一步加强,各国间经济的相互依赖和相互渗透进一步加深,商品、资本和技术在国际间的流动进一步加强,资本、技术、人员和知识日益无国界化。随着技术能力的大规模跨国转移,跨国界技术系统逐渐形成,技术全球化作为经济全球化的重要组成部分逐渐受到各国的普遍关注。[2] 随着全球化的贸易展开,技术在全球范围内逐步扩散,跨国专利申请也逐步增加,跨国公司在全球范围内的技术研发和产品推广逐步展开,知识产权的国际保护已经成为跨国公司抢占市场份额和打压对手的重要手段。

全球化意味着资金、技术、劳动力等生产要素在全球范围内的配置,也意味着企业不仅要面对国内企业的竞争,也要面对国外企业的竞争。世界经济发展的全球化趋势,使得知识产权在国际市场中的地位日益重要。我国已进入了经

---

[1] 中国知识产权网:《中国再被列入重点观察名单》,http://www.cnipr.com/news/rdph/201205/t20120508_143357.html,访问时间:2013年11月17日。
[2] 陆斌、祝影:《试论全球化背景下的中国知识产权战略》,载《前沿》2008年第12期。

济发展的快车道,企业作为市场经济的主体开始逐步走向国际市场。在全球化环境下,知识产权日益成为中国企业获得国际竞争优势的核心基础和财富之源。① 特别是我国加入世贸组织以来,我国企业不断遭受到来自国际上的专利诉讼,使得我国企业的全球化战略不断受到挑战。一些本土的老字号也由于不重视知识产权等原因频频遭受国外的抢注,例如"同仁堂""红塔山""红星二锅头"等老字号均在国外被抢注。与此同时,国外公司也发起了对我国企业的专利诉讼,近几年遭受的美国"337条款"的立案调查急剧增加,一些外国企业为了获得垄断市场地位,滥用专利权对我国的相关行业频频展开专利战,企图限制我国企业的全球化进程,巩固自己的垄断地位。为此,探索我国企业的知识产权的国际保护,不仅能够改变目前我国企业在走向国际市场所遇到的困境,更能保护好自身的合法权益,构建合理的国际知识产权保护体系,促进我国企业的自主创新能力,为获得全球市场份额提供保证。

知识产权具有严格的地域性,各国立法的初衷是为了保护本国的知识产权,对其他国家和地区的知识产权则没有保护的义务。加之各国间政治、文化、法律和历史等因素的差异,导致各国的知识产权保护立法存在很大的不同,同时,由于智力成果的无形性,使得知识产权极易传播且不受国界的限制,随着世界贸易产生发展,由于知识产权的地域性特点和各国立法的差异,导致知识产权保护和全球化市场产生和冲突,知识产权具有了分割市场、阻碍国际贸易发展的内在本质,大量的跨国知识产权侵权行为产生和泛滥。由此,仅在一国之内对知识产权保护是远远不够的。因此,从19世纪开始,各国开始逐步致力于知识产权的双边和多边保护协定的谈判,从而形成了国际知识产权保护制度,为各国知识产权保护法律制度的一体化发展奠定了基础。

二、国际知识产权保护制度

(一) 国际知识产权保护的发展

19世纪中叶开始,各国开始签订了知识产权的双边协议,但是随着世界经济的发展和国际市场的形成,这种双边协议由于保护形式的局限性和谈判及签署协议的繁琐性逐渐成为阻碍各国间的贸易发展的主要因素。因此,从19世纪80年度开始,各国开始签署多边协议。1883年,法国、比利时等11国在巴黎共同签署了《保护工业产权巴黎公约》(以下简称《巴黎公约》),并根据该公约成立了保护工业产权联盟。1886年,各国又签署了《保护文学艺术作品伯尔尼公约》(以下简称《伯尔尼公约》),标志着知识产权的国际保护体制的形成。此后,各国又签署了《国际商标注册马德里协定》《专利合作条约》《世界版权公约》等

---

① 王莲峰、王欢:《全球化环境下中国企业的知识产权保护》,载《科技与法律》2008年第4期。

一系列的国际知识产权公约条例,形成了知识产权领域的国际法律规则和秩序。

为了更好地在国际上保护知识产权,管理、监督各个公约的执行情况,1967年51个国家在斯德哥尔摩签订了《世界知识产权组织公约》,并根据该公约将巴黎公约和伯尔尼公约的国际机构合并,成立了世界知识产权组织。自世界知识产权组织成立以来,先后缔结了20多个国际知识产权公约,这些条约通过各缔约国的国内法加以实施,从而在国际上形成了统一的知识产权国际保护制度,随着加入的国家越多,影响也越来越大。现在世界知识产权组织已经成为协调世界各国知识产权的权威机构,包含了众多的国际公约,促进了各国间的知识产权合作。

随着贸易中知识产权保护的重要性日益凸显,知识产权保护也表现为国际贸易问题,在1984年和1994年的乌拉圭回合贸易谈判中,各国期待利用《关贸总协定》(GATT)的多边贸易谈判机制达成新的多边知识产权保护的国际贸易规则,并于1995年1月,在世界贸易组织成立的同时,《与贸易有关的知识产权协议》(以下简称TRIPs)也正式生效,将各国与贸易有关的知识产权保护置于共同的国际规则下。基于此,世界贸易组织和世界知识产权组织共同构建了知识产权的国际保护的多边体系,并于1995年12月签署了《世界知识产权组织与世界贸易组织间的协定》,规定了这两个国际组织在法律和规章的交流与利用方面的合作机制,促进了世界范围了的知识产权保护。

(二) WIPO下的知识产权公约

WIPO通过其国际局管理的知识产权公约主要包括有关工业产权保护的国际条约,其代表是:《巴黎公约》《专利合作条约》和《马德里协定》与《马德里议定书》,有关著作权保护的国际公约,其代表是:《伯尔尼公约》和《世界版权公约》。

1.《巴黎公约》

《保护工业产权巴黎公约》(Paris Convention on the Protection of Industrial Property)简称《巴黎公约》,于1883年3月20日在巴黎签订,1884年7月7日生效。巴黎公约的调整对象即保护范围是工业产权。包括发明专利权、实用新型、工业品外观设计、商标权、服务标记、厂商名称、产地标记或原产地名称以及制止不正当竞争等。基本原则包括国民待遇原则,优先权原则和专利权、商标权独立原则巴黎公约的基本目的是保证一成员国的工业产权在所有其他成员国都得到保护。该公约最初的成员国为11个,如今缔约方总数已经达到175个国家,1985年3月19日中国成为该《公约》成员国,中国政府在加入书中声明:中华人民共和国不受《公约》第28条第1款的约束,如果我国对《巴黎公约》在解释问题上或在适用问题上与其他国家发生争议,相对国不能将争议提交到国际法院解决。

2. 《专利合作条约》

《专利合作条约》(简称为 PCT) 于 1970 年 6 月 19 日由 35 个国家在华盛顿签订。1978 年 6 月 1 日开始实施,截至 2013 年 7 月,共有 148 个成员国,由总部设在日内瓦的世界知识产权组织管辖。《专利合作条约》是封闭性的条约,只有《巴黎公约》的成员国才可以参加,我国与 1994 年 1 月 1 日正式成为其成员国。

《专利合作条约》确定了"一项发明一次申请制度",即条约成员国的任何居民或国民只需向受理国际专利申请的本国专利机关提出一次申请,并指明自己的发明拟获得哪些国家的专利权,此种国际申请的效力与申请人分别向每个国家提出专利保护申请的效力完全相同。除此之外,该《条约》还包括另外两项内容:(1) 延长了申请人享有的优先权期限,即申请人呈递申请案之后,可以享受 20 个月的优先权期限,如要求进行实质审查,则优先权期限长达 25 个月。这就使申请人在提出国际申请之后,有充分的时间考虑并且通过国际申请选择再在哪些国家申请专利;(2) 实行专利申请案的"国际公布",该《条约》要求世界知识产权组织国际局应公布国际申请,一般应在该申请的优先权日期起满 18 个月后公布。这样可以使有价值的技术知识尽早为人所知,有利于加速国际科技情报的交流。

3. 《马德里协定》

《商标国际注册马德里协定》(Madrid Agreement for International Registration of Trade Marks) 简称《马德里协定》,是关于简化商标在其他国家内注册手续的国际协定。1891 年 4 月 14 日在马德里签订,1892 年 7 月生效。《马德里协定》自生效以来共修改过多次,最近一次修改是在 1979 年 10 月 2 日。由于《马德里协定》所规定的商标组成程序比较严格,不利于更多的国家加入该协议,为了吸引更多的国家加入《马德里协定》,1989 年签署了《商标国际注册马德里协定有关议定书》(简称《马德里议定书》),并与《马德里协定》一起称为商标国际注册马德里体系。《马德里协定》的缔约方总数为 56 个国家,《马德里议定书》的缔约方总数为 66 个国家。我国于 1989 年 10 月 4 日成为该《协定》成员国,同时作如下声明:(1) 关于第 3 条之二:通过国际注册取得的保护,只有经商标所有人专门申请时,才能扩大到中国;(2) 关于第 14 条第 2 款第 4 项:本议定书仅适用于中国加入生效之后注册的商标。但以前在中国已经取得与前述商标相同且仍有效的国内注册,经有关当事人请求即可承认为国际商标的,不在此例。

《马德里协定》保护的对象是商标和服务标志。主要内容包括商标国际注册的申请、效力、续展、收费等。该《协定》规定:商标的国际注册程序是协定的成员国国民,或在成员国有住所或有真实、有效营业所的非成员国国民,首先在其所属国或居住或没有营业所的成员国取得商标注册,然后通过该国商标主管机构,向设在日内瓦的世界知识产权组织国际局提出商标的国际注册申请。如果申请得到核准,由国际局公布,并通知申请人要求给予保护的有关成员国。这些成员国可以在1年内声明对该项商标不予保护,但需要说明理由;申请人可以向该国主管机关或法院提出申诉。凡在1年内未向国际局提出驳回注册声明的,可以视为已同意了商标注册。经国际局注册的商标享有20年有效期,并且可以不限次数地续展。协定便利了其成员国国民在协定的其他成员国取得商标注册。

4.《伯尔尼公约》

《伯尔尼公约》于1886年9月9日在瑞士首都伯尔尼正式签订,与1886年12月正式生效是世界上第一个国际版权公约,标志着国际版权保护体系的初步形成。该条约原始签字国有英国、法国、德国、意大利、瑞士、比利时、西班牙、利比里亚、海地和突尼斯10国,目前该《公约》缔约方总数即将为167个国家。我国于1992年10月15日成为该《公约》成员国。

《伯尔尼公约》的基本原则包括国民待遇原则、自动保护原则、独立保护原则和最低限度保护原则。保护范围是缔约国国民的或在缔约国内首次发表的一切文学艺术作品,条约规定的"文学和艺术作品"包括文学、科学和艺术领域内的一切成果,不论其表现形式或方式如何,但不包括日常新闻或纯属报刊消息性质的社会新闻,政治演说和诉讼过程中发表的言论、公开发表的讲课、演说或者其他同类性质的作品是否受保护由成员国本国立法确定,但作者享有将上述作品进行汇编的专有权利。保护期限也针对不同的作品进行的规定;对于一般文学艺术作品而言,公约给予的保护期为作者有生之年及其死后50年;对于电影作品,是指从作品公映后50年期满,如果作品摄制完成后50年内未公开放映,那么这一作品受保护的期限自作品摄制完后50年期满;对于匿名作品(没有署名的作品)和署笔名的作品,其保护期为作品发表之日起50年;对于摄影作品和实用美术作品的保护期由各国法律自行规定,但最短期限不能少于作品完成后的25年。

(三) WTO下的知识产权保护

世界贸易组织(WTO)的《与贸易有关的知识产权协议》(Agreement Trade-Related Aspects of Intellectual Property Rights)简称TRIPs,是1993年12月5日通过,1994年4月15日正式签署,1995年起生效的,可以说是当前世界范围内知识产权保护领域中涉及面广、保护水平高、保护力度大、制约力强的一个国际公约。我国于2001年12月11日正式成为世界贸易组织的成员之一,同时也就成为了TRIPs的成员。

1. TRIPs的主要内容

TRIPS共分为7个部分,73条。

(1) 提出和重申了保护知识产权的基本原则。重申的保护知识产权的基本原则主要有:① 国民待遇原则;② 保护公共秩序、社会公德、公众健康原则;

③ 对权利合理限制原则;④ 权利的地域性独立原则;⑤ 专利、商标申请的优先权原则;⑥ 版权自动保护原则。TRIPs 将关贸总协定和世界贸易组织中关于有形商品贸易的原则和规定延伸到对知识产权的保护,新提出的保护知识产权的基本原则主要有:① 最惠国待遇原则;② 透明度原则;③ 争端解决原则;④ 对行政终局决定的司法审查和复审原则;⑤ 承认知识产权为私权的原则。

(2) 确立了 TRIPs 与其他知识产权国际公约的基本关系。TRIPs 把已有的知识产权国际公约分为 3 类:① 基本完全肯定、要求全体成员必须遵守并执行的国际公约,共有 4 个:《保护工业产权巴黎公约》(保护文学艺术作品的伯尔尼公约)《保护表演者、录音制品制作者与广播组织公约》《集成电路知识产权条约》。TRIPs 对这 4 个国际公约的个别条款作了修改和保留。② 基本完全肯定、要求全体成员按对等原则执行的国际公约,有十余个,主要是《巴黎公约》的子公约。③ 不要求全体成员遵守并执行的国际公约:凡是 TRIPs 没有提到的、也不属于上述两类的国际公约,均不要求全体成员遵守并执行,主要有《世界版权公约》《录音制品公约》等。

(3) 规定了成员保护各类知识产权的最低要求。TRIPs 从 7 个方面分别规定了成员保护各类知识产权的最低要求,包括:版权及其邻接权、商标权、地理标志、工业品外观设计、专利权、集成电路的布图设计、未经披露的信息(商业秘密)等,并涉及对限制竞争行为的控制问题。

(4) 规定和强化了知识产权执法程序。TRIPs 具体定了有关知识产权执法的行政和民事程序及救济措施(包括禁令、损害赔偿、对被告的适当赔偿、其他救济措施等)、临时措施(包括对"即发侵权"的制止等)、边境措施、刑事措施及惩罚等,加强知识产权的执法保护,这在有关知识产权的国际公约中尚属首次。

(5) 有条件的将不同类型的成员加以区别。对待 TRIPs 原则上将成员分为发达国家成员、发展中国家成员、正在从中央计划经济向市场经济转轨国家成员、最不发达国家成员等几类,在一些条款的执行上给予不同期限。TRIPs 还规定未经其他成员同意,不可以对本协议中的任何条款予以保留。

2. TRIPs 与其他国际公约的关系

(1) 与《巴黎公约》的关系。《巴黎公约》是有关保护工业产权的国际公约,主要内容包括国民待遇、优先权原则、独立性原则、宽限期、临时性保护等。RTIPs 增加了对"不公开信息"(商业秘密)的保护,对《巴黎公约》的条款进行了补充和完善。在涉及专利权、商标权的规定方面,《巴黎公约》的规定低于 TRIPs 规定的保护水平。如关于强制许可,《巴黎公约》规定,如果一项专利权不被行使,允许强制非独占许可。这就是说,权利人不行使其专利权,成员国政府可以许可其他人使用该项专利,而不必经权利人许可。TRIPs 虽然也规定了非独占强制许可的义务,但同时规定实施的严格条件,强制许可被限制在有限的范围内,还规定对专利权人的补偿,以及对这种强制许可的补偿数额的司法复审。[1]在专利客体方面,由于在专利客体授予保护范围方面一直存有争议,《巴黎公约》采取回避措施。TRIPs 则对授予专利客体方面进行了明确的规定,在第27条第1款规定,在遵守第2款和第3款规定的前提下,专利可授予所有技术领域的任何发明,无论是产品还是方法,只要它们具有新颖性,包含发明性步骤并可付诸工业应用。同时在第2款和第3款还规定其他例外情况。在保护期限上,《巴黎公约》没有统一的强制性规定,各国依据国内法对专利权的保护期限不同,有的5年,有的10年,而对商标保护期限也没有具体规定,只是在第4条和第5条分别规定了优先日和宽限期为6个月。TRIPs 则规定了专利保护期限为20年,对商标的保护期为首次注册及每次续展的期限均不得少于7年,可以无限续展。同时 TRIPs 在第2条第1款规定对于本协议第二、第三和第四部分而言,成员国应遵守《巴黎公约》第1—12条和第19条,这实际上是扩大了《巴黎公约》的使用范围,使得那些虽然没有接受《巴黎公约》的第1—12条和第19条也必须接受。

(2) 与《伯尔尼公约》的关系。《伯尔尼公约》是保护版权的国际公约,TRIPs 在继承《伯尔尼公约》实体条文的基础上,对《伯尔尼公约》的有关条款进行了发展和补充。例如在保护范围上,《伯尔尼公约》要求成员国保护所有的文学、艺术作品,并对作品的种类提供了一个没有穷尽的列表,保护范围已经十分广泛。但是随着科技的发展,计算机程序等作品形式的出现使得《伯尔尼公约》的保护出现了空白,因此,TRIPs 在第10条规定了"计算机程序和数据汇编"作为其保护对象,规定计算机程序无论是源代码还是目标代码,都应作为《伯尔尼公约》的文字作品加以保护,数据汇编或其他资料无论是机器可读还是其他形式,只有由于其对内容的选取或编排而构成智力创作即应作为智力创作加以保护。

3. TRIPs 存在的问题

尽管 TRIPs 对知识产权的国际保护起到了十分重要的促进作用,但是其本身还存在一些问题。主要是 TRIPs 协议本身的规定没有足够地照顾发展中国家占优势的智力资源。从 TRIPs 协议的规定可知,协议侧重于对严格意义上的智力成果的保护,而智力成果创造方面,发达国家占有绝对优势。对于作为智力创造源泉的传统知识、民间文学艺术、遗传资源,以及发展中国家占优势地位的地理标记的保护缺乏完整的规定,以致造成在知识资源利用和分配方面,南北国家之间出现利益失衡。[2] 尽管 TRIPs 对发展中国家的要求有优惠措施,但是这与

---

[1] 刘筠均:《知识产权国际保护基本制度研究》,知识产权出版社2011年版,第37页。
[2] 冯晓青:《全球化与知识产权保护》,中国政法大学出版社2008年版。

发展中国家的要求相去甚远。对发展中国家的最惠国待遇没有像 GATT 中的例外情况,对强制许可实施了更为严格的条件,这实际上大大限制了发展中国家发放强制许可的可能性,不利于发展中国家的技术进步和创新活动。这就相当于把知识产权看作了财产而不是智力创造,使得发展中国家在履行义务的同时承担了更多的责任,这拉大了发展中国家与发达国家的差距,形成了事实上的贸易壁垒,阻碍了国际贸易的正常开展。

(四) TPP 协议

跨太平洋伙伴关系协议(Trans—Pacific Partnership Agreement,TPP)的前身是跨太平洋战略经济伙伴关系协定(Trans—Pacific Strategic Economic Partnership Agreement,P4),是由亚太经济合作会议成员国中的新西兰、新加坡、智利和文莱等四国发起,从 2002 年开始酝酿的一组多边关系的自由贸易协定,原名亚太自由贸易区,旨在促进亚太地区的贸易自由化。2011 年 11 月 10 日,日本正式决定加入 TPP 谈判,而中国没有被邀请参与 TPP 谈判。2013 年 9 月 10 日,韩国宣布加入 TPP 谈判。

美国试图通过 TPP 全面介入亚太区域经济整合进程。(1) 阻止亚洲形成统一的贸易集团,维护美国在亚太地区的战略利益;(2) 全面介入东亚区域一体化进程,确保其地缘政治、经济和安全利益;(3) 重塑并主导亚太区域经济整合进程,稀释中、日等国的区域影响力。

TPP 是亚太区域经济一体化的重要推动力量,美国借此可以提升与亚太新兴经济体的经贸关系,创造出一个适合 21 世纪经济发展趋势的高标准区域经济合作平台。该平台涉及的经济体将占据全球一半的 GDP 和 40% 的贸易份额。这是一次巨大的机遇,中国应该抓住这一契机,在亚太区域整合中发挥与自身实力相对称的作用。TPP 是高标准的贸易协议,包括所有货物、服务和农产品贸易,可以作为推动 APEC 区域一体化的重要动力,有可能成为亚太自由贸易区的重要基础。对于这一趋势,中国应该提前有所觉察和准备。

第二节 国际知识产权竞争状态

在经济全球化的背景下,知识产权日益成为跨国企业参与全球竞争的重要法宝,各国都十分重视知识产权的全球化战略。20 世纪 80 年代以来,随着知识经济兴起和经济全球化进程的日益加速,国际贸易和产业竞争中的一个重要趋势是,知识密集型产业在国际贸易中的比重不断上升,围绕专利、标准和商标的竞争已经成为衡量国际产业竞争力特别是高新技术产业竞争力的核心因素,各国政府和跨国公司把知识产权战略作为提升竞争力的核心战略,并纷纷通过各种途径强化知识产权在国际贸易和国际竞争中的地位与作用。[①] 知识产权的国际格局变化纷呈,研究知识产权的国际竞争格局,这对我国企业走出国门,实施国际化战略具有举足轻重的作用。

一、各国知识产权分布情况

(一) 版权分布情况

根据2006年资料显示,出版业的分布在全球极不平衡。美国、英国、法国、德国的图书销售收入约占世界的50%,图书出口约占世界的47%。美、英、法、德是世界出版业的中心,它们的图书具有全球影响,决定着世界出版业的走势。它们是运作出版资本的主要国家,是输出图书和版权的主要国家,也是巨型跨国出版公司的所在地。意大利、西班牙和日本是具有跨语言、跨国界影响的国家。意大利的蒙塔多利(Mondadori)、日本的讲谈社等通过资本运作,控制了不少国家的出版机构,但总体来说,这些国家的出版业深受美英法德的影响,引进版权也远大于输出版权。中国、印度、埃及、墨西哥、阿根廷是地区出版大国。中国和印度都有巨大的国内市场,埃及在阿拉伯语世界的出版业中独占鳌头,墨、阿则在西班牙语出版中有一席之地。丹麦、荷兰、瑞典等西欧国家是小而强的出版国。它们在某一领域的出版具有全球影响,但本国市场却往往依赖进口。

新技术革命对世界出版业影响巨大,对出版业产生重大影响的新技术主要是复印技术、计算机技术和因特网,它们使得出版业面临着古腾堡以来最巨大的技术革新,编辑、出版和发行等各个环节都产生了重大的变化。复印技术和计算机技术的飞跃,大大降低了印刷和出版的成本,提高了出版业的平均利润。这使得大量的资本注入出版业,而图书的专业出版和图书"利基市场"(Niche Market)的存在成为可能。"桌面出版系统"(Desktop Publishing)的出现,使得案头编辑工作(包括编辑校对、版面设计、书籍装帧等)有可能从出版社剥离出来,形成独立的产业。在国外,越来越多的出版商要求作者交出的稿件能够直接付印(Ready-for-print)。计算机和因特网对图书发行产生了极为深远的影响,在建立完善的信息流的基础上,现代化的物流业使得实时销售、零库存、全面营销分析等能够实现。图书出版的形式会更加多样化,多媒体技术使得图书可以采用各种各样的版本(包括纸质),图书产业与其他媒体的合作与互动因而在技术上更加可行。总之,出版产业各个环节的分工更加细致、更加专业化,出版者需要协调的行业和部门也更加广泛、更加复杂,出版者作为研发者、领导者、协调者的角色会更加突出。

经济全球化对世界出版业的影响日显突出。经济全球化对出版业的影响主

[①] 盛世豪、袁涌波:《基于知识产权的国际竞争模式研究》,载《中国软科学》2008年第1期。

要表现为出版资本的跨国运作和跨媒体运作。业外资本的进入是为了获得丰厚的出版利润,业内资本的融合则是为了取得优势的竞争地位。前者如维亚康姆(Viacom)和威旺迪(Vivendi);后者如德国的贝塔斯曼,它通过控股等方式,已经成为英语出版中最大的出版商,并且成为美国图书市场中最大的提供者。发达国家的出版商不断以资本投入的方式,控制第三世界的出版。比如非洲英语国家的出版业,基本上已由英国的出版商控制,而法语国家的出版业则被法国控制。为了充分发挥各种传媒的独特优势,媒体之间的资本融合和业务互动已经成为发达国家风尚。但是这种融合和互动要以完善的基础产业为前提(对出版商来说,完善而高效的发行渠道尤其重要)。所以,发展中国家的跨媒体合作,成效迄今不大。版权贸易和图书出口是知识产品跨国流动的两种基本形式,前者会日益变得更加重要。而世界图书出版的中心国家如美、英、法、德的优势地位也会因此而更加巩固。版权不仅是规范知识产品跨国流动的最重要的手段,它本身也成为知识产业的中心产品。出版落后国家在版权贸易上的逆差会越来越大。通过版权保护和版权贸易,发达国家不仅可以攫取大量的超额利润,还将在相当大程度上影响发展中国家的出版业走向,从而影响其文化产业。总之,世界出版业的两极分化会越来越大,图书出版中寡头垄断的态势也会越来越明显。①

(二)专利分布情况②

2012年12月11日,世界知识产权组织(WIPO)发布《2012年世界知识产权指标》报告。其中指出:中国已经成为专利申请第一大国。报告显示,2011年,中国国家知识产权局受理来自国内外发明专利申请52.6412万件,超过美国的50.3582万件,成为世界第一。日本的专利申请数为34.3万,排名第三,紧随其后的是17.9万的韩国和14.3万的欧洲专利局。发明专利是三种专利中最能体现发明创造优势与价值的专利。同时,其受理的发明、实用新型、外观设计三种专利数量达到163.3347万件,成为世界最大的专利受理国,这一位置在此前100年里一直为德、日、美三国占据。

报告表明,2009年至2011年,全世界专利申请增加了29.39万件,中国国家知识产权局在其中占比第一,达72%。2011年尽管世界经济仍然表现欠佳,但全球知识产权申请量继续呈现强劲增长态势。当年全球累计提交发明专利申请量增长了7.8%,连续第二年高于7%。同时,实用新型专利、外观设计专利申请分别增长35%和16%。2011年,全球累计提交的实用新型专利申请约为

---

① 《世界出版业现状》,中国行业研究网,http://www.chinairn.com/doc/70310/90294.html,访问日期:2013年12月27日。
② 知识产权局:《世界知识产权组织:中国成专利申请第一大国》,载"中华人民共和国知识产权局",http://www.sipo.gov.cn/yw/2012/201212/t20121213_780213.html,访问日期:2013年12月27日。

67.0700万件,比2010年增长35%;外观设计专利申请量为77.5700万件,同比增长16%;这些增长皆主要来源于中国。在2009至2011年的外观设计中,中国的受理量占增长总量的90%。

数据还显示,在2011年通过《专利合作条约》(PCT)途径提交的国际专利申请中,来自中国的国际专利申请量为1.6406万件,较2010年同比增长33.4%,是全球增长最快的国家。中国的中兴通讯股份有限公司以2826件位居世界第一;华为技术有限公司以1831件排名第三位。

来自中国国家知识产权局的统计数据也表明,近年来,中国专利结构进一步优化,企业作为创新的主体地位日益凸显。数据显示,今年1—10月,中国发明专利授权18.3万件,其中国内授权12.0万件,同比增长33.3%,占总量的65.6%。国内发明专利授权中,企业授权6.4万件,占53.3%。数据还显示,今年1—10月,中国三种专利(发明、实用新型和外观设计)授权共计101.4万件,同比增长31.9%。中国有效发明专利中,国内所占比例达到53.5%,较去年同期提升3.9个百分点,表明中国的创新能力与国外的差距逐步缩小。

(三) 商标量分布情况

根据世界知识产权局数据,2012年马德里体系的国际商标申请在2012年增长了4.1%。2012年44,018件马德里申请中,法国、德国和美国占了36.5%。瑞士制药企业诺华是2012年最活跃的申请人,有176件马德里申请。马德里申请量排名在前的国家中,德国有6545件申请(占总数14.9%),是马德里体系2012年最大的用户。美国(5430件)排名第二,接下来是法国(4100件)、瑞士(2898件)和意大利(2787件)。排名前十的国家未变,但中国从2011年的第六位变成2012年的第7位。2012年,在前15位来源国中,日本(+32.9%)申请量增长最大,接下来是联合王国(+22.4%)、土耳其(21.7%)、西班牙(+13%)和奥地利(+12.5%)。马德里申请量减少较多的有俄罗斯联邦(-8.5%)、荷兰(-7.6%)和德国(-7.1%)。排名在前的马德里申请人包括:瑞士的诺华公司是2012年排名第一的马德里申请人,有176件国际申请。德国的勃林格殷格翰药业公司排名第二(160件申请),之后是法国欧莱雅(138)、联合王国的葛兰素集团(127件)和瑞士雀巢(105件)。排名在前的马德里申请人中,2012年申请量增长最多的是葛兰素集团(+76件)、欧莱雅(+71件)、勃林格殷格翰药业(+62件)和土耳其的World Medicine(+61件)。德国宝马(-41件)、比利时杨森制药(-35件)、瑞士Abercrombie & Fitch(-29件)和菲利普莫里斯(-22件)申请量减少最多。前30位马德里申请人中,包括13家德国企业和八家法国企业。2012年,被指定的马德里成员中,中国是被指定最多的马德里成员,在指定总数中占6.1%,接下来是欧洲联盟(欧盟)和俄罗斯联邦(均为5.1%)、美国(5%)和瑞士(4.1%)。在排名前十的被指定成员中,中国(+7.5%)和俄罗斯联邦(+6%)收到的指定数增长最多,瑞士(-1.7%)是被指定最多的前十个成员中唯一出现减少的。某些中等收入国家,例如塔吉克斯坦(26.8%)、哈萨克斯坦(18.4%)、土库曼斯坦(11.1%)和蒙古(10.1%)2012年收到的指定数也出现快速增长。①

二、国际知识产权的竞争格局

国际知识产权竞争格局主要表现在以下几个方面:

(一) 发达国家进一步强化知识产权的国际保护

发达国家的知识产权机构正在加强联合,共同打击假冒产品和侵权行为,维护其全球的利益。以美国为首的发达国家,为了扩大其科技优势,并且把这种优势尽可能地用"知识产权"的形式表达出来,以便获得有效保护,极力把自己的科技优势提升为知识产权优势。从20世纪80年代以来,发达国家孜孜不倦地努力将知识产权保护引入世界贸易自由化进程,它们凭借贸易手段,不断强化知识产权国际保护。早在20世纪80年代初,美国就诉诸于其1930年关税法的301条款和337条款,通过贸易手段,单方面寻求知识产权利益。借东京回合和乌拉圭回合谈判之机,美国和欧盟联手将知识产权保护纳入到贸易谈判中。在乌拉圭回合谈判中,发展中国家为获得发达国家对农产品、纺织品等贸易的承诺,不得不接受了《与贸易有关的知识产权协议》(TRIPS协议)。从此,所有WTO成员,无论发展水平如何,都不得不接受TRIPS协议设定的最低水平知识产权保护。TRIPS协议生效后,所有WTO成员间以及WTO成员与非成员间的知识产权保护,都必须至少符合TRIPS的知识产权保护标准。② 这使得发展中国家在履行相关义务的同时,付出了更多的代价,在知识产权的国际竞争中处于不利地位。发达国家在全球知识产权竞争格局中获得了显著的优势地位,并且这种趋势得到明显加强,国际竞争格局向发达国家进一步倾斜。

(二) 知识产权国际保护与国际贸易联系日趋紧密

随着发达国家在国际贸易活动的日趋频繁,与贸易有关的知识产权国际保护越来越受到发达国家的重视,于是在发达国家的推动下,《与贸易有关的知识产权保护协议》(TRIPs)被纳入到国际贸易体系中,并把该协议与《巴黎公约》、《伯尔尼公约》等一起在全球编织起一张知识产权保护网,并利用这些网络使自己在国际贸易和国际知识产权竞争处于有利地位。从国际贸易的新趋势看,知识密集型贸易不断增加,与之相关的知识产权也不断地渗透到国际贸易的各个

---

① 世界知识产权组织:《世界知识产权组织公布2012年马德里国际商标申请数据》,载"商标法律网",网址:http://www.shangbiaofalv.org/article.php?t=hydt&id=386,访问日期:2013年12月27日。
② 何怀文:《中国知识产权战略形势分析》,载《知识产权报》2007年5月28日。

环节,发展中国家在国际贸易中经常感受到发达国家构建的知识产权壁垒,这日益加剧了知识产权贸易的不平衡性,影响了国际贸易的自由化,同时也影响了发展中国家自身产业的发展。

(三) 发达国家的知识产权滥用行为突出

知识产权的滥用一般指权利人在行使权利时超出了法律允许的范围,损害了他人权利的行为。在知识产权的国际竞争中,由于发达国家在知识产权方面的竞争优势,为了谋取更大的竞争优势,获取更大的市场份额,阻碍竞争对手,发达国家一般采取全球范围内的大量申请,抢占大量知识产权,构筑知识产权壁垒;通过拒绝许可、搭售等行为排斥其他竞争者的市场进入,巩固自己在市场中的支配地位。恶意提起知识产权诉讼更是权利人滥用知识产权的最直接、最明显的表现,通过这种恶意诉讼不仅能在胜诉的情况下获得赔偿,还可以通过舆论造势损害竞争对手的商业信誉,使其失去客户。[①] 通过这些手段,发达国家在全球范围内开展知识产权讼诉行为,目的就是阻碍竞争对手进入自己的领域,从而形成事实上的垄断。

第三节 国际知识产权竞争管理

一、全球视野的企业知识产权战略

知识产权已经成为企业参与全球竞争的重要资源,各国企业都十分重视知识产权保护工作,并把这种活动上升为国家战略。我国企业在选择走出去战略的同时,应当积极构建自己的全球化的知识产权竞争战略,维护自身合法权益,积极开拓海外市场。

(一) 提高国际知识产权保护意识

知识产权是企业的特殊财产,是企业获取有竞争优势的重要法宝。目前发达国家已经建立的完善的知识产权制度和法律框架,并把这些制度应用到国际贸易领域,这就使得我国企业在加入 WTO 后实施全球战略必须加强知识产权保护意识,做到不侵权,并合理利用国际知识产权保护公约的规则,积极参与国际知识产权相关制度的制定,使自己在国际知识产权格局中处于有利位置。同时,针对日益频繁的海外知识产权讼诉,我国企业应当积极应对,尽可能在海外诉讼中争取主动。在产品进入海外市场之前,应当提早做准备,及时在出口对象国进行商标注册,进行商标海外确权,避免以后的商标权纠风。

(二) 加快开发和保护自主知识产权

知识产权是人类智力创造的产物,在实施产权的国际竞争战略中,应当十分

---

① 耿邦:《国际竞争中的知识产权滥用及其对策》,载《法制与经济》2011 年第 9 期。

重视自主知识产权的开发和保护。从国家层面来看,政府应当积极构建良好的知识创新环境,通过相应的政策和法律措施,促进企业开展自主知识产权的研发和保护,并根据自身的创新环境,积极完善相关的知识产权保护法律,鼓励企业从事新技术、新方法的研究和探索。通过一定财政措施,将知识产权资本化,积极开拓知识产权的资本价值,建立合理的知识产权流动机制。从企业层面,企业应当定期组织相应的专业学习和法律学习,通过建立良好的企业制度,培养员工的创新积极性。同时,企业可以建立自己的专利文献库,追踪现有的专利文献,有效配置有限的技术创新资源,合理规划自身的知识创新过程,既做到加强知识产权的开发,又增强对知识产权的保护。

(三) 构建联盟维护知识产权

面对日益频繁的知识产权摩擦,仅依靠一家或几家企业是难以承受的,需要全行业甚至政府参与以共同应对。行业协会应当在对外贸易中发挥导向作用,为企业收集信息,关注目标市场所在国的法律法规和技术标准变化,并及时反馈给企业。在应对与国外的知识产权摩擦时,行业协会也应发挥其积极作用:与政府有关部门一道,及时收集有关案件的进展情况、案情分析等信息;整合行业内资源,处理各项矛盾,降低企业应诉成本。[①] 同时,应当积极组建行业的技术标准联盟,积极加入国外大公司发起的技术标准联盟,保证自己开发的技术与国际标准相融,也有利自身学习国外先进的技术运营模式;通过行业协会,联合多家企业共同开发技术标准,形成专利互惠,构建起完善的知识产权保护链条,对外一致采取联合的知识产权竞争战略,这不仅有利于改善我国企业在国际竞争中的战略地位,也有利于阻止国外公司对我国企业滥用知识产权,保护自身的合法权益,维护全行业在国际上的市场份额。

(四) 建立技术标准赢得竞争优势

技术标准的实施不但可以解决产品间的兼容问题,提高产品的市场规模,降低产品的生产成本,实现规模经济,一旦和专利联系起来,则可以为企业带来更加丰厚的利益。当企业的技术形成技术标准,可以有效地阻止竞争对手的进入,这实际上就设置了市场的准入条件,可以有效地排斥所谓的"不合格"产品。同时,竞争对手一旦要使用该标准时,专利拥有者还可以收取相关的使用费用。对于具有优势的企业,应当积极参与技术标准的国际制定,在实施技术标准之前,应当对所涉及的技术先申请专利,然后将这一系列的专利纳入到整个标准的制定当中,形成一套完整的技术群落。对于相对落后的企业,则应当采取技术追踪策略,密切关注技术标准的动向,适时地制定自己的追随计划。这一时期企业可以不急于进行技术标准的转换,而应当在现有的技术标准的基础上进行相关的

---

① 张雅兰等:《中国企业对外贸易知识产权摩擦分析》,载《中国外资》2012 年第 6 期(下)。

改进研发,申请外围专利,形成专利包围圈,同时积极降低生产成本,提高客户数量,通过大量的客户伺机将自己的专利纳入现有的标准体系,使得现有标准的拥有者无法对自己形成垄断,并最终让自己的专利成为事实标准。对于后来居上的企业,可以使用标准替代策略。使用现有标准对于哪些具备成为行业领头羊的企业往往具有诸多限制,企业可以自己研发相应的专利技术,先通过增加自己专利技术的用户数量和外围专利的申请对现有的技术标准形成严密的包围圈,同时做好替代的准备。一旦现有的技术标准处于新旧标准交替时,就可以利用自己的技术优势和用户数量优势对现有的标准形成替代。

二、知识产权的海外布局

(一) 企业知识产权资源:内部管理

1. 建立专门的知识产权部门

我国企业可以在内部建立一个集信息收集、分析、知识产权申报、管理、纠纷处理等一体的知识产权管理部门,对知识产权价值链上的每个环节进行管理,并加以整合,使之协调运作。知识产权信息收集是指企业进行研发活动之前,通过专利文献检索等手段,对国内国外现有研究状况的调查,避免重复劳动,造成研发资源的浪费。知识产权研发是指企业投入资金研发新技术,从而获得知识产权的过程。知识产权产品化是指企业将运用获得的新技术开发新产品的过程。知识产权市场化是指企业将具有知识产权的产品投入市场以获得经济利益,或者是通过专利授权等手段获得回报的过程。知识产权服务是指企业对消费者的售后服务,或者是对知识产权购买者提供的技术援助等。

2. 立足企业切实保护知识产权

我国企业应紧密结合自身的实际情况,首先应当配备专门的知识产权人才,对 TRIPs 协议进行研究、学习,使其熟悉并充分运用 TRIPs 协议的规则,再进一步有计划、有针对性地对企业领导,管理人员、科技人员和职工进行不同内容、不同形式的知识产权的宣传普及和培训工作,提高企业全体职工的知识产权意识。另外,企业还可以设计知识产权专用基金,主要用于开展知识产权申请、信息采集、培训和讼诉工作,及时对企业知识产权资产进行清查,并对专利、商标、计算机软件著作权等进行统一管理和经营,防止知识产权流失和被盗用。合理利用知识产权资源,加速开发拥有自主知识产权的高新技术及产品,全方位保护企业拥有的各种知识产权。①

(二) 海外并购中知识产权尽职调查

知识产权的类型很多,有专利、商标、著作等。知识产权的尽职调查通过收

---

① 董新凯、吴玉岭:《知识产权国际保护》,知识产权出版社 2010 年版,第 36—37 页。

集目标公司的知识产权资料并分析其与预期进行的交易相关的风险和收益,来为预期投资者提供目标公司可能影响预期交易定价及其他关键因素的详细的知识产权信息。知识产权的尽职调查应注意以下几个方面:

1. 调查并购领域

对于并购的技术领域状况,竞争对手的知识产权状况,法律风险都是在进行海外并购时需要调查的范围。这既需要通过调查了解竞争对手目前的知识产权拥有数量,所涉及的技术领域和技术层次,同时要分析这些技术未来的发展方向,预测行业未来的技术导向。同时,对于那些不涉及法律关系的项目也需要进行调查,例如对企业的技术人员,因为技术人员掌握着企业知识产权的核心问题,如果在并购发生后,这些技术人员跳槽离开了原来的公司,这对并购后的企业运作和知识产权保护无疑是巨大的隐患。

2. 调查目标公司的业务模式

目标公司的业务模式也是尽职调查的重点。在海外并购中,对于目标公司的知识产权申请数量、知识产权优势和在行业中知识产权所处的法律地位进行调查。不仅要对知识产权的登记状况、权属关系进行调查,还需要调查知识产权的权力期限、可能面临的法律风险与侵权风险以及其保护范围。尤其值得注意的是那些与第三方合作开发的知识产权和设计员工职务行为的知识产权的申请状况和法律地位,目标企业在与第三方进行合作开发时,有没有在授权许可合同、共同开发合同、委托开发合同等方面有不利的条款,确认收购行为对这些合同有什么样的影响,合同中的权利义务继承条款有没有不利的地方,并进行书面确认。避免在并购过程中,由于第三方的确权行为以及其他知识产权的争议导致企业无法顺利行使知识产权权利。同时还需要调查目标企业的技术秘密状况、商标权状况和著作权的状况,特别是对那些目标企业拥有一定的社会信誉度,而收购的目标又直指其商标权的并购行为,尤其要注意目标企业的商标权的拥有情况;对那些高科技行业,目标企业的著作权中的计算机源代码、企业的商业运作模式等商业秘密则是调查的重点。

3. 调查目标公司的资产状况

对目标公司的资产状况主要是看目标企业是否拥有所有的知识产权,是否是共有、质押或者需要向第三方缴纳许可费用等。对专利而言,所设计的专利号、保护地域、发明人及其雇主、权利人及其变更情况、申请日期、授权日期、保护期限等都是调查的重点;对商标而言,需要分类统计商标号、商标申请图案和授权图案、保护地域、注册类型、权利变更情况,申请日期和授权日期等进行调查;对著作权而言,调查的重点则在目标公司的版权登记状况,包括登记号、首次公开日期、版权声明、版权人变更情况等;对商业秘密而言,需要调查目标公司的信息安全管控流程,商业秘密等级标识、是否有许可记录等。①

(三) 海外专利布局

专利的海外布局是企业实施走出其战略的重要途径,目前的海外专利布局有两种途径:一是《巴黎公约》途径,而是《专利合作条约》(PCT)途径。

1.《巴黎公约》途径

根据《巴黎公约》要求,如果一项发明需要在多国需求专利保护,则需要申请人首先向国家知识产权局专利局申请专利,经国务院有关主管部门审查同意后,持国家知识产权局专利局出具的优先权证明,在12月或者6月内向其他的外国局提出专利申请,超过这个期限就会存在危险,专利申请的成功率就会大大降低。这种申请方式下,发明专利、新型实用专利和外观设计的申请程序比较简单,可以直接委托或者自己到国外有关知识产权主管机关去办理。但是如果申请人又需要到多个国家和地区申请,则需要针对不同国家和地区的相关法律,使用不同语言分别准备申请书,工作相当繁重,且花费巨大。并且由于时间紧,申请人很难在规定时间内获得官方文本。这就给专利海外申请工作带来了风险和难度。

2. PCT 途径

PCT 是《巴黎公约》下的一个专门性条约,在实际中 PCT 统一了国际申请的形式要件、专利申请的受理标准和审查标准。根据 PCT 的规定,在任何一个 PCT 成员国提出一项专利申请,可以视为在指定的其他成员国同时提出了申请。实现了一国申请,多国有效。PCT 申请的审批程序分为国际阶段和国家阶段,当以国际申请作为首次申请提出的情况下,企业可以有 30 个月的时间来考虑是否进入目标国,是否需要支付这样一笔费用去国外获得专利权。申请人可以根据这段时间里企业发展变化的情况,充分利用该阶段 PCT 程序的一些灵活性,及时调整知识产权战略,作出正确的决策,有效减少成本,增强资金投入的准确性。申请人可以大量收集有关的技术、商业和法律情报,仔细审视自己发明的实际价值和适用地区,决定是否继续有关申请程序。如果继续申请,那么应该考虑在哪些国家申请,是否需要请求提前进入国家阶段,该领域存在哪些竞争对手提出的与自己可能有冲突的专利申请,自己的申请文件还存在哪些缺陷,应该如何撰写权利要求书才能获得最佳保护等。具体体现形式包括两种,一种是首次申请,还有一种就是先在中国提出专利申请,12 个月内提出 PCT 申请,这两个途径共同的特点都是能够在国际申请日当天就得到所有 PCT 成员国的承认。这对中国企业"走出去"进行专利布局是很好的帮助。如华为公司现在是中国专利申请量最大的企业,同时,它也是利用 PCT 申请最多的中国企业。2006 年,华为公司

---

① 曾云:《海外并购中的知识产权尽职调查之重点》,载《电子知识产权》2010 第 6 期。

PCT 申请量居世界第 13 位,发展中国家第 1 位。在华为,一件 PCT 申请进入最多的国家是 13 个,这比按照《巴黎公约》一个国家一个国家地进行申请,轻松多了,省事省时省钱。更主要的,提交 PCT 申请后,因为技术价值的贬值,华为选择放弃的比例高达 29.4%,即在提交 PCT 申请 30 个月之后没有选择进入国家阶段。高比例的放弃意味着减少无效投资,可节约大量专利费。按华为现在的放弃比例计算,节省现金高达 2500 多万元。

华为认识到,对通信领域来说,与《巴黎公约》给出的 12 个月相比,PCT 提供 30 个月的申请期显得弥足珍贵。因为在这一行业,专利与标准高度融合,判断专利能不能进入标准往往需要超过 12 个月的时间。PCT 提供的"时间差",给足了申请人判断与考虑的余地,如果专利价值高,就多进入几个国家,价值不大则弃之减少无效投入。[1]

(四) 海外商标注册与保护

1. 直接向所在国申请商标注册

向国外申请商标注册时,一般应委托所在国的商标代理人进行。这一方面是由于申请人多不具备被申请国的商标法律知识,不了解申请的具体程序。另一方面则是由于大多数国家都规定非本国国民申请商标注册须委托本国的商标代理人代为办理,至于委托哪一家代理人,则由申请人自己选择决定。申请人可以委托自己在所申请国的贸易伙伴代为寻找,也可以自己寻找,目前为许多企业所乐于接受的是委托我国的商标涉外代理机构办理。由于这些机构与国外的许多商标代理人建立了合作伙伴关系,因此委托他们办理国外的商标注册申请,手续简便,在时间上也较令人满意。委托这些机构办理时,只要出具相应的委托书,提供相应的商标图样(文字商标有时不必提供图案),指定必要的商品范围就可以了。若申请人委托自己在国外的贸易伙伴代为办理,双方应签订协议,写明以我方名义申请注册,以防商标旁落。[2]

2. 通过《巴黎公约》申请商标注册

《巴黎公约》所规定的商标与我国商标法所规定的商标有差异,公约将"商标"与"服务商标"并列,实际上仅指我国商标法所规定的商品商标,不含服务商标。《巴黎公约》规定商标权具有独立性,即任一缔约国有关商标注册、商标权的保护、商标续展注册、商标注册的取消等方面的法律是相互独立的。一件商标不会因为在某一缔约国获得注册和保护而必然在其他缔约国也获得注册和保护;不会因为在某一缔约国续展而在其他缔约国也获得续展。并且《巴黎公约》

---

[1] 李立:《华为非常看重 PCT 申请的"时间差"》,载《法制日报》2007 年 12 月 9 日。
[2] 中顾法律网:"如何在国外注册表商标",载百度文库,网址:http://wenku.baidu.com/view/de7c0c6b7e21af45b307a83b.html,访问日期:2012 年 12 月 29 日。

还就商标的使用作了具体的规定:(1) 任一缔约国不以商标权人在商标上标志或载明注册作为承认取得保护的权利,(2) 商标所有人使用的商标在形式上与其已经注册的商标只有一些要素不同,但并未改变其显著性,其他缔约国不应当使该商标的注册无效,也不应当减少对该商标的保护;(3) 任一缔约国可以要求注册商标的使用是强制性的,如果商标权人在规定期限内没有使用注册商标,又不能证明其不使用的正当理由,便可以撤销该商标注册。《巴黎公约》同时还规定商标权转让的具体情况。

3. 通过"马德里体系"申请商标注册

马德里体系包括《马德里协定》和《马德里议定书》两个国际协议,是商标国际注册的规则体系。马德里体系不谋求各国商标法律一致,而是直接创设国际注册的规定,目标是为了简化申请程序,缩短申请时间。《马德里协定》对商标的适用主体进行了规定,要求商标注册申请人是原属于《巴黎公约》的成员国国民;同时,《马德里协定》所规定的商标包含了商品商标和服务商标,申请人可以单独申请商品商标和服务商标,也可以同时申请。申请途径要求必须通过原属国的注册当局提出,不能由申请人直接向国际局提出。申请形式既可以是书面形式,也可以是电子形式。注册有效期为 20 年,期满后可以续展。《马德里议定书》是《马德里协定》的补充,其成员国不必是《马德里协定》的成员国,但必须是《巴黎公约》的成员国。《马德里议定书》并不要求申请国际注册商标必须先在原属国注册,只是要求在国际申请前已经向原属国提出申请。同时,《马德里议定书》规定的国际注册的有效期为 10 年,期满同样可以续展。

4. 通过《商标法条约》申请商标注册

商标法条约体系包括《商标法条约》和《商标法新加坡体系》,两个条约既相互关联又相互独立,WIPO 成员国可以单独加入其中一个,也可以两者都加入。我国是两个条约的签字国,但一直没有正式加入。《商标法条约》规定任一缔约国的国民和居民都可以提出国际注册商标申请,不需要申请人通过缔约国提出申请,而是直接向国际局提出申请,也不需要提前在原属国提出申请,这给予了申请人更大的自由。《商标法条约》规定的国际商标注册有效期为 10 年,期满后可以无限次续展,每次续展期限也为 10 年。《商标法新加坡体系》与《商标法条约》有些不同,在关于商标种类上,《商标法新加坡体系》扩大了商标范围,首次明确承认了非传统类型的商标,步子不限于可视性商标,而是任何缔约方法律规定可以作为商标的标志都可以成为商标。对注册文函的传送方式,《商标法新加坡体系》没有强制规定,缔约方可以自由选择。同时还规定了超过期限的救济措施,对利害关系人未能遵守缔约国规定的办理注册期限作了强制性的救济性措施,减轻商标申请人在程序上犯错时带来的影响。如王致和诉德国欧凯公司恶意抢注商标案。2006 年 7 月,王致和到德国注册商标时发现,其腐乳、调味品、销售服务三类商标被一家名为"欧凯"的德国公司抢注,并且商标标志完全相同。2007年1月,在双方协商未果后,王致和集团在德国慕尼黑地方法院对欧凯公司提起诉讼。2007年11月14日,德国慕尼黑地方法院作出一审判决,判决禁止欧凯公司在德国擅自使用王致和商标,依法撤销欧凯公司抢注的王致和商标。2008年2月25日,德国欧凯公司向德国慕尼黑高等地方法院提出上诉。2009年1月22日,慕尼黑高等法院开庭审理了此案,4月23日,终审判决王致和胜诉。①

欧凯公司是一家由德籍华人开办的百货公司,主要销售来自中国的食品。欧凯公司抢注的商标远不止王致和一家。早在抢注王致和之前,欧凯公司就已抢注了洽洽瓜子、老干妈辣椒酱、白家方便粉丝等其他中国食品品牌商标。

综上所述,我们可以看出,国际商标注册并不是由国际局统一注册,而是由申请人申请注册时指定的国家依照本国法审查注册,各国法律各不相同,我国企业在商标的海外布局策略选择上要强化商标国际注册和保护意识,积极利用国际规则维护自己的合法权益,同时也应当积极申请国际商标注册,主动进行自我保护,避免被人恶意抢注。这对我国这样一个有着悠久历史、拥有众多老字号的国家具有十分重要的意义。

推荐阅读

1. 郭峰:《全球化背景下的法律实践教学:"法律诊所教育与法律实践教学研讨会"文萃》,知识产权出版社2008年版。
2. 李轩:《知识产权实施:国际视角》,知识产权出版社2012年版。

---

① 《王致和打赢海外商标侵权官司,要回德国"王致和"》,载《新京报》2009年4月24日。

后　记

　　受北京大学出版社及齐爱民教授的邀请，组织编写《企业知识产权管理》教材，深感责任重大。通过广泛收集资料，结合自己多年的教学科研成果，拟定了写作提纲，并根据提纲中的章节，邀请了西南政法大学、重庆理工大学长期从事知识产权管理研究的专家学者共同撰写，以期从企业的角度来探讨知识产权管理所涉及的问题，为读者在理论研究和工作实践提供帮助。

　　本书参与编写的作者分工：

　　曾德国　　第一章

　　沈娜利　　第二章

　　杨黎波　　第三章、第八章

　　刘璘琳　　第四章

　　陈红梅　　第五章

　　何培育　　第六章

　　王怀祖　　第七章

　　贺　斌　　第九章

　　全书由曾德国教授统稿，王怀祖博士、刘璘琳博士审定。西南政法大学知识产权专业在读博士赵建良、王广震、陈瑜、车红蕾、周园、邓恒、倪朱亮、黄细江、谢兰芳、何莹等对本书的修改提出了宝贵的意见，在此一并致谢。

　　由于编写水平有限，本书在编写中存在有或多或少的缺点和错误，敬请广大读者批评指正。

曾德国

2015年新春于乐山